公路隧道照明视觉适应

杜 峰 著

中国建筑工业出版社

图书在版编目（CIP）数据

公路隧道照明视觉适应 / 杜峰著. —北京：中国建筑工业出版社，2024.6
ISBN 978-7-112-29854-9

Ⅰ.①公… Ⅱ.①杜… Ⅲ.①公路隧道-照明技术-研究 Ⅳ.①U453.7

中国国家版本馆CIP数据核字（2024）第097239号

责任编辑：刘婷婷 易 娜
文字编辑：冯天任
责任校对：赵 力

公路隧道照明视觉适应
杜 峰 著

*

中国建筑工业出版社出版、发行（北京海淀三里河路9号）
各地新华书店、建筑书店经销
北京鸿文瀚海文化传媒有限公司制版
建工社（河北）印刷有限公司印刷

*

开本：787毫米×1092毫米 1/16 印张：13¼ 字数：326千字
2024年6月第一版 2024年6月第一次印刷
定价：**68.00**元
ISBN 978-7-112-29854-9
（42896）

版权所有 翻印必究
如有内容及印装质量问题，请联系本社读者服务中心退换
电话：（010）58337283 QQ：2885381756
（地址：北京海淀三里河路9号中国建筑工业出版社604室 邮政编码：100037）

前　言

    本书通过系统研究不同光色下公路隧道照明的视觉适应曲线，对公路隧道照明规范进行了有力的补充；是国家自然科学基金资助项目"公路隧道照明察觉对比设计方法研究"（批准号：51278507）和重庆市基础科学与前沿技术研究项目"公路隧道智慧照明动态光参数研究"（批准号：2017jcyjAX0346）的主要研究内容之一；也是项目"基于人眼适应的公路隧道入口段亮度研究"（批准号：50908240）、"视觉理论在公路隧道照明节能中的应用研究"（批准号：50878217）的组成部分。此外，本研究还受到了福建省科技厅自然科学基金项目"光色变化下的公路隧道照明视觉适应曲线研究"（2019J01787）和福建理工大学科研启动基金项目（GY-Z19092）的资助。

    为促进国民经济快速稳步增长，公路隧道建设量日益增加。在隧道运营过程中，大量能源在照明、信号和通风中被消耗，其中的照明消耗尤其巨大。在公路隧道照明光源大量采用LED光源的背景下，迫切需要提出修正后的适于新型光源色温变化的视觉适应曲线。目前，公路隧道照明研究和规定中缺少对照明光源色温变化方面的关注，各国规范对视觉适应曲线规定不统一，缺少对动态照明的重视。

    本书从以上3个方面出发进行研究，主要包含以下内容：

    (1) 从公路隧道照明的文献调研、现场调研和问卷调研出发，分析CIE及世界各国在指南、规范和标准中的规定，完成公路隧道现场照明参数测试及调查问卷分析，发现如下问题：缺乏对光源色温考虑，规范规定不统一，缺少对动态照明关注。为解决公路隧道照明对驾驶的安全、舒适和节能的需求问题，获取修正后的视觉适应曲线奠定基础。

    (2) 架构公路隧道视觉适应曲线研究的基本理论。研究采用视觉功效法，通过预试验对试验室试验和现场试验进行设定和建立。依据既有的视觉适应曲线以及公路隧道照明相关规范和标准，选取最典型的情况，建立和设定视觉功效试验方案，改进了试验设备和仪器。

    (3) 通过试验以及数据分析拟合得出新型光源、新视觉适应理论下公路隧道入口段亮度折减系数规律，为考虑色温因素的入口段路面亮度设计及智能照明中照明参数的选取提供参考；分析出公路隧道入口加强照明段总体暗适应时间，总时长为19.8s，提出数值依据；推导出公路隧道入口加强照明段各照明阶梯随车速不同的动态长度；得出公路隧道照明入口段亮度安全可见阈值为15～20cd/m^{2}之间。以上研究有效地保证了公路隧道驾驶的安全和舒适。

    (4) 综合考虑动态亮度和长度结论并进行编程，得出依视觉功效修正后的动态视觉适应曲线。基于曲线的结论，结合实际工程项目进行了能耗仿真模拟分析，发现按照修正后的动态视觉适应曲线在充分保证公路隧道照明安全和舒适的同时能耗更低。研究对修正后视觉适应曲线进行了能耗方面的补充,得出相较于 HPS 方案,新方案能耗可以降低 55.45%;而采用了新静态方案后比同为 LED 光源时的行业标准《公路隧道照明设计细则》JTG/T D70/2—01—2014 规定能耗增加 45.15%;采用了动态照明方案的情况下能耗可以降低 20%~40%。

研究为公路隧道照明规范的制定和智能照明的控制参数选择提供了更为科学的理论依据和数据支撑,成果具有重要科学意义和应用价值。

全书经重庆大学翁季教授审阅,中国建筑工业出版社编辑为本书的出版做出了巨大的努力,在此向他们表示衷心的感谢。

由于作者水平的限制,书中难免存在错漏之处,诚恳欢迎读者批评指正。

目 录

第1章 绪论	1
1.1 背景和意义	2
1.2 研究对象、术语及相关参数	5
1.3 国内外指南和相关规范	7
1.4 国内外论著	11
1.5 内容、方法、技术路线和关键问题	21
第2章 公路隧道照明视觉适应理论	25
2.1 公路隧道照明特征及视觉适应相关理论	26
2.2 视觉适应曲线的分段与研究要素	42
2.3 视觉适应曲线的组成内容及影响因素	50
2.4 视觉适应曲线理论研究框架建构	58
2.5 本章小结	59
第3章 基于视觉适应的公路隧道照明调查研究	61
3.1 文献调研	62
3.2 现场调研	63
3.3 问卷调研	69
3.4 本章小结	79
第4章 视觉功效试验的设定和建立	81
4.1 试验设定中视觉功效随视觉适应的变化规律	82
4.2 适于隧道光环境的视觉功效试验设定和建立	86
4.3 基于视觉适应的视觉功效试验参数选择	102
4.4 本章小结	116
第5章 不同色温下隧道照明视觉适应试验	118
5.1 入口段亮度动态折减系数试验	119
5.2 入口加强照明段暗适应时间	130
5.3 入口加强照明段各阶梯动态长度	139
5.4 入口段亮度安全可见阈值	147
5.5 本章小结	153
第6章 公路隧道照明能耗分析	154
6.1 公路隧道照明全生命周期能耗	155
6.2 典型案例能耗分析	156

6.3 本章小结 169
第7章 本书总结 170
　7.1 试验结论 171
　7.2 试验成果 172
　7.3 试验展望 174
附录A：公路隧道照明状况调查问卷（节选） 176
　A.1 公路隧道照明状况调查问卷（样卷） 176
　A.2 公路隧道照明状况调查问卷（被试者CBX） 178
附录B：太阳光光谱测试（节选） 181
附录C：三种试验用光源光谱（节选） 183
附录D：隧道接近段到入口段瞳孔暗适应时间以及反应时间试验数据（节选） ... 185
附录E：公路隧道各照明段动态长度视觉功效试验数据节选 188
附录F：修正视觉适应曲线编程数据 194
参考文献 199
后记 203

第1章

绪论

1.1 背景和意义

1.2 研究对象、术语及相关参数

1.3 国内外指南和相关规范

1.4 国内外论著

1.5 内容、方法、技术路线和关键问题

1.1 背景和意义

1.1.1 研究背景

为促进国民经济快速稳步增长,高速公路建设日益增加。无论是在高速公路的建造阶段还是运营阶段,公路隧道都是能耗需求巨大的公路基础设施。在隧道运营过程中,能源被用于提供足够驾驶员使用的照明、信号、通风,同时维持排水系统和应对紧急状况。由于典型公路隧道的运行年限超过100年,所以运行能耗很快就会超过建造消耗。欧洲的隧道节能解决方案(Regional European Electronic Toll Service,REETS)项目重点关注运行能耗问题,并把照明摆在第一位[1]。基于交通运输部在"十三五"期间提出的大力发展"综合交通、智慧交通、绿色交通、平安交通"战略,公路隧道照明设计应综合考虑驾驶视觉特征、行车舒适和驾驶心理等要素,并加强公路隧道安全舒适、节能降耗和低碳环保等方面的研究。因此,在公路隧道照明研究中,要构建公路隧道智能照明典型子模式,设置相应的动态光环境参数,实现隧道照明随环境变化按需动态调光,减少公路隧道"无效照明"和"过度照明",达到隧道运营安全、行车舒适和节能降耗的目的。

根据世界卫生组织(World Health Organization,WHO)的统计,道路交通事故每年造成全球将近130万人死亡、大约5000万人受伤。2022年,我国交通事故中死亡人数高达61703人,受伤人数约25万人,平均每七分钟有一人因车祸死亡,每分钟都有人因车祸而受伤。这种现象在发展中国家尤其严重[2]。伴随着公路隧道建设量的增加,驾驶安全逐渐成为研究的一大主题[3],其中照明安全研究是主要内容之一。

进入21世纪后,公路隧道建设速度稳步增长,且在2008年左右进入快速增长期,涌现出一大批具有开创性和示范功能的隧道工程[4]。随着我国经济建设的快速发展,高速公路逐年增多。交通运输部发布的《2022年交通运输行业发展统计公报》数据显示,如图1.1所示,截至2022年末,全国公路隧道24850处、增加1582处,其中特长隧道1752处、795.11万延米,长隧道6715处、1172.82万延米,是世界上建成隧道长度最大的国家[5]。中国已成为世界上隧道工程建设规模最大、数量最多和难度最高的国家。

伴随着公路隧道规模的快速增长,隧道照明中驾驶安全和舒适越来越受到重视。由于明、暗适应的原因,在进出公路隧道的过程中会出现"黑洞""黑框""白洞""视觉滞后"以及"频闪效应"等现象。由这些现象所引起的事故屡见不鲜,尤其是在昼间从隧道外驾车驶入入口段(亮度变化特别大)的过程中。因此,公路隧道照明研究成为热点之一。在公路隧道驾驶中发生的恶性事件很多,如2017年8月10日,陕西省安康市境内京昆高速公路秦岭1号隧道南口处发生一起大客车碰撞隧道洞口端墙的特别重大道路交通事故,造成36人死亡、13人受伤,直接经济损失3533万余元。调查组经过调查认定,事故的直接原因是事故车辆驾驶人超速行驶、疲劳驾驶;间接原因是事故现场路面视认效果不良,视认不良一方面是公路线形设计问题,另一方面是视觉适应问题;当晚事发地点所在桥梁右侧的5个单臂路灯均未开启,导致驾驶员视觉不适应,难以看

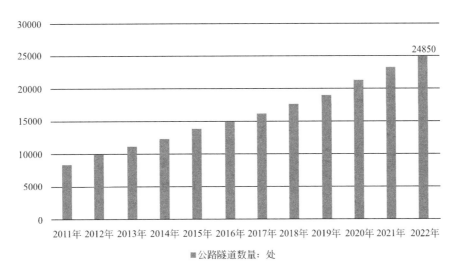

图 1.1　2011—2022 年中国公路隧道数量

清隧道接近段及入口段路况[6]。

该事件充分说明视觉适应的重要性，公路隧道照明视觉适应曲线是指考虑了人眼视觉适应的隧道各照明段亮度与驾驶员驶入隧道的行驶时间（行驶长度）之间的数值关系，主要用于指导公路隧道照明设计。目前广泛采用的视觉适应曲线缺少对照明光源色温方面的考虑。参考国际照明委员会（Commission Internationale de l'Eclairage，CIE）以及世界各国的标准和规范中的理论来研究适合新型光源色温的修正视觉适应曲线具有重要现实意义。

对照分析 CIE 技术报告公路隧道和通道照明设计指南《Guide For the Lighting of Road Tunnels and Underpasses（公路隧道和地下通道照明指南）》CIE 88：1990[7] 和 CIE 88：2004[8]（以下分别简称 CIE 88：1990 和 CIE 88：2004）以及世界多个国家及地区（英、美、日、中、欧盟等）[9~14]的公路隧道照明标准在各照明段动态亮度以及动态长度规定之后，发现现行标准中存在一系列问题，如对光源色温影响的规定缺乏、照明段亮度和长度规定依据混乱、动态适应分析不够、与现有光源和灯具的对应不足等。

参考国外公路隧道照明的相关指南和标准，我国制定并发布了公路隧道照明设计标准及细则，其中最新版为《公路隧道照明设计细则》JTG/T D70/2—01—2014[15]（以下简称 JTG/T D70/2—01—2014）。在细则应用和实施的过程中发现存在诸多问题：首先，国外的很多客观条件和我国有很大区别，故国内外对公路隧道照明的规定相差很大，如：常年的气象状况，隧道洞外的光气候条件，隧道行驶限速情况，隧道内道路的修建标准（导致隧道内路面和墙面反射系数不同）等。其次，在新型光源和灯具不断发展的现状下，光源已经从最早的荧光灯慢慢过渡到高压钠灯（以下简称 HPS）、金属卤化物灯（以下简称 MH）和发光二极管（以下简称 LED），这些光源的发光机理及色温和细则之间存在不匹配的情况。再次，细则中缺少对动态适应影响的指标和依据，如：隧道内的适应本身是动态的，导致隧道内各照明段的亮度和长度均为动态变化，而细则是从静态出发进行规定。如今公路隧道照明已经发展到智能照明时代，而各照明段的长度和亮度缺少动态的设计和规定，故需要进一步的研究。

公路隧道照明视觉适应曲线研究主要包含光学及视觉机理等部分，其中光学机理的既有文献较多，但是对视觉机理的研究较少。视觉机理是基于人体的生理和心理参数进行的研究，本书研究也是从反应时间、瞳孔变化、视觉兴趣区域等生理和心理指标展开。

本书结合国内外的研究现状以及现场的调研结果，基于公路隧道特有的视觉适应规律，并充分考虑光源色温影响，通过视觉功效法，包括反应时间、瞳孔变化和视点变化等评价指标，研究公路隧道各照明段在行驶过程中的动态亮度和动态长度分布；提出更为实用、安全、舒适的公路隧道照明视觉适应曲线。研究成果能够进一步保证公路隧道驾驶更加安全、舒适，并在此基础上降低照明能耗，为公路隧道智能照明提供理论依据和数据支持，对现有隧道照明规范的修订提出新的理论和具体技术方案。

1.1.2 研究意义

首先，在考虑光源色温的前提下完善公路隧道照明入口段亮度（以下表示为L_{th}）动态折减系数，为结合了新型光源色温的各照明段动态亮度确定提供依据；其次，确定入口加强照明段暗适应时间，明确结合不同行驶车速的各照明段动态长度，两者结合得出公路隧道照明视觉适应曲线；再次，得出入口段亮度安全可见阈值，充分保证在各种情况下公路隧道照明安全和舒适；最后进行能耗分析，结合智能照明真正实现公路隧道行驶的安全、舒适和节能。

公路隧道照明适应曲线的研究具有以下重大意义：

1) 促进隧道驾驶视觉上的安全舒适

公路隧道驾驶过程中感受最多的是亮度显著变化后的视觉适应问题：从接近段到入口段、入口段到过渡段进而到中间段都会经历暗适应过程，该过程持续时间相对较长，对驾驶安全和舒适影响大；中间段到出口段乃至出口外的驶离段则要经历明适应过程，该过程持续时间相对较短，对驾驶安全和舒适影响小。研究这些适应过程的机理，并将研究成果汇集成视觉适应曲线，有利于改善公路隧道照明状况，大大提高隧道驾驶的安全性和舒适性。

2) 为控制系统设计和视觉机理研究提供补充

视觉适应的影响因素包含视觉适应机理和光源色温变化，借助研究成果可针对性提出公路隧道各照明段的亮度、色温及照明质量标准。而隧道照明控制系统由光亮度检测器、车流量监测器、隧道区域控制器、照明控制计算机、隧道照明灯具、照明配电柜、照明配电箱以及照明供电电缆等组成。这些指标的提出为控制系统的设计提供数值关系上的基础，也为视觉机理的研究提供生理和心理指标方面的数据支持。

3) 减少隧道照明系统电能消耗

公路隧道照明质量直接影响行车安全。多年来，公路隧道建设一直将照明质量作为设计的核心内容与研究重点，却忽视了能源浪费问题；隧道照明消耗大量电能，迫切需要在充分保证安全的同时实现科学节能。视觉适应曲线研究不仅能够进一步保证公路隧道驾驶的安全和舒适，而且可以在此基础上有效减少照明系统的电能消耗。因此，视觉适应曲线的研究成果可以为照明系统的节能降耗做出相应的贡献。

1.2 研究对象、术语及相关参数

1.2.1 研究对象

本书研究对象针对公路隧道照明的视觉适应（曲线），在对公路隧道各照明段的亮度、长度以及行驶时间的规定进行分析之后，结合现有的诸多研究文献和成果，发现驾驶员在驶过各照明段的过程中经历着不同的适应过程，除了受隧道总长度影响较大的中间段之外，在驶过其他照明段的过程中，驾驶员经历不同的适应状态，大多属于非充分适应状态。而且这种非充分适应状态是一种动态的过程，拥有着不同的适应程度。本书从不同适应状态下的视觉功效入手，以视觉功效为依据，对适应的程度进行评定，评定结果可以用于指导公路隧道各照明段的亮度（包含了色温的影响）和长度设计。

1.2.2 术语

1. 照度

表面上一点的照度是入射在包含该点的面元上的光通量与该面元面积之比。

2. 亮度

单位投影面积上的发光强度。

3. 光源光色

光源发出的光线的颜色。光源的光色可以通过光谱来描述，光谱是光线在不同波长下的强度分布。不同类型的光源（例如白炽灯、荧光灯、LED 灯等）会发出不同光谱的光线。

4. 视觉功效

光源的光色和亮度对人类视觉的影响。这包括了对视觉的舒适性、清晰度、对比度、色彩再现性等方面的影响。不同的光源光色和亮度会对人的视觉产生不同的影响。

5. 视觉适应

指眼睛对不同光照条件下的适应能力。人类的视觉系统可以在不同亮度、色温和对比度的环境中进行适应，以保持对物体的清晰感知和识别。例如，当我们从明亮的室外环境进入昏暗的室内环境时，视觉系统需要一定的时间来适应新的光线条件，使我们能够看清周围的物体。这种适应能力是由视网膜和大脑共同完成的，它们会调整视觉系统的敏感度和对比度，以适应不同的光照环境。

6. 公路隧道视觉适应曲线

描述驾驶员在驶入隧道后视觉适应的时间过程。这个曲线通常包括了从明亮环境到隧道内部光照强度逐渐减弱的过程，以及驾驶员眼睛逐渐适应新的光线条件的过程。了解这个视觉适应曲线有助于设计隧道照明系统，以确保驾驶员在进入隧道时能够尽快适应新的光线条件，从而减少驾驶风险。

7. 接近段

隧道入口外一个停车视距长度范围的路段。

8. 入口段

进入隧道的第一照明段,是使驾驶员视觉适应由洞外高亮度环境向洞内低亮度环境过渡设置的照明段。

9. 过渡段

隧道入口段与中间段之间的照明段,是使驾驶员视觉适应由隧道入口段的高亮度向洞内低亮度过渡设置的照明段。

10. 中间段

沿行车方向连接入口段或过渡段的照明段,是为驾驶员行车提供按照最低亮度要求设置的照明段。

11. 出口段

隧道内靠近隧道行车出口的照明段,是使驾驶员视觉适应洞内低亮度向洞外高亮度过渡设置的照明段。

12. 洞外亮度

距洞口一个停车视距处、离路面 1.5m 高,正对洞口方向 20°视场范围内环境的平均亮度。

13. 路面平均照度

在路面上预先设定的点上测得的或计算得到的各点照度的平均值。

14. 路面平均亮度

在路面上预先设定的点上测得的或计算得到的各点亮度的平均值。

15. 路面亮度总均匀度

路面上最小亮度与平均亮度的比值。

16. 路面中线亮度纵向均匀度

路面中线上的最小亮度与最大亮度的比值。

1.2.3 相关参数

本书对视觉适应曲线的研究包含以下 4 个主要参数,是研究的重点和难点。

1)入口段亮度折减系数

主要针对公路隧道接近段(洞外亮度)到入口段亮度变化最大照明段的亮度折减关系,密切结合光源的类型、色温,提出二者之间的亮度变化关系,为后续各照明段亮度变化提供亮度变化起点的依据。

2)入口加强照明段视觉适应时间

针对公路隧道各照明段经历的明暗视觉适应过程以及视觉适应时间,该时间可以决定视觉适应的程度,与公路隧道照明的安全和舒适关系重大。鉴于暗适应时间长度较长,适应难度较大,所以本书主要针对入口加强照明段的暗适应过程展开。

3)入口加强照明段各照明阶梯动态长度

主要针对入口加强照明段各照明阶梯的长度,考虑到视觉适应曲线在实施过程中的便利性,一般研究中都对视觉适应曲线在实施细则中进行了阶梯分段,本书针对各照明阶梯的亮度变化通过视觉功效进行适应时间和长度的定量研究。

4) 入口段亮度安全可见阈值

响应 CIE 指南的规定，结合各国的实际情况，考虑了由于电能不足启用备用电、车辆由于特殊情况降速行驶或隧道照明刚刚启用阶段车流量较少的实际情况，分析入口段亮度下的最低安全阈值，用以保证特殊情况下的最低驾驶安全需求。

1.3 国内外指南和相关规范

本书主要关注不同色温下公路隧道照明在不同适应状态下的驾驶安全、舒适以及能耗问题。通过对国内外文献的综合整理，论述该方面研究现状如下：

1.3.1 指南、规范、标准

1. CIE 指南规定

首先分析 CIE 颁布的指南。CIE 88：2004 指出：在明确了公路隧道和地下通道照明的各项影响因素之后，重点推荐关注昼间和夜间的照明问题，以及为了适应隧道外部光线波动带来的问题而采取的措施（并考虑了内部电源供应失败时的情况），还应关注为保证安装和运行质量的后期维护问题。同样非常重要的是，为保证道路安全，需要考虑的因素除照明之外还有很多，而照明的贡献是为保证道路用户完成视觉工作确保足够的目标物可见度。

CIE 88：2004 指出，目前公路隧道照明学科研究重点为：

1) 昼间和夜间隧道照明需求不同

夜间的情形相对简单，而昼间照明的任务因人眼的视觉系统特性而相对复杂。由于视觉适应滞后现象的存在，在隧道外的驾驶员不能在高照度的洞外条件下迅速感知较暗洞内路面上的微小目标。这种适应需要的时间长短取决于照度的衰减幅度，照度差越大，即衰减幅度越大，需要的适应时间就越长。这就意味着，对于给定的速度，洞内外的亮度差越大，驾驶人员的视觉适应距离越长。隧道中间段的行驶过程中，人眼所处的亮度是中间视觉状态，亮度只有 $1\sim2\mathrm{cd/m^2}$，此时人眼的锥状细胞和杆状细胞同时起作用，这时研究更加复杂，也更加具有针对性。

2) 小目标可见度研究

视觉系统的任务包括对驾驶员前方存在目标和路面上移动物体的探知。这些物体依赖于所研究的隧道类型，如城市隧道、公路隧道、摩托车隧道或者混行的隧道（包括了摩托车、自行车、行人等）。面对这种情况，普遍采用的方法是小目标物可见度（Small Target Visibility，STV）法，在这里所指的小目标是一个尺寸为 0.2m×0.2m，且具有特定反射系数的物体（该尺寸是使行驶中的车辆发生倾覆的最小尺寸）。典型的反射系数 ρ 是一个可见阈值，即±0.2（实际的交通障碍物反射系数一般会更大些）。路面上的物体必须能被在隧道入口前接近隧道的驾驶员察觉，察觉的距离等于按照隧道设计行驶速度计算得到的一倍停车视距。隧道和地下通道照明的需求都以该原则为基础建立。经验显示，只要驾驶员在该照明状况下对视觉任务（小目标可见度）满意的话，对其他类型视觉任务也会满意。

考虑到交通流量因素，上述视觉任务适用的是前后车辆行驶距离在停车视距以外的情况。如果不满足此条件，驾驶员的视觉工作就包含预测前面车辆的行为等因素；也就是考虑了车辆阻挡、前车出人意料突然刹车等情形。在车辆阻挡的情况下，因为货车所引起的视觉注意力分散比较大，所以很难识别到隧道内货车后面的小目标物。这也说明，为防止"黑洞效应"（即隧道洞内亮度不足的情况），必须提前做出预警。小目标可见度研究无疑是最具有实质性的研究方式，说明了车流量对实际情况下可见度的巨大影响会导致隧道内照明设计参数要求的提高。因为车流量经常会在昼间明显变大，应对这种需求的灯具安装比一般车流情况下更为严格。

车速是另一个基本考虑因素，停车视距被定义为能够检测到物体存在的观察距离，是考虑了入口段长度的（注：入口段长度往往小于一倍停车视距）。在其他因素相同的前提下，设计行驶速度的增加一般会导致照明需求的增加，最终导致灯具安装造价的增加。这就要求在车辆进入隧道入口段时引入车速限制。同样，考虑到车流的持续性，在出口段也应该有类似的限制车速。

3) 公路隧道照明视觉适应曲线研究

CIE 88：1990 中首次提出公路隧道照明视觉适应曲线，并在 CIE 88：2004 中进行补充，其中的视觉适应曲线显示公路隧道入口加强照明段亮度变化为平滑曲线，但各段的长度规定不明确，导致在设计和施工中灯具难以定量，如存在各段长度不明确导致光源安装数量和间距不确定、灯具功率和类型过多等问题。CIE 88：2004 指出：隧道入口段前半段亮度为 L_{th}，后半段亮度值可逐渐递减到 $0.4L_{th}$。该递减可用阶梯代替，阶梯间的比值不能大于 3∶1，且亮度值不能低于曲线规定值。但一般而言，只要亮度变化超过了 1.4∶1，即为可察觉的亮度变化，也就是说人眼会感到这种变化并引起视觉不舒适。过渡段亮度变化规定与入口段类似，过渡段的长度按照大致行驶时间结合限制车速确定，但长度的终点不明确。当过渡段亮度稳定或中间段的亮度比推荐值高时，过渡段长度可比规定短一些。由于目前不能准确显示曲线的偏离程度，后续研究应给出更加准确的亮度和长度推荐值。以上是后续各国公路隧道照明实施细则在执行过程中阶梯分段的理论基础和关键点。

2. 国外规范、标准

国外的公路隧道照明研究主要包含两大学派，一个是以 Schreuder（施罗德）为代表的欧洲学派，另一个是以 Narisada（成定康平）为代表的日本学派。故对国外规范和标准的研究主要也是针对欧洲学派如欧盟、英国、美国的公路隧道照明设计规范和标准，及日本的公路隧道照明设计标准。前者较好地秉承了 CIE 指南规定，而后者则相差较大，从计算规定到视觉适应曲线都有区别。由于视觉适应曲线与后续的研究关系较为密切，所以本书在第 2 章中对视觉适应曲线的对照以及曲线的分解（各照明段的长度和亮度规定）进行了列表详细论述，在此不再赘述。

1.3.2 国内公路隧道照明标准和细则

1. 总体介绍

我国与公路隧道照明相关的标准中与本研究密切相关的主要有两部。其中一部为《公路隧道通风照明设计规范》JTJ 026.1—1999（以下简称 JTJ 026.1—1999），另一部为 JTG/T D70/2—01—2014。后者规定：单向交通隧道照明可划分为入口段照明、过渡段照明、中间段照明、出口段照明、洞外引道照明以及洞口接近段减光设施。其中，单双向交通隧道照明系统分段图见图 1.2、图 1.3。

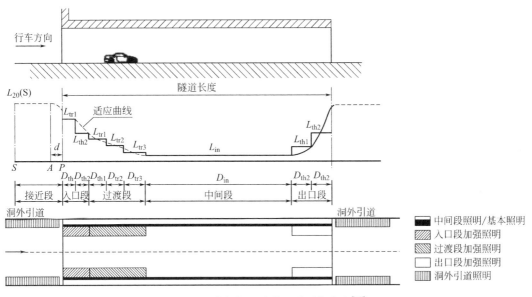

图 1.2　单向交通隧道照明系统分段[15]

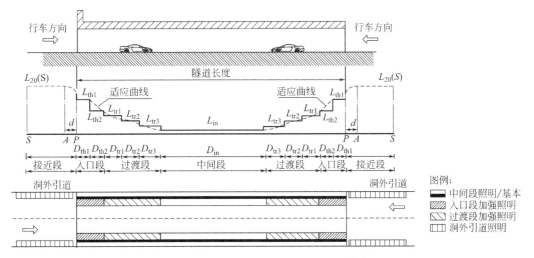

图 1.3　双向交通隧道照明系统分段[15]

2. 对视觉适应曲线的规定

结合 CIE 对视觉适应曲线的规定，我国 JTJ 026.1—1999 和 JTG/T D70/2—01—2014 将阶梯分段细化处理，如图 1.2 和图 1.3 所示，规定入口段宜划分为两个照明阶梯，两个照明阶梯的亮度为利用 k 值法得到计算值，即入口段第一阶梯亮度为洞外亮度乘以入口段亮度折减系数 k，两个阶梯之间路面亮度的比值为 2∶1，即入口段第二阶梯的亮度为第一阶梯的一半，两个阶梯的长度各取入口段总长度的一半，计算方法按照几何尺寸法。过渡段按渐变递减原则划分为 3 个照明阶梯，3 个照明阶梯的亮度比为 15∶5∶2，就是大致按照 CIE 88∶2004 中 3∶1 的规定，而 3 个照明阶梯的长度按照行驶时间来确定。对于较长的隧道，中间段也分为两个照明阶梯，第一阶梯长度是设计驾驶速度下30s的行车距离，亮度为中间段亮度L_{in}，而余下长度的中间阶梯亮度为$0.8L_{in}$或者$0.5L_{in}$且不低于$1.0cd/m^2$，在安全舒适的前提下兼顾节约照明用电。最后，出口段宜划分为两个照明阶梯，每个照明阶梯长度宜取30m，亮度依次为中间段亮度的3倍和5倍，即（3～5）L_{in}。对于单向交通隧道而言，隧道内照明总计分为以上9个照明阶梯。

3. 隧道照明设计规范中存在问题分析

纵观CIE及各地的公路隧道照明设计指南和规范，在公路隧道照明光环境参数确定方面存在如下问题：

（1）现有研究未考虑天然光及隧道照明光源的色温。智能照明针对全天候的洞外环境，不同时段、不同洞口朝向的隧道外天然光色温并不相同，隧道内广泛采用的新型光源也具有色温丰富且易于调节的特点。研究表明，人眼对不同色温光环境的适应能力不同。但无论设计规范还是设计方法均未考虑光源色温对人眼适应的影响，不能满足隧道智能照明多模式、动态变化的要求。

（2）隧道入口段亮度折减系数的确定未考虑洞外亮度的动态变化。确定入口段路面亮度水平的折减系数仅考虑了车速与车流量的影响，没有综合考虑隧道洞外光环境的变化规律，而是按一个或几个典型洞外亮度值进行折减，造成能源浪费的同时又可能出现"黑洞现象"，驾驶员在不同洞外环境条件下仍存在严重的视觉适应问题。

（3）隧道内亮度水平呈阶梯形变化，不利于人眼适应。亮度水平阶梯变化由传统隧道照明光源的特性造成，其亮度突变已超出人眼能觉察出不均匀亮度比的范围，不利于人眼的适应及行车安全和舒适性，不能很好地消除视觉适应滞后现象。

（4）各地在公路隧道照明规范的参数规定上相差很大，无论是在隧道各照明段的亮度方面还是各照明段的长度方面存在着不明确和依据混乱等问题。

综上所述，受照明设施和手段所限，现行的公路隧道照明光环境采用的是单一和静态的（考虑相对不利的状况下）设定模式及参数确定。在智能照明成为趋势的情况下，这种静态模式已不能满足时间和空间的多种需求。解决上述研究中存在的问题，构建公路隧道智能照明典型子模式，设置相应的动态光环境参数，实现隧道照明随环境变化按需动态调光，减少公路隧道"无效照明"和"过度照明"，达到隧道运营安全、行车舒适和节能降耗，是研究的主要目的。

4. 规范、规定研究给本书的借鉴

（1）目前常用的折减系数法（k值法）是计算公路隧道入口段亮度的基础，入口段亮度是其他各照明段亮度的出发点，而k值大小是依据设计小时交通量和设计车速来取值的，当交通量或车速位于中间值时，按线性内插取值，这种取值方式明显不准确，会影响公路隧道驾驶的安全和舒适。且中国的k值取欧洲Schreuder学派和日本Narisada学派的中间值，取值方法缺乏依据和科学性。

（2）无论是CIE指南还是我国的隧道照明标准都缺少对光源色温的考量。伴随着光源类型的改变，公路隧道照明光源从以前HPS和荧光灯为主发展到MH、HPS、LED并立的情况。隧道照明光源的发展方向是高效节能化，而LED具有节能、寿命长、光色丰富、亮度和色温易于控制、灯具效率高、显色性好等优势，正逐步取代HPS、MH等传统隧道照明光源，为更好实现隧道智能照明提供条件。这些光源的色温也是确定k值过程中必不可少的考虑因素。

（3）公路隧道照明设计中最难以解决的问题是公路隧道接近段到入口加强照明段之间的暗适应，即"视觉滞后"问题。结合 CIE 的视觉适应曲线，从接近段的洞外亮度到中间段的稳定亮度之间的暗适应时间也决定了该段的总长度，该长度也是公路隧道照明入口段及过渡段长度设计的基础。

（4）车速的差异导致公路隧道照明各段的长度可变，世界各国在各照明段的长度规定各不相同，规定的依据也有所差异，很多依据并未与驾驶安全、舒适很好地结合。需要在保证安全舒适的前提下统一考虑依据驾驶速度变化的各段动态长度。

为更好表达研究所针对的国内外公路隧道照明指南、规范、标准及其实施细则的逻辑关系，在此进行梳理并列表 1.1 来进行表达。

国内外公路隧道照明指南、规范、标准梳理 表 1.1

序号	指南、规范、标准	研究内容及方法
1	Commission Internationale de L'Eclairage. Guide for the lighting of road tunnels and underpasses:CIE 088:2004[S/OL]. 2nd ed. [2022-04-24]. https://cie.co.at/publications/guide-lighting-road-tunnels-and-underpasses-2nd-ed.	CIE 指南：公路隧道视觉适应曲线；昼间暗适应问题；小目标可见度
2	The British Standards Institution. Code of practice for the design of road lighting. Lighting of tunnels:BS 5489-2:2016[S/OL]. [2022-04-26]. https://standardsdevelopment.bsigroup.com/projects/2014-00019#/section.	国外规范、标准：各国的公路隧道视觉适应曲线；暗适应时间；各照明段亮度变化规律及长度规定
3	American National Standards Institute. American national standard practice for tunnel lighting:ANSI/IES RP-22-11[S]. New York:Illuminating Engineering Society of North America, 2011.	
4	National Standards Authority of Ireland. Lighting applications-Tunnel lighting:CR 14380:2003[S].	
5	Japanese Standards Association. Lighting of Tunnels for Motorized Traffic:JIS Z 9116-1990[S].	
6	交通运输部. 公路隧道设计规范 第一册 土建工程:JTG 3370.1—2018[S]. 北京：人民交通出版社，2019.	国内标准、细则：阶梯化的视觉适应曲线；各照明段亮度变化规律及长度规定
7	交通运输部. 公路隧道照明设计细则:JTG/T D70/2—01—2014[S]. 北京：人民交通出版社，2014.	

国内外对公路隧道照明这一领域的研究较为重视，研究文献较丰富。针对本文的研究对象和目标，将文献内容梳理和归纳为如下几部分：公路隧道安全特性、考虑光源色温的视觉适应曲线、公路隧道照明能耗分析、研究方法及智能照明。

1.4 国内外论著

目前，国内外对公路隧道照明这一领域的研究较为重视，研究文献较丰富。针对本书的研究对象和目标，将文献内容梳理和归纳为如下几部分：公路隧道安全特性、考虑光源色温的视觉适应曲线、公路隧道照明能耗分析。

1.4.1 公路隧道安全特性

国内外对公路隧道照明安全特性的研究非常重视。为探究公路隧道行驶的安全性，Jian 等指出：为克服城市用地限制，地下道路系统变得越来越普遍；在公路隧道中发生的事故要比开敞道路上少得多；在新加坡，从对交通视频探头拍摄的连续照片分析得出汽车跟随的数据（对照开敞道路和隧道）；分析了汽车跟随头车的数据及头车驾驶速度和路线的影响因素，发现跟随作用只在隧道行驶中出现，在公路隧道环境下的跟随一般时间会更长；对碰撞时间测试数据的分析和安全间隔数据都显示公路隧道内具有更安全的车辆跟随行为和更低的车辆碰撞风险；从行为角度得出公路隧道环境在安全方面有优越性[16]。该研究的结论对公路隧道行驶安全研究非常有用，公路隧道行驶过程中虽然事故率小一些，但是事故的损失一般比开敞的道路要大得多，容易发生群死群伤的重大事故，尤其是在隧道出入口明暗变化剧烈处。Bassan 通过研究指出：隧道事故风险大约是开敞路面的一半，而隧道里事故严重性要比开敞路面高得多[17]。关于跟随车辆安全的研究，在 Narisada 的论文中也有提及，他研究了前方有厢式货车挡住隧道出入口时对跟随车辆的影响。Narisada 在研究成果中提出，如果前方有厢式货车阻挡，而且货车后部的反光系数比较大，那么就会对路面小目标物的认知产生很大影响[18]。

Kircher 等也指出：虽然隧道行驶事故率低，但是事故后果却很严重。为减少事故率，应做好隧道设计，该研究的目的是调查设计因素如何影响驾驶指标及对次要工作是否有互动关系。调查选取了多方面的因素进行分析，包括：隧道内墙面的颜色（深或浅），照明情况（3 种不同的亮度）和任务强度（有没有次要任务）。他认为隧道设计和照明对驾驶员的行为具有影响，其中对驾驶任务的视觉关注度是最为关键的因素，该因素引起驾驶行为和视觉行为的巨大变化。结论显示，浅色隧道墙面比强照明状况在保证驾驶员的视觉朝向驾驶方向方面更重要[19]。该研究说明了隧道墙面颜色和照明布置的重要性。更重要的是，由于人具有主观性，主观的视觉关注程度影响很大，这一点对隧道照明研究具有参考价值。Kirytopoulos 等研究了公路隧道驾驶习惯和安全行为意图之间的关系，得出好的驾驶习惯和行为可以为公路隧道驾驶的安全起促进作用[20]。Sinfield 等研究了"隧道驾驶决定辅助系统"在隧道技术中的应用，并对系统的应用进行了评价[21]。

公路隧道照明安全特性方面研究文献较复杂，为表达清楚研究类别和逻辑关系，对相关文献进行梳理，见表 1.2。

典型公路隧道安全特性研究文献梳理　　表 1.2

序号	代表文献	研究内容及方法
1	Jian S Y, Wong Y D. The effect of road tunnel environment on car following behavior [J]. Accident Analysis and Prevention, 2014(70):100-109.	利用车辆尾随理论、交通安全线型设计、入口段可见度试验以及照明设计研究隧道驾驶中存在的安全问题，进行事故分析与预防
2	Bassan S. Overview of traffic safety aspects and design in road tunnels [J]. IATSS Research, 2016, 40(1):35-46.	
3	Nakamichi F, Narisada, Yoshikawa K. Experiment on the visibility of tunnel entrance lighting [J]. Journal of the Illuminating Engineering Institute of Japan, 1967, 51(10):566-581.	
4	Kircher K, Ahlstorm C. The impact of tunnel design and lighting on the performance of attentive and visually distracted drivers [J]. Accident Analysis and Prevention, 2012 (47):153-161.	

续表

序号	代表文献	研究内容及方法
5	Kirytopoulos K,Kazaras K,Papapavlous P,et al. Exploring driving habits and safety critical behavioral intentions among road tunnel users: A questionnaire survey in Greece [J]. Tunneling and Underground Space Technology,2017 (63):244-251.	利用调查问卷及决定辅助系统评价公路隧道驾驶行为
6	Sinfield V J,Einstein H H. Evaluation of tunneling technology using the "decision aids for tunneling"[J]. Tunnelling and Underground Space Technology,1996,11(4):491-504.	

小结：公路隧道安全特性的相关研究充分说明本书研究的必要性和紧迫性，是课题研究基础。当前研究不足：文献缺少公路隧道视觉适应曲线对驾驶安全影响分析。

1.4.2 考虑光源色温的视觉适应曲线

由于既有视觉适应曲线中缺少对光源色温的关注，因此，本研究综述除针对视觉功效曲线所包含的4个方面内容外，还增加了光源色温影响研究方面的内容。下面依次详述如下：

1. 入口段亮度动态折减系数（动态 k 值）研究

Schreuder 认为隧道入口段亮度的需求值最少应该为驾驶员适应亮度的 10%~12.5%。Nakamichi（中道文基）和 Narisada 则指出：以前研究者阐明靠近隧道的洞外亮度可以看作是驾驶员的适应亮度。该研究认为：人眼的适应亮度并非由视野内的平均亮度决定，更主要是由投向视网膜中央窝的亮度决定，因此驾驶员在靠近隧道入口处的适应亮度会逐渐降低。研究分析了驾驶员驶近隧道时适应时间的衰减，并在此研究结论基础上由公式表达出所需要的隧道内亮度值。即确定了隧道照明视觉适应曲线中接近段和入口段亮度的关系，也就是 k 值法的基础。但欧洲 Schreuder 学派和日本 Narisada 学派对 k 值法的推荐值相差很大，一般的说法是 Narisada 学派最终放弃了其对 k 值的推荐结论。根据文献，Narisada 在研究中指出，他在做障碍物识别的模拟试验时采用的识别距离是注视点开始的距离，而 Schreuder 采用的是从适应点开始的适应距离，二者区别较大，识别距离大于 150m，而适应距离为 25m 左右（根据隧道路面坡度有所不同）。二者对 k 值的规定之所以差距达到 4~7 倍，主要是由于试验参数设定的不同，剔除设定的不同，Narisada 的推荐指标乘以 2 之后可以采用[22]。由于 k 值法使用的方便性，现行的隧道照明设计规范（标准或技术导则）和设计实践多推荐采用 k 值法确定隧道入口段亮度。但是以 CIE 88：1990[7] 为基础的欧盟标准《Lighting applications-Tunnel lighting（照明应用标准——隧道照明）》CR 14380：2003[14]（以下简称 CR 14380：2003）、英国标准《Code of practice for the design of road lighting. Lighting of tunnels（道路照明设计应用规程 第2部分：隧道照明）》BS 5489-2：2016[9]（以下简称 BS 5489-2：2016），以及美国标准《American national standard practice for tunnel lighting（隧道照明美国国家应用标准）》ANSI/IES RP-22-11[10]（以下简称 ANSI/IES RP-22-11），与日本标准《Lighting of Tunnels for Motorized Traffic（机动车交通隧道照明标准）》JIS Z 9116-1990[11]（以下简称 JIS Z 9116-1990）对 k 值规定的差异长期存在，两个学派依据的是类似模拟试验方法，但测试基本参数选用差别较大。两个学派提出的折减系数 k 的值都是基于对障碍物识别的模拟试验得到,并非直接考虑人眼的视觉适应。综合两个学派的研究成果,最终 CIE 88:1990 建议用入口段亮度折减系数 k 来计算公路隧道入口段亮度值,即 k 值法:采用洞口外 20°视野内亮度 L_{20}(S) 乘上 k 值计算出公路隧道入口段的路面亮度值[在此,S 为环境(Surrounding)的简称],并且在 CIE 88:2004 中进行了修正和补充。而我国所采用的 k 值取两个学派的中间(数字平均)值。

Blaser 提出一种基于日光和平均日照时间分布获得 L_{20} 的新方法[23]。Adrian 发现 L_{20} 和 L_{seq}(基于等效光幕强度)之间是弱相关关系[24],他指出入口段需要的亮度等级受物体的尺寸和对比度影响[25]。Blaser 和 Adrian 为察觉对比法研究提供了基础,但缺少对 L_{20} 和 L_{th} 之间关系(折减系数)的分析。考虑到公路隧道入口段亮度是后续各段亮度设计的基础,且受隧道洞外亮度的影响,减少隧道洞外亮度(接近段亮度)对公路隧道照明的能耗降低效果明显。Peña-García 等研究了洞外种植攀缘植物对该亮度的影响。他指出在公路隧道运营中能源消耗最大的是照明,该需求在昼间更大,此时驾驶员从明亮的洞外环境进入到隧道内的暗环境,需加强照明来满足暗适应。道路照明的亮度需求受 3 个主要因素影响,分别是:隧道最大允许行驶速度、隧道口朝向和绿化。该研究从隧道口的绿化出发,对入口段的照明需求进行了定量分析,结论是:常春藤植物是最好的栽植选择,可优化照明质量,降低照明能耗[26]。他还从公路隧道节能角度出发,研究了日光在公路隧道中的应用,通过日光反射装置提高光导管的运行效率,进一步利用光导管的反射作用,总体可节约能源 14%~20%[27]。在公路隧道中合理利用日光方面,Gil-Martín 等提出一种将张拉膜用于公路隧道的可持续照明[28];他还与 Peña-García 等用计算机优化的方法研究张拉膜结构的合理形状,同样也为公路隧道能源节约作出贡献[29];Peña-García 还找到一种在公路隧道中采用日光系统的评价和预测方法[30]。

L_{th} 是隧道各照明段亮度设计的基准,CIE 及世界各国规范中确定 L_{th} 的方法主要有 3 种:折减系数(k 值)法、SRN 主观评价法和察觉对比法,其中折减系数法应用最广泛。胡英奎基于等效光幕亮度、视觉适应研究了确定 L_{th} 的多种方法[31]。在 L_{th} 的确定上,研究主要采用一种静态的研究思路,在考虑洞外亮度 L_{20}、交通量和平均车速三者情况后对入口段亮度进行了定值的设计。事实上,L_{20} 会随季节、时间不断变化,且入口段光源的亮度和色温也会有所区别,即 L_{th} 和 L_{20} 之间是否为传统规范规定的线性关系值得深入研究。本书根据这个前提,针对多个被试者在不同工况下进行基于视觉功效的试验,推求出动态 k 值的变化规律,为后续的公路隧道智能照明设计提供理论依据和数据支撑。对相关文献进行梳理,见表 1.3。

公路隧道入口段亮度动态折减系数研究文献梳理 表 1.3

序号	代表文献	研究内容及方法
1	Narisada K,Yoseoikawa K. Tunnel entrance lighting-effect of fixation point and other factors on the determination of requirements[J]. Lighting Research and Technology,1974,6(1):9-18	学派间的争论:欧洲学派和日本学派关于动态折减系数以及各照明段亮度研究差异
2	Blaser P,Dudli H. Tunnel lighting:Method of calculating luminance of access zone L_{20}[J]. Lighting Research and Technology,1993,25(1):25-30	
3	Adrian W K. Adaptation luminance when approaching a tunnel in daytime [J]. Lighting Research and Technology,1987,19(3):73-79	

续表

序号	代表文献	研究内容及方法
4	Adrian W K. Investigations on the required luminance in tunnel entrances [J]. Lighting Research and Technology, 1980, 14(3):151-159	学派间的争论:欧洲学派和日本学派关于动态折减系数以及各照明段亮度研究差异
5	Kabayama H. Study on Adaptive Illumination for Sudden Change of brightness [J]. Journal of the Illuminating Engineering Institute of Japan, 1963, 47(10):4-12	
6	Peña-García A, López J C, Grindlay A L. Decrease of energy demands of lighting installations in road tunnels based in the forestation of portal surroundings with climbing plants [J]. Tunnelling and Underground Space Technology, 2015(46):111-115	洞外亮度和入口段亮度确定方式,减少洞外亮度的方法
7	Peña-García A, Gil-Martín L M, Hernández-Montes M E. Use of sunlight in road tunnels: An approach to the improvement of light-pipes' efficacy through heliostats [J]. Tunnelling and Underground Space Technology, 2016 (60):135-140	
8	Gil-Martín L M, Peña-García A, Hernández-Montes M F, et al. Tension structures: A way towards sustainable lighting in road tunnels [J]. Tunnelling and Underground Space Technology, 2012 (32):127-131	
9	Peña-García A, Escribano R, Gil-Martín L M, et al. Computational optimization of semi-transparent tension structures for the use of solar light in road tunnels [J]. Tunnelling and Underground Space Technology, 2012 (32):127-131	
10	胡英奎,翁季,张青文,等.基于驾驶员瞳孔变化确定隧道入口段亮度的方法[J].灯与照明,2011,35(4):10-13	

2. 公路隧道各照明段明适应和暗适应时间研究

Kabayama（蒲山久夫）做了两个系列的试验,补充日本照明学会的隧道照明报告,试验是关于亮度快速变化时眼睛瞬时适应的研究。第一个试验的目的是测量亮度突变后的视力恢复时间,即明、暗适应时间。第二个试验的目的是为发现当亮度降低时在何种实际程度上可保持视力敏锐度的问题。该指标与小目标物的发现密切相关[32]。他提出:在暗适应环境下人眼需要约10s来恢复实际视力,而在明适应环境下却只需要约1s。这个事实揭示了在亮度突然下降的环境下亮度适应的重要性,比如在公路隧道入口段照明中,Peña-García指出从洞外亮环境到洞内暗环境需要至少8min才能适应[26]。

不同研究者对适应时间长短的界定不同。由黑暗环境进入明亮环境,眼睛从暗视觉过渡到明视觉状态,对应昼间驾车驶出隧道或夜间驾车驶入隧道状况所需时间为几秒或几分钟。由明亮环境转换成暗视觉状态,对应昼间驾车驶入隧道或者夜间驾车驶出隧道的状况约需几十秒到半小时。而对应公路隧道昼间驶入隧道入口段的暗适应时间更加有针对性。谢秀颖等认为,从黑暗处进入明亮环境时,人眼最初会无法看清周围的景物,约经过1min后才能恢复正常的视觉工作;从明亮的环境走入暗处时,在最初阶段什么也看不见,3~5min后才能区分出周围物体的轮廓,恢复正常的视觉工作[33]。黄彦认为视觉要达到完全暗适应,需要大概30~40min的时间[34]。从一般认知看来,30~40min时间太长,以80km/h的行驶限制速度来计算,30min后车辆已经行驶40km,这时的完全适应对视觉的认知及驾驶安全没有实际意义,即使如我国目前建成最长的公路隧道——穿越陕西秦岭的终南山隧道单洞长也仅18.02km,双洞长36.04km[35]。上述适应状态应当属于完全适应状态,但是人在没有完全适应的情况下可以且必须完成视觉认知、规避风险和保障安全的任务。早在1994年，张吉芳等就对机动车驾驶员暗适应进行了研究，当时研究者称这类适应时间为快速适应时间，得出驾驶员快速暗适应时间总体均数为34.17±14.25s[36]。杜志刚等利用瞳孔面积速度等指标评价了隧道路段视觉负荷，指出对中长隧道，暗适应时间一般不超过23s，明适应时间不超过13s[37]。任福田等指出，一般由隧道外进入隧道内，驾驶员在暗适应过程中，大约发生10s的视觉障碍；驾驶员在驶出隧道的明适应过程中，大约发生1s的视觉障碍[38]。为了更好地表达清楚研究逻辑关系，对相关文献进行梳理，见表1.4。

公路隧道照明明适应和暗适应时间研究文献梳理　　　表1.4

序号	代表文献	研究内容及方法
1	Kabayama H. Study on Adaptive Illumination for Sudden Change of brightness [J]. Journal of the Illuminating Engineering Institute of Japan,1963,47(10):4-12	利用试验和计算机优化方法设定明、暗适应时间测定试验
2	Peña-García A, Escribano R, Gil-Martín L M, et al. Computational optimization of semi-transparent tension structures for the use of solar light in road tunnels [J]. Tunnelling and Underground Space Technology. 2012 (32):127-131	
3	谢秀颖,孙晓红,王克河,等.实用照明设计[M].北京:机械工业出版社,2011	非充分适应下的明、暗适应时间长度研究
4	黄彦.隧道照明过渡段人眼适应照明研究[D].重庆:重庆大学,2014	
5	杨锋,朱守林.终南山隧道非充分动态照明环境特性分析[J].科学技术与工程,2015,15(30):214-218	
6	张吉芳,张晓琴,蒿东献,等.机动车驾驶员暗适应功能的调查研究[J].中国工业医学杂志,1994(2):99-100	
7	杜志刚,黄发明,严â平,等.基于瞳孔面积变动的公路隧道暗适应时间[J].公路交通科技,2013,30(5):98-102	

3. 公路隧道各照明段（含照明阶梯）动态长度研究

van Bommel从隧道照明实践得出，隧道灯光分布及各照明段长度的不同不仅是由于所依规范的不同，更取决于当地实际情况[39]。Tesson等根据CETU隧道的设计方法给出隧道灯具安装（长度分布）的简化理论和实践[40]。

许景峰对照了CIE 88：2004、《美国隧道照明国家标准》RP-22-1987和我国的JTJ 026.1—1999、《公路隧道设计规范》JTG D70—2004，指出影响公路隧道各照明段长度的因素包括：隧道的几何状况、交通状况、洞外亮度状况等。通过对标准中各照明段长度规定的对比发现四部标准的规定各不相同。从能耗角度看，由于我国规范规定的加强段长度短，所以相对更节能。最后，提出应探究我国隧道标准中入口段长度和过渡段长度规定是否合理，过渡段长度是否可以缩短，出口段长度是否应该统一[41]。他最终提出的设想是本书各照明阶梯长度研究的出发点之一。另外，他分析了隧道照明各照明段的亮度水平和长度变化，指出各标准在隧道各照明段长度和亮度规定上存在较大差异。顾强最终指出：我国规定的亮度水平偏低，主要是因为现行标准是参考日本标准JIS Z 9116-199。该研究对四部照明标准的对照明确和清晰，对标准规定中的各照明段亮度和长度规定进行了解读，但缺少对导致这些区别的原因分析，且没有进行各段适宜长度的进一步探究。赵炜华等对长隧道入口加强段进行了昼间暗适应时间测定试验，通过获取的暗适应时间，结合行车速度进行了加强照明段各段长度计算[42]。在研究得出各照明段亮度的数值和各段更加合理的长度后,还需综合二者得出依据视觉功效法的公路隧道照明视觉适应曲线,用以指导隧道照明设计实践并提供借鉴和支持。在此对相关参考文献进行梳理,见表1.5。

公路隧道照明各照明段动态长度研究文献梳理 表1.5

序号	代表文献	研究内容及方法
1	van Bommel W. Tunnel lighting practice worldwide [J]. Lighting Research and Technology,1981,13(2):80-86	各照明段长度规定研究以及实践
2	Tesson M,Monié B. Road tunnel lighting design:Simplification [J]. Lighting Research and Technology,1989,21(4):171-179	
3	许景峰. 国内外公路隧道照明标准中各照明段长度对比研究[J]. 灯与照明,2010,34(4):38-41	国内外规范中各照明段长度对照以及优化
4	许景峰,胡英奎,何荣. 国内外公路隧道照明标准中亮度水平对比研究[J]. 照明工程学报,2010,21(5):26-32	
5	赵炜华,张冬梅,文英,等. 长隧道入口白天加强照明段长度优化[J]. 华北科技学院学报,2014,11(8):48-52	

4. 公路隧道照明入口段亮度可见阈值研究

JTG/T D70/2—01—2014规定:公路隧道照明分为接近段、入口段、过渡段、中间段和出口段等照明段。公路隧道入口段亮度是隧道照明设计的起点,且根据细则规定,L_{th}由接近段洞外亮度乘以折减系数k得到。针对本部分研究,其目的即在接近段到入口段这个亮度变化最大,也是暗适应问题最难解决的照明段,找到保障驾驶最基本安全的亮度阈值,即安全可见阈值。研究此阈值的意义在于满足在特殊的情况,如夏季电力不足启用备用照明或者隧道刚刚修建时照明负荷不太完善情况下的驾驶基本安全。保证在必要的时间内看到小目标物,作为照明设计短期特殊情况下的补充。CIE 88:2004明确推荐的研究项目中就包含内部电源失效时的情况。

设计标准和实践中均缺少对安全可见阈值方面的规定。危蓉在基于视觉特性的数字水印研究中用到了可见阈值的概念[43]。傅翼等分析公路隧道照明眩光的影响中引入了阈值增量,分析了不同布灯方式对隧道驾驶的不同危害[44]。郑昍等通过试验分析了隧道环境亮度安全临界阈值[45]。胡江碧等对隧道入口段照明安全阈值进行评价,得到了亮度折减系数值,不足之处在于尚缺少明确的数值[46]。为更好地说明公路隧道照明各照明段动态长度研究的逻辑关系,在此列表1.6来表达。

公路隧道照明入口段亮度可见阈值研究文献梳理 表1.6

序号	代表文献	研究内容及方法
1	危蓉,廖振松,徐伟. 基于视觉特征和DCT变换的数字水印[J]. 计算机工程,2007(4):149-151	可见阈值的概念及规定
2	傅翼,杨波,陈云庆. 公路隧道照明眩光影响仿真与分析[J]. 现代隧道技术,2014,51(5):150-154	公路隧道照明可见阈值规定
3	郑昍,李雪,丁婷,等. 公路隧道入口环境亮度安全临界阈值分析[J]. 浙江大学学报(工学版),2015,49(2):360-365	
4	胡江碧,李然,马勇. 高速公路隧道入口段照明安全阈值评价方法[J]. 中国公路学报,2014,27(3):92-99	

5. 光源色温和亮度对隧道照明的影响研究

对公路隧道照明光源色温方面的静态研究已经有一定的数量。公路隧道各照明段亮度范围内的视觉大多属于中间视觉，如中间段常用亮度为 1~3cd/m²。2002 年，在对人眼视觉功效的研究中发现了第三种视觉光感细胞——神经节细胞，该细胞对不同波长的光线变化所引起的敏感度差异明显。该细胞工作状态下的视觉为中间视觉，是介于明视觉和暗视觉之间的视觉。研究发现，除杆状细胞和锥状细胞外，存在第三种视觉光感细胞（即神经节细胞）作用下的视觉，称为"司辰视觉"。

Liu 指出 V1 神经会导致功能性活动的增加，引起适应神经在传输信息到驱动神经时有效性的减少[47]。刘英婴利用司辰视觉理论研究隧道照明中的光生物效应问题，发现具有更多短波的 MH 光生物效应光通量比 HPS 高得多[48]。她通过视觉功效和光生物效应试验的研究，将 5 种色温的 LED 光源与传统照明光源 HPS、MH 相比较，分析光源色温与反应时间和人眼瞳孔大小变化的关系。提出了适合隧道照明入口段和中间段的 LED 光源的色温，为 LED 在隧道照明中的应用研究提供了试验依据与参考[49]。黄海静在教室照明条件下，研究了不同色温荧光灯下的人眼瞳孔大小与背景亮度和光源色温之间的关系，分析了教室照明中光生物效应与视觉功效间的关系，指出在确定大学教室照明的光源色温时，以选择中间色温（4000K 左右）的荧光灯为宜[50]。为研究教室照度与视觉功效及能耗的关系，通过实测发现，随照度提高瞳孔面积变化率大大减小。从综合节能、视觉功效和经济性的方面考虑，未来教室照度标准值可提高到 500~750lx[51]。胡英奎为得到道路照明常用光源在中间视觉条件下的光效，采用中间视觉模型，研究 HPS 和 MH 在中间视觉条件下的光学特性，分析了在中间视觉条件下光源光效随适应亮度水平变化而变化的规律，提出应根据道路照明所需要的亮度水平选择合适的照明光源[52]。杜志刚等利用照度仪、加速度采集仪及眼动仪等设备，对隧道进出口驾驶员的瞳孔变化进行大量行车试验和分析，指出在隧道进出口 50m 范围内，驾驶员瞳孔面积与隧道进出口照度呈幂函数关系[53]。杨韬对隧道内不同壁面材料的反射特性进行研究，利用隧道照明反射增量系数对包括入口段、过渡段及中间段在内的隧道照明计算方法进行优化，获得了考虑材料反射叠加的条件下隧道照明平均亮度与实测平均照度的关系，并利用实测数据对计算模型加以验证，获得了良好的节能效果[54]。邱凡等基于 CIE 推荐的隧道过渡段计算方法，分析了目前过渡段阶梯式亮度分段设计的弊端，推导出洞外亮度变化时隧道过渡段的亮度需求公式，提出应采用新型光源结合动态无极调光技术来设置过渡段亮度，说明了确定科学的过渡段照明指标对降低隧道运行能耗的重要性[55]。Güler 在研究道路照明亮度均匀度对可见度水平的作用时，评价了道路平均可见度水平足够情况下的以可见度测试为依据的总均匀度和纵向均匀度。研究确定出一种对规范中总均匀度和纵向亮度均匀度的补充——可见度水平的分布限值[56]。

雾霾和烟尘对隧道照明的影响很大，关雪峰等研究了不同视觉下雾浓度对视力清晰度的影响，研究得出色温和亮度与透雾能力的关系[57]。韩帅等研究雾霾环境对隧道驾驶的影响，得出在不同浓度的雾及霾中各种光源的穿透性[58]。汤沣泽等在隧道烟雾环境对行车安全影响研究中利用模拟驾驶软件和简易驾驶模拟器及人体反应时间测试仪，对隧道内不同浓度的烟雾环境进行模拟，得出确认距离与车速和烟雾浓度的关系[59]。

公路隧道照明光源色温方面的研究文献特别复杂和繁多，在此有必要进行相关的梳理，更好地表达清楚研究逻辑关系，具体见表1.7。

公路隧道照明光源色温研究文献梳理　　　　　表1.7

序号	代表文献	研究内容及方法
1	Liu R L,Wang K,Meng J J,et al. Adaptation to visual stimulation modifies the burst firing property of V1 neurons[J]. Zoological Research,2013,34(E3):101-108	不同建筑环境下色温机理和规律研究
2	黄海静,陈纲. 不同光色教室照明环境下的视觉功效研究[J]. 灯与照明,2011,35(4):14-18	
3	黄海静,陈纲. 教室光环境下的照度与节能[J]. 中南大学学报(自然科学版),2012,43(12):4974-4977	
4	刘英婴,林立勇,许景峰. 隧道照明中光生物效应研究[J]. 灯与照明,2009,33(4):13-16+43	不同色温的公路隧道照明光源光效、机理对照
5	刘英婴,张青文,胡英奎. LED光源色温对隧道照明入口段和中间段的影响[J]. 照明工程学报,2013,24(2):30-34	
6	胡英奎,陈仲林,刘英婴. 道路照明常用光源在中间视觉条件下的光效[J]. 重庆大学学报(自然科学版),2007(1):139-141+146	
7	杜志刚,潘晓东,郭雪斌. 高速公路隧道进出口视觉适应试验[J]. 哈尔滨工业大学学报,2007(12):1998-2001	光源色温在隧道中应用及机理研究
8	杨韬. 隧道照明反射增量系数研究[D]. 重庆:重庆大学,2008	
9	邱凡,马小军,刘乃涛,等. 隧道照明过渡段亮度动态需求探讨[J]. 照明工程学报,2010,21(6):13-18	
10	Güler Ö,Onaygil S. The effect of luminance uniformity on visibility level in road lighting[J]. Lighting Research and Technology,2003,35(3):199-213	不同色温光源下亮度均匀度对隧道可见度的影响
11	关雪峰,赵海天. 电光源在雾气中的视觉可见度试验研究[J]. 照明工程学报,2013,24(6):36-41	光源色温与透雾能力的关系分析
12	韩帅,唐宇,李坤,等. 模拟雾霾条件下光源的透过性试验研究[J]. 照明工程学报,2014,25(5):111-115	
13	汤沣泽,潘晓东,邓其,等. 隧道烟雾环境对行车安全影响研究[J]. 公路工程,2015,40(5):112-114,128	

小结：公路隧道视觉适应曲线（包含了考虑光源色温的入口段亮度折减系数、各段动态长度、亮度、暗适应时间）研究是本书的核心内容，研究结果可以充分保证驾驶的安全和舒适，并综合构成修正的视觉适应曲线。目前的文献对该部分的关注度不够高，研究存在不足，不同规范和文献对以上几点的规定不统一，给公路隧道照明设计和实践带来争议，需要采取统一的标准进行系统研究。

1.4.3　公路隧道照明能耗分析

公路和隧道照明研究中，经常有对影响照明因素的分析，如：光源类型、安装方式、界面反射比、隧道尺寸等，由于新型光源往往初始投资较高，所以对全生命周期的能耗分析变得非常重要。在公路隧道照明研究中，安全性和舒适性比节能性更重要。本书通过研究，以期确定在安全和舒适的基础上应用动态调光节约公路隧道照明的电能消耗。

  Jiang 等指出：公路驾驶安全的最基本要求是合理和足够的照明。随着照明技术的进步，大量新型照明设备应用更加广泛，其中包括：LED、电磁感应灯、等离子灯和 HPS 等。此研究对在美国印第安纳州道路系统上常用的 HPS 和其他光源进行了对比，主要从成本效力进行分析评价，阐明了新照明系统在安装、能耗等方面的主要特点，通过测量电能流量得出不同亮度下的实际能源消耗。对全生命周期电能消耗的研究显示，选择性照明设备的生命周期成本降低是由于相对低的电能消耗和更长的使用周期[60]。Kostic 等针对道路照明中的两种光源（分别为 HPS 和 MH）进行了技术和经济上的分析和论证。研究指出：虽然 MH 比 HPS 具有更好的显色性和更高的色温，中间视觉领域的新理论和试验研究结论仍鼓励和促使人们从技术-经济的角度对两种灯进行全面对照。基于察觉亮度的考量以及视觉功效方面的发现，他分析考虑了所有相关的道路照明等级、照明布置和反射等级，最终证明低照明和低亮度情况下 MH 相对于 HPS 更加经济[61]。

  Chen 等分析了两种隧道照明系统的特点和性能，包括电磁感应灯和 HPS 系统。该研究对两套系统的照度水平、均匀度、光谱、能耗以及驾驶员的反应进行了测试分析。对照发现，电磁感应灯相对 HPS 在很多方面都更有优势，如更高的亮度察觉度、更好的显色性、更高的均匀度等，总体也更节能[62]。

  由于照明能耗分析方面的文章也比较繁多，在此对相关参考文献进行梳理，选取有代表性的文献见表 1.8。

公路隧道照明能耗研究文献梳理   表 1.8

序号	代表文献	研究内容和方法
1	Jiang Y, Li S, Guan B, et al. Cost effectiveness of new roadway lighting systems[J]. Journal of Traffic and Transportation Engineering (English Edition), 2015, 2(3): 158-166	多种隧道照明光源下的能耗分析
2	Kostic M, Djokic L, Pojatar D, et al. Technical and economic analyses of road lighting solutions based on mesopic vision [J]. Building and Environment, 2009, 44(1): 66-75	不同种光源对照下的能耗经济技术分析
3	Chen W C, Huang Z, Guo L P, et al. Performance of introduction lamps and HPS lamps in road tunnel lighting [J]. Tunnelling and Underground Space Technology, 2008, 23(2): 139-144	

  本部分充分表明公路隧道照明动态节能的必要性，是本书研究的主要工作之一。目前研究的不足：多数文献中对公路隧道照明的能耗问题还停留在用 LED 光源替换原有光源从而节约能耗的阶段，大多是停留在静态照明工况，本书计划从动态角度实现公路隧道照明全生命周期的能耗节约。

1.4.4 总结

  目前，国内外对公路隧道照明方面的研究如火如荼，研究主要集中在照明效果、照明能耗和静态光源色温等方面，而动态智能照明方面的研究主要集中在智能控制方面。研究方法多种多样，许多研究采用了人体的生理数据（瞳孔变化、反应时间、兴趣点变化、脑电和心电变化等）以及心理数据等，其中反应时间是跟驾驶安全最密切相关的指标。近年来，研究者逐步重视视觉功效方面的研究（如反应时间和瞳孔变化等），很多研究成果参考 CIE 指南和 JTJ 026.1—1999 以及 JTG/T D70/2—01—2014，缺少跟日益发展的实际情况（光源色温变化、智能照明等）的结合，较少针对目前光源类型、照明形式、照明控制方式等方面进步所带来的影响研究，较少针对不同的适应状况进行动态分析。现在的公路隧道照明已进入智能照明时代，需要从智能照明所包含的 3 个方面（照明光源、视觉理论及智能控制）出发进行相关的研究，其中智能控制方面的研究相对已经相对成熟，但是视觉理论和照明光源方面的研究还有所欠缺。

1.5 内容、方法、技术路线和关键问题

1.5.1 研究内容

本项目的研究对象为公路隧道照明视觉适应曲线，视觉适应曲线的完善与否关系到隧道驾驶的安全、舒适以及节能，在本研究中，其内容主要包含以下几个方面：

（1）通过对公路隧道照明的文献调研、现场调研和问卷调研，分析 CIE 及世界各国在指南、规范和标准中的规定，完成公路隧道现场照明参数测试及调查问卷分析。

（2）构建公路隧道视觉适应曲线研究的理论框架。梳理公路隧道照明特征及视觉适应相关理论，明确视觉适应曲线的分段与研究要素，分析视觉适应曲线的研究内容及影响因素，最终构建出视觉适应曲线理论的研究框架。

（3）设定和建立视觉功效试验。明确视觉功效随视觉适应的变化规律，然后依据既有的视觉适应曲线以及公路隧道照明相关规范和标准，从试验设备、仪器、参数等方面建立和设定视觉功效试验。

（4）建立适宜于公路隧道特点的视觉适应曲线。通过视觉功效试验获取入口段亮度及色温随洞外环境变化的动态折减规律、各照明段明适应和暗适应时间、不同适应状态下的公路隧道各照明段动态长度、特殊情况下入口段亮度安全可见阈值，将上述四项结论整合为新型光源、新视觉适应理论下的公路隧道照明视觉适应曲线。

（5）依据视觉适应曲线研究成果进行公路隧道照明能耗分析。结合实际工程项目进行能耗仿真模拟分析，得出视觉适应曲线修正后的设计方案在不同工况（光源色温、静态与动态照明方案）下能耗的增减程度，提出在充分保证公路隧道照明安全和舒适的同时能耗更低的设计方法。

1.5.2 研究方法

（1）文献研究法：梳理国内外公路隧道照明领域相关规范、标准及学术研究新成果，查阅实际公路隧道照明设计施工资料。

（2）调查法：对公路隧道现场进行踏勘、初步实测以及走访调查实际公路隧道照明设计及实施过程中存在的问题，通过调查问卷来针对性地分析隧道照明中存在的问题。

（3）试验法：包括试验室试验和现场试验。其中试验室试验包括以隧道照明视觉功效

测试装置为主建立的静态试验和动态试验；现场试验通过对合适的既有已建成公路隧道的现场测试，论证和验证试验室试验结论，并进行能耗分析。

（4）实证研究法及定量研究法：利用测试得出的数据确定亮度、长度、色温等之间的内在联系，进行数据回归分析和数据拟合工作，最终进行编程工作。

（5）模拟法：利用dialux、AGI32、Daysim、IES等软件进行多种工况下的模拟工作，补充试验室实测中试验场景、参数变化等的缺乏，补充被试者数量的局限性和不足。

1.5.3 技术路线

（1）进一步收集国内外道路及隧道照明相关的视觉理论和交通安全理论最新研究成果，展开文献、问卷调研及初步实测工作，基于视觉适应理论研究成果分析隧道照明对隧道内行车安全的影响，为隧道视觉适应机理及设计方法研究提供理论依据。梳理和分析目前公路隧道照明视觉适应中存在的问题，建立研究的理论框架。

（2）科学制定试验方案，开展试验室静态试验，在试验室模拟不同色温的洞外光环境，选择适宜的洞内光源色温及亮度变化级差组合，测量发现小目标物所需反应时间，用反应时间作为衡量适应状态的评价指标，研究反应时间与入口段路面亮度、光源色温的关系，并明确洞外亮度和入口段亮度的动态变化规律，确定不同环境要素下隧道入口段的亮度折减系数，进而确定其余各照明段的亮度规律。

（3）展开道路及隧道驾驶动态试验，模拟隧道内的实际照明工况，采用适宜的光源色温及亮度变化级差组合，获得适应过程中的反应时间数据，进而确定整个适应过程的总适应时间，建立基于亮度级差与色温、适应时间的视觉适应曲线，并确定各照明段的亮度和长度（时间）。

（4）通过数据拟合演绎以及编程，确定修正后的公路隧道照明视觉适应曲线；采用小目标物可见度分析，通过现场试验依据隧道行驶时的反应时间长短和瞳孔变化剧烈程度的高低判定公路隧道照明的安全性和舒适性。最终对照分析修正后的视觉适应曲线与原曲线在不同工况下的能耗，进一步明晰和深化结论。

本书研究的技术路线确定见图1.4。

1.5.4 拟解决关键问题

（1）**区别和定性不同的适应状态和适应时长**。如：完全适应，充分适应，初步适应，基本适应和未适应等；对各种适应状况进行定义，并通过研究得出不同适应状态下针对公路隧道照明的明适应和暗适应时间长度范围。

（2）**利用视觉功效研究公路隧道照明各照明段亮度、色温和长度**。视觉功效是反映公路隧道驾驶安全、舒适的最直接参数，对于视觉功效中的各项参数，如眼动参数、反应时间、视点变化等进行视觉适应分析，通过试验和数据拟合确定入口段亮度动态折减系数，即公路隧道内在不同适应状态和色温下的动态亮度变化，根据洞外的亮度状况和洞内的光源色温等情况的变化规律，作为CIE规范和我国规范中公路隧道照明智能照明中的有效补充；进一步通过适应时间试验，得出入口加强照明段不同照明阶梯的动态长度变化。

（3）**建立修正的公路隧道照明视觉适应曲线**。将上述进行结合，综合得出视觉适应下

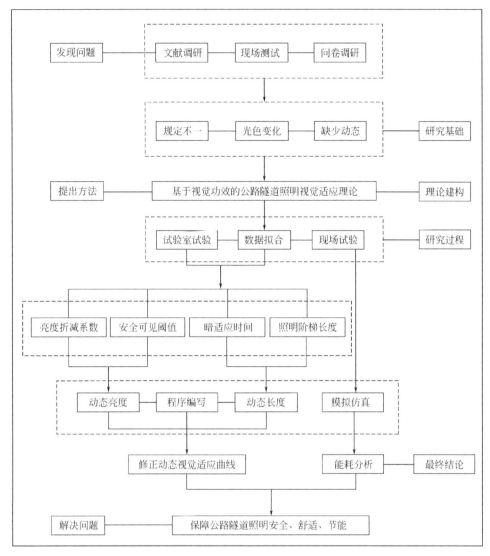

图 1.4 技术路线

各照明段的亮度、色温和长度,保证公路隧道照明安全、舒适和节能。

(4) **确定入口段亮度安全可见阈值并进行能耗分析。**作为特殊情况下隧道照明标准的有效补充;进行综合了不同工况的能耗分析。

以上 4 点是本书拟解决的关键问题,具有一定的创新性学术价值,可以作为公路隧道照明相关研究的有效数据和理论支撑。

1.5.5 内容创新点

创新点主要包含如下 3 个方面:

(1) 创新地提出基于光源色温因素的公路隧道各照明段视觉适应研究理论,针对隧道行驶全过程中光环境的动态变化,提出基于光源色温变化的公路隧道照明动态视觉适应曲线。

（2）创新地将视觉功效法应用于公路隧道各照明段亮度和长度以及暗适应时间研究，利用反应时间评价公路隧道驾驶的安全性，利用瞳孔变化评价公路隧道驾驶的舒适性。

（3）首次对公路隧道照明中非完全适应状态下的视觉功效进行定量研究；提出入口段亮度安全可见阈值，为特殊情况下的隧道应急照明提供依据。

第 2 章
公路隧道照明视觉适应理论

2.1 公路隧道照明特征及视觉适应相关理论
2.2 视觉适应曲线的分段与研究要素
2.3 视觉适应曲线的组成内容及影响因素
2.4 视觉适应曲线理论研究框架建构

2.1 公路隧道照明特征及视觉适应相关理论

本部分详细说明公路隧道照明的主要特征以及视觉适应的相关理论,为后续试验研究提供理论基础,实现理论框架的建构。

2.1.1 公路隧道照明特征

1. 公路隧道照明基本视觉现象

设计合理的公路隧道照明可以改善隧道内光环境状况,提高隧道内驾驶的视觉感受,减轻驾驶员疲劳,有利于提高隧道通行能力并保证交通安全。隧道驾驶存在如下诸多特殊视觉现象:

(1) 进入隧道前和隧道出口处的视觉问题:如"黑洞""黑框""白洞"现象

昼间,驾驶员驶入隧道时会遇到如下视觉问题:在白昼,接近长隧道时,驾驶员看到的隧道是一个黑洞,即产生所谓的"黑洞"现象;如果隧道比较短,在驾驶员面前就出现一个"黑框";而在出口的部位,由于隧道出口外的亮度比隧道内大得多,在视野里就会出现一个白色洞口,也就是"白洞"现象。当然,还存在着光学长隧道,就是说虽然隧道比较短,但是隧道的线形比较复杂,如存在很大的弯折、线形在纵向上有较大高差等视觉上看不透的隧道,此时也会出现"黑洞"现象。为了避免或减轻以上特殊现象,曾有人考虑采用隧道内部一样亮,即与隧道外亮度一致的照明控制方法。但是在实际隧道照明中,这种方式能耗相当大,因此进行了照明分段,每个照明段之间的亮度逐渐变化。正是由于上述实际情况,导致隧道内的这些视觉问题持续发生,只要邻近的两照明段之间的亮度差过大,这种特殊现象就会发生,以上情况值得引起重视。CIE 针对这个问题曾经提出采用不大于 3∶1 的照明阶梯(人眼察觉不到亮度变化的界限值是 1.4∶1)来进行详细照明阶梯划分,但是仍存在视觉适应难的问题。表 2.1 所示为以上所介绍的隧道驾驶特殊视觉现象。

隧道驾驶特殊视觉现象　　　　表 2.1

视觉现象	对应图片
"黑洞"现象:长隧道入口段或者光学长隧道入口段,看到洞内一片漆黑	
"黑框"现象:隧道短,虽然看到洞内黑,但是可以直接看得到出口,总体显示为"黑框"	

续表

视觉现象	对应图片
"白洞"现象:隧道出口部位,洞内黑、洞外亮,显示为"白洞"	

(2) 进入隧道即刻会发生的视觉现象:视觉滞后现象

进入隧道后由明亮的外部进入一个较暗的洞内环境,视觉会有一定的适应时间,然后才能看清内部的情况,这种现象称为"视觉滞后现象"。这种现象与视觉适应前后的亮度级差、色温级差以及适应前后亮度、色温持续的时间等有关。亮度、色温级差越大,适应前后亮度、色温的持续时间越长,适应滞后现象越明显。视觉滞后时间越长,驾驶员的反应时间就越久,驾驶员来不及做出制动、避险等应急反应,就越容易出事故。

(3) 隧道内部的视觉问题

在隧道内部,机动车排出的废气聚集在隧道内部,形成烟雾,隧道照明灯光和汽车前灯的灯光被这些烟雾吸收和散射,形成了光幕,降低了前方障碍物与其背景(路面、墙面)之间的亮度对比,从而也就降低了障碍物的能见度。

(4) 闪烁效应

由于照明灯具的间距布置不当,引起隧道内亮度分布不均匀而造成周期性的明暗交替环境。在某种车速时会形成闪光的感觉。

2. 公路隧道照明基本特征

通过对上述关于公路隧道照明视觉适应现象的分析,得出以下公路隧道照明的基本特征:

(1) 白昼视觉适应困难

公路隧道是一个两端开放、中间封闭的半封闭近似半圆柱体,与公路其他部位不同,公路隧道需要全天候照明。除夜间需要照明之外,昼间的照明更为重要。如果在昼间没有采取照明措施,在隧道入口一定距离以外就看不到隧道入口的路面线形及路面障碍物,容易出现重大交通事故。

(2) 存在多种特殊视觉现象

如前文所述,公路隧道照明存在着"白洞效应""黑洞效应"以及视觉适应滞后等问题,公路隧道照明的基本特征之一。

(3) 应分段进行视觉适应

驾驶员昼间在隧道内行驶的视觉变化特性,是隧道照明段划分需要考虑的主要因素。目前国内外隧道照明段划分,都是以 CIE 视觉适应曲线(各照明段亮度关系式为:$L_{tr} = L_{th}(1.9+t)^{-1.4}$)作为过渡段亮度和长度划分的依据,亮度级差越大,所需要的视觉适应时间越长,那么在速度确定的前提下,驾驶员的视觉系统处于变化状态下的行驶距离越长。因此,隧道照明定义为5个照明段:接近段、入口段、过渡段、中间段和出口段。

小结：综合上述3点内容，公路隧道照明的基本特征即为视觉适应难度大，而主要目标为解决视觉适应问题。

3. 公路隧道照明亟待解决的问题

（1）进出隧道的视觉适应性

解决"黑洞效应"和"白洞效应"问题，基本原理是使驾驶员视觉的动态适应尽量与洞内外亮度的变化相匹配，减小或消除驾驶员对隧道内外光环境因光线明暗而引起的视觉差异，目的是确保在昼间和夜间行驶的车辆能够以设计速度安全地接近、穿越隧道，且驾乘人员的安全度和舒适程度不亚于与隧道毗连的明线路段。

鉴于以上问题，根据CIE指南及各国研究的相关文献，最早进行隧道照明设计时曾经考虑把隧道内部按照统一的亮度进行设计：路面亮度按正午时的天然光参数来确定，力求隧道内外的亮度保持一致，消除驾驶员的视觉适应问题。事实上，该方案下隧道内灯具安装过于密集，且隧道内外环境本身和界面反射比差距很大，因此无法实施。随着智能照明的出现，如果继续采用这种方案，则可以在隧道外面安装光学参数（太阳光的逐时亮度、照度、辐射、色温、光谱等参数）监测装置，而隧道内灯具（如可调光的LED）的光学参数只要根据洞外天然光的光学参数进行相应的调整变化即可，目的是缩短驾驶员进出隧道过程中的光度和色温适应时间。该方案至今仍未实施的原因依然是：照明能耗过于巨大，不具备实际可操作性，且在最初的时候技术上也不具备条件（如太阳光监测手段、洞内光源色温逐时改变等）。于是在隧道内照明方案设计时，实际采用的是光滑折减、增加以及分段折减、增加的方式，这种折减、增加的结合就逐步出现了视觉适应曲线。

（2）隧道内安全行车的基本亮度需求

虽然隧道内行车宽度与明线路段相同，但由于不像明线路段全线设有紧急停车带，空间狭窄，车辆为躲避路面障碍物而碰撞隧道墙壁、追尾等事故时有发生，甚至造成火灾。设置隧道照明，有利于驾驶人员看清路面障碍物，保证行车安全。

（3）减少驾驶员在隧道内行车的心理压抑感

通过隧道照明，使驾驶员明了周围的行车环境，提高行车安全感，满足心理的舒适感[63]。

2.1.2 隧道照明视觉适应相关理论

考虑到隧道照明中的诸多视觉现象，为解决视觉适应问题，需要建立一套隧道照明视觉适应的相关理论。为更好地进行理论框架建构，下面对隧道照明视觉适应的相关理论进行梳理和整合。

1. 不同视觉环境亮度适应理论

为了分析不同视觉环境亮度适应理论，首先对不同的视觉进行理论解释，其次进行明适应和暗适应的理论梳理，最后阐明隧道照明不同视觉环境亮度适应的理论，并进行界定。

（1）明视觉、暗视觉

明视觉和暗视觉是公路隧道照明研究中重要的视觉理论，是理论建构的基础。明视觉和暗视觉是指不同波长的光刺激在两种亮度范围内作用于视觉器官而产生的视觉现象。人眼感光视神经细胞主要包括锥状细胞和杆状细胞。在光亮条件下（根据CIE 018：2019指南,光刺激的亮度在约3cd/m² 以上)[64],锥状细胞能够分辨颜色和物体的细节。当刺激物作用于视网膜中央凹时,视敏度最高的锥状细胞像一个玉米的锥形,尖向外,只对较强的光敏感,至少有分别感觉红、绿、蓝三种颜色的锥状细胞存在,因此能够感知颜色。杆状细胞只在较暗条件下(根据CIE 18.2:1983指南,光刺激的亮度在约10^{-3}cd/m² 以下)起作用,适宜于微光视觉,但不能分辨颜色与细节。1912年,J.V.凯斯根据上述事实,提出了视觉的两重功能学说,认为视觉有两重功能:视网膜中央的"锥状细胞视觉"和视网膜边缘的"杆状细胞视觉",也叫作明视觉和暗视觉。人类的明视觉和暗视觉特征见表2.2。

人类的明视觉和暗视觉特征　　　　　　表2.2

特征	明视觉	暗视觉
光感受器	锥状细胞	杆状细胞
光化学物质	锥体色素	视紫红质
色觉	正常的三色	无色
所在视网膜区域	中心	周边
明、暗适应速度	快(8min或更少)	慢(30min或更多)
空间分辨能力	高	低
时间辨别	反应快	反应慢
照明水平	昼光(>3cd/m²)	夜光(<10^{-3}cd/m²)
光谱灵敏峰值	555nm	507nm

其中明视觉的光谱光视效率(灵敏)峰值约在555nm,而暗视觉的光谱光视效率峰值约在507nm,详见图2.1。

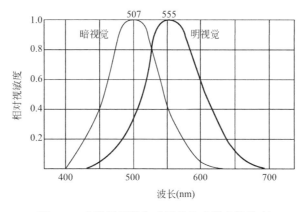

图2.1　人眼明视觉和暗视觉的光谱光视效率

(2) 中间视觉

由于公路隧道照明的中间段亮度大概在1.5～3.5cd/m²之间,该亮度下人眼大部分处于中间视觉,有必要进行介绍。

中间视觉的亮度介于明视觉和暗视觉亮度(根据CIE 18.2:1983指南,光刺激的亮度在约10^{-3}～3cd/m²)之间,此时人眼的锥状和杆状细胞同时响应,并且随着亮度的变化,两种细胞的活跃程度也发生变化。一般从晴朗昼间的日光照明到夜间的台灯照明下,都是在明视觉范围内;而道路照明和隧道中间照明段的照明以及明朗的月夜下为中间视觉范围;昏暗的星空下就属于暗视觉。中间视觉光谱光视效率介于明视觉和暗视觉之间。

在中间视觉状态下,人眼视网膜上的两种光感受器细胞——锥状和杆状细胞同时发生作用,当适应亮度逐渐由明到暗时,光谱灵敏度曲线逐步向短波方向移动,这种现象称普尔金耶偏移(Purkinje Shift)。由于这种偏移,对夜间照明的设计、测量和计算仍沿用明视觉光谱光视效率 V(λ) 的基础将产生不恰当甚至错误的结果。目前,国际照明界越来越多的专家注意到这一现象,并从多方面研究中间视觉照明下的人眼视觉特性及其对夜间照明的影响。如前文所述,公路隧道中间照明段亮度符合中间视觉的特性,值得引起足够的重视,也是本书的考虑要点之一。

为了说明三者的区别,现将三种视觉的光效能进行如下对照,见表 2.3。

三种不同视觉的光效对照 表 2.3

视觉类型	明视觉	暗视觉	中间视觉
亮度范围	$>3 cd/m^2$	$<10^{-3} cd/m^2$	$10^{-3} \sim 3 cd/m^2$
视觉细胞	锥状细胞	杆状细胞	两种细胞同时作用
光效能最大值(lm/W)	683	1700	3850
对应波长(nm)	555	507	490

从表 2.3 中可以看出,明视觉、暗视觉以及中间视觉光效能最大值所对应的光谱波长位置不同,明视觉、暗视觉和中间视觉分别对应的波长为 555nm、507nm 和 490nm,其中间视觉最小,暗视觉其次,最大的是明视觉。对应的光谱光视效率分别为 683lm、1700lm 和 3850lm,其中中间视觉最大,其次是暗视觉,最后是明视觉。这一现象充分体现不同的细胞从中发挥着不同作用。

(3)明适应、暗适应

由于明视觉和暗视觉的存在以及人眼不同视觉细胞的不同视觉机理,明适应和暗适应现象在很多与视觉相关的工作中广泛存在,且二者在时间长短上有很大的差别。视觉适应是指在现在和过去呈现的各种亮度、光谱分布、视角的刺激下,视觉系统状态的变化,分为明适应和暗适应。明适应和暗适应是指对光的感受性变化的现象,又叫光适应。由暗处到亮处,特别是强光下,最初一瞬间会感到光线刺眼发眩,几乎看不清外界事物,几秒钟之后逐渐看清物品,即明适应。从光亮处进入黑暗的地方,刚开始眼睛什么都看不见,需要经过一段时间才会慢慢适应,人眼对光的敏感度逐渐增加,逐渐看清暗处的东西,约 30min 达到最大限度称暗适应。暗适应是视细胞基本功能——感光功能的反映。对眼睛来说适应过程是一个生理化学过程,也是一个光化学过程。开始是瞳孔大小的变化,继之是视网膜上的光化学反应过程(视紫红质的变化)。

一般来说,暗适应的时间较长。通过前人的实际试验可以得出暗适应时间的进程,对人来说,可以用心理物理学方法加以精确测定。事先给予充分明适应后,把房间变成暗室,测定对测试光阈值变化的时间进程,即可求得暗适应曲线。

整个完整的暗适应过程如下:最初 2~3min,视阈值急速下降,之后变慢。5~10min 后,继续急剧下降,从而使曲线出现曲折(该曲折称为科尔劳施曲折 Kohlrausch's Kink),

从开始至出现科尔劳施曲折称为第一相或者一级适应。此后，阈值下降可持续至 30min 左右，然后再变慢，约经 1h 达到极值。后续过程称为第二相或者次级适应。

该现象的本质为：当人忽然从明亮环境进入黑暗环境的时候，比较敏感的锥状细胞迅速调整工作状态，但是调节能力比较差，调节到了极限就再也看不清更暗的东西。相反，杆状细胞虽然调整速度比较慢（主要是要合成一种叫视紫红质的感光物质需要时间），但是调节能力非常强，可以看到暗得多的事物。图 2.2 为完全暗适应曲线。

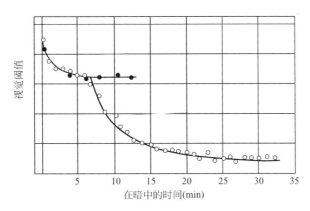

图 2.2 完全暗适应曲线

暗适应过程反映到能看到事物最暗的程度（光敏度阈值）随时间改变的曲线上就是：
① 刚开始迅速下降（锥状细胞调整）；
② 变缓慢进入平台期（锥状细胞调整完毕）；
③ 转折点：科尔劳施曲折（Kohlrausch's Kink）；
④ 第二次迅速下降（杆状细胞大量制造视紫红质）；
⑤ 缓慢逼近某个水平（杆状细胞达到极限）。

从该暗适应曲线可以看出，上述一级适应的时间长度大概为 5~10min，而二级适应则要达到 30min 以上，这些都是在无具体任务（如公路隧道驾驶，进入影院找座位等）情况下的适应时间，与本书所针对的具体工况尚有差距，需要在后续研究中进行针对性分析，但视觉细胞工作机理值得深入探讨和借鉴。

明适应发生在由暗处到亮处的时候。开始时人眼不能辨别物体，几秒到几十秒后才能看清物体。这个过程也是人眼的感受性降低的过程，开始时瞳孔缩小，视网膜上感受性降低，杆状细胞退出工作而锥状细胞开始工作。该时间较短，开始时感受性迅速降低，30s 以后变化很缓慢，几百秒后趋于稳定。

（4）公路隧道照明环境亮度适应理论

人的眼睛能够适应的最高亮度大约为 3000cd/m^2。与昼间天空的亮度以及阳光下比较深色物体的亮度（如土地、植物）相符合，也是公路隧道洞外景物亮度所对应的值。另外，公路隧道入口大部分界面的反光是比较弱的，无论是自然土壤，还是绿色植物以及深色的石头；但现在很多人造物体却不符合这个规律，例如浅色油漆的混凝土洞口、隧道入口的标志牌等，导致反射入人眼的亮度超标，使人眼无所适从，长时间暴露在高亮度环境下会对眼睛造成伤害。

公路隧道照明中的视觉适应难度很大，在公路隧道昼间照明中，在从隧道洞外到洞内的过程中人眼要经历一段亮度差异特别大的暗适应过程，而从隧道内的入口段到过渡段、过渡段到中间段的过程中，亮度逐渐变暗，也要相应经历程度不同的暗适应过程；反之，从隧道中间段到出口段的过程中，亮度逐级增加，从出口段到洞外离开段的过程中，亮度会急剧变大，此时要经历一个显著的明适应过程。在夜间则反之，进洞时经历明适应，出洞时经历暗适应。其中暗适应因为时间更长、适应难度更大，故对安全的影响更大。所以在隧道入口处需做一段明暗过渡照明保证一定的视力要求。而出口处因明适应时间很短，一般在1s以内[65]，故可不作其他处理。

在暗适应期间，视觉系统需要做综合的调节，包括：瞳孔直径扩大以增加进光量；从适于高照明锥状细胞的工作状态，转为适于低照明的杆状细胞活动状态；杆状细胞外段所含有的正被漂白的视紫红质复原；视觉神经中枢的相应调节功能变化。

本书中的公路隧道不同视觉环境亮度适应理论主要是考虑洞外天然光亮度到洞内新型光源LED下的亮度变化，而未充分研究洞外的天然光亮度变化规律。洞外天然光亮度变化规律部分研究在许景峰博士的相关研究中进行了综合性阐述，本书借鉴其部分研究成果对隧道内照明的影响。

2. 不同光源色温适应理论

公路隧道照明视觉适应曲线中一直以来缺少反映光源色温变化的指标，对该方面的研究明显缺乏。而对公路隧道照明而言，从调研结果可以看出，光源色温的影响毋庸置疑，其明显影响驾驶员驾驶的安全性和舒适度。因此，本节首先对光源色温的理论以及不同色温的光源分类做出和梳理，其次对光生物效应做出解释，最后阐明隧道照明不同光源色温适应的理论。

（1）光源色温（Light Color Temperature）

① 基本规定

理论上，色温（T_c，Color Temperature）是指当光源的色品与某一温度下黑体的色品相同时，该黑体的温度。亦称"色度"。符号为T_c，单位为开（K）[66]。即：绝对黑体从绝对零度（−273℃）开始加温后所呈现的颜色。黑体在受热后，逐渐由黑变红、转黄、发白，最后发出蓝色光。当加热到一定的温度，黑体发出的光所含的光谱成分，就称为这一温度下的色温。如果某一光源发出的光，与某一温度下黑体发出的光所含的光谱成分相同，黑体的色温即称为该光源对应的色温。对光源而言，白炽灯非常接近于一个黑体辐射体，而不少其他光源，如气体放电灯（荧光灯、钠灯、汞灯）和固体发光光源（LED）由于发光机理的原因，并不按照黑体的放射曲线辐射能量，所以其色温称为相关色温（Correlative Color Temperature，CCT），就是找到光源的感知色温跟黑体最相近的色温来表达。色温表达见图2.3，图中从左到右色温逐渐升高（从1500K到7000K）。

图2.3 不同色温灯具对照图

不同的光源色温对驾驶员产生不同的生理、心理作用。如红色显近，青色显远，明度高的物体视之似大、显轻，明度低者视之似小、显重。不同的色温和亮度组合也给人以不同的生理、心理作用。分别为高色温高亮度（舒适），高色温低亮度（阴郁），低色温高亮度（闷热），低色温低亮度（舒适），具体见图 2.4。该成果可以作为心理作用对研究结果影响分析的理论依据。

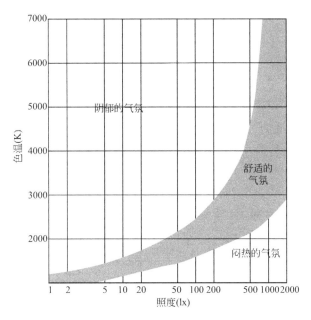

图 2.4　照度色温和房间的气氛

② 光源的发展变化

为了更好阐明本书所针对的光源类型，根据光源色温的系统知识，对公路隧道照明的光源变化进行梳理。光源分为天然光源和人工光源，而人工光源分为物理光源和电光源。其中，电光源发展的历史如图 2.5 所示。

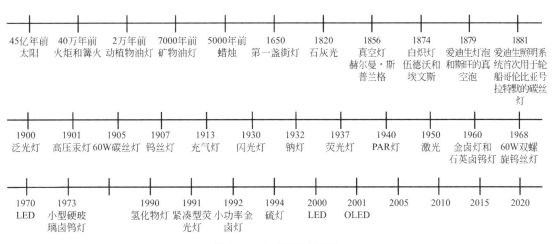

图 2.5　电光源发展历史

对用于公路隧道照明的人工光源而言，主要有如下类型，如表2.4所示。

隧道照明人工光源类型　　　　　　　　　　　　　　　　表2.4

发光机理	机理分类	光源名称
气体放电发光	高气压放电灯	高压钠灯
		金属卤化物灯
	低气压放电灯	低压钠灯
		荧光灯
电致发光	EI	场致发光板
	LED	发光二极管

其中，各种常用光源的色温和显色指数如表2.5所示。

不同光源色温和显色性对照　　　　　　　　　　　　　　表2.5

光源	T_c(K)	Ra（显色性）
低压钠灯	1700	47
高压钠灯	2100	25
卤钨灯	3200	96～98
荧光灯	2700～6500	55～90
金卤灯	4000～7000	60～95
阳光（对照用）	5000～6000	100

目前，公路隧道常用的光源主要有钠灯隧道灯、MH隧道灯和LED隧道灯，根据材质分铝型材隧道灯和铝压铸隧道灯。钠灯，尤其是HPS隧道灯色温偏低，光色偏暖，显色性不高（常见的为30～70），但由于其具有透雾能力强的优势，历来属于公路隧道常用光源之一。另外，MH色温偏冷，由于发光效率高（光效可达80～120lm/W）、显色性好（Ra可达90）、色温高（可达5000～6000K）、寿命长（可达8000h）、光色接近日光等特性，也被经常用于公路隧道照明，但由于单灯亮度高、实际寿命低、启动困难，所以尚未广泛推广。近年来，LED隧道灯蓬勃发展，具备光衰小、发光稳定、显色性高（70～80）、寿命长（普遍高于50000h）、易于调光、安全性好等优势，在公路隧道照明领域有逐步取代其他光源的趋势。本书主要选择的研究对象是不同色温和显色性的LED隧道灯，符合目前的发展趋势。

（2）光生物效应

光生物效应是沟通人的生理及心理的纽带，为更好地分析不同细胞作用下人的生理及心理状况，对光生物效应作如下总结，用于后续试验结果分析和论证。

2002年，美国学者发现了视网膜神经节细胞（Retinal Ganglion Cell，RGC），同时发现并确认了人眼的非视觉效应（Cirtopic Effect），该效应在我国被称为光生物效应（司辰视觉）。光生物效应是指可见光线进入人眼会对人体的生理参数产生影响的现象。影响该效应的主要激素是皮质醇（压力激素）和褪黑素（睡眠激素）。其中皮质醇可使血液中的糖分增加并为人体提供能量，褪黑素则有助于促进人体的放松，有利于睡眠。光生物效应以这两种激素来调节人的生理和心理状况。从此，对光源照明效果的评价加入了如何影响人体生理参数的方面。图 2.6 为光生物效应过程示意图。

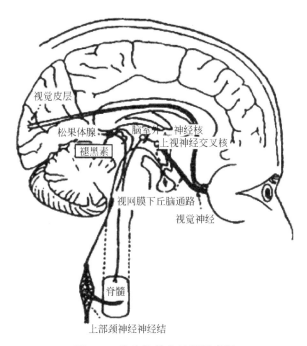

图 2.6　光生物效应过程示意图

光生物效应是沟通光线和生理参数的桥梁，可以说明二者的沟通关系。针对光生物效应（司辰视觉）的研究主要分析控制人生物节律的部分。在公路隧道中，不同亮度、色温下的半封闭环境促使人分泌不同类型的激素，可以导致人的兴奋、恐惧、困顿、疲劳等，并进而发生不同的状况和事故，应当引起重视。

（3）公路隧道环境色温适应理论

由于人眼对色彩（色温）的感觉要依赖于三种分别感知蓝、绿、红色光的锥状细胞，而锥状细胞的灵敏度比较低，因此造成人眼在低亮度物体下失去颜色感觉的先天缺陷。在 $1cd/m^2$ 以上的环境中，人眼可以容易地辨认颜色；而亮度下降到 $0.1cd/m^2$ 时，已经接近视锥细胞的最低灵敏度，人眼开始对亮度失去感觉；亮度下降到 $0.01cd/m^2$ 时，主要是对颜色没有感觉的单色杆状细胞在起作用，此时人眼就基本上没有颜色感觉了。

公路隧道照明中就存在明显的色温适应问题。公路隧道昼间照明中，从隧道洞外到洞内的过程中，人眼要经历一段明显的色温适应过程，其中洞外天然光的色温在一天之内不断变化（早晚前后较低，中午前后较高），显色指数基本接近 100，而隧道内人工光源的色温则根据不同类型的光源有所差别。在夜间则有所不同，洞外的黑暗环境下一般没有光源，少数在接近段安设路灯，光源的色温为 0 或根据路灯光源色温来计，而显色指数也为零或根据路灯光源显色指数和界面反射比来定。

本书中的公路隧道环境色温适应理论主要是考虑洞内新型光源 LED 下的色温变化，而未充分研究洞外的天然光色温变化规律。洞外光色变化部分研究许景峰在博士论文中进行了综合性阐述，本书借鉴了其部分研究结论对隧道内照明的影响。而洞外光源显色指数方面则考虑较少，首先是因为洞外天然光的显色指数接近100，洞内的光源难以企及；其次是目前光源的显色性都在提高，向着高显色指数迈进，研究的意义不够大。

3. 利用视觉功效评价视觉适应的研究方法

视觉功效是本书的主要研究工具，视觉功效法是主要的研究方法。视觉功效是人借助视觉器官完成一定视觉作业的能力。通常用完成作业的速度和精度来评定视觉功效。除了人的主观因素外，客观上它既取决于作业对象的大小、形状、位置、作业细节与背景的亮度对比等作业本身固有的特性，也与照明密切相关。在一定范围内，随着照明的改善，视觉功效会有显著提高。研究视觉功效与照明之间的定量关系可以为制定照明标准提供视觉方面的数据支持。

在公路及隧道照明的视觉适应研究中，视觉功效包含了反应时间、瞳孔变化、视点变化等方面的内容。这三个方面都与视觉适应密切相关。当人的机体处于适应环境条件的状态，刺激反应时间就短。如视觉适应照明环境时，对光的刺激反应时间就短。相反，对新的、不熟悉的环境或不断变化的环境，机体没有适应时，反应时间就长。另外，人对将要出现的刺激在精神上有准备或准备充分，反应时间就短；无准备或准备不充分，则反应时间长[67]。对瞳孔变化而言，瞳孔变化的速率快的时候，人的反应时间就短，视觉上就不舒适；反之，当瞳孔变化速率慢的时候，反应时间就越长，视觉上就更加舒适。瞳孔面积的变化存在临界速率，如果瞳孔面积的变化速率超过该临界速率，驾驶员将发生视觉障碍。从视点变化方面，当视点的集中度比较集中在视看对象时，反应时间就快；反之，当视点比较分散时，反应时间相对就比较慢。下面从反应时间理论上进行进一步解释。

1）反应时间理论

（1）概念界定及理论基础

现代科学家在面对"时间"这个抽象的概念时，发现了一种与人类行为密切相关的时间——反应时间，并利用它完成了大量的试验研究，使众多心理活动得以量化。时至今日，反应时间仍然是试验心理学研究领域中最经典、应用范围最广的变量之一。

反应是回答某种刺激所产生的动作。衡量反应的指标之一是反应时间，它不是反应延续的时间，而是引起反应对应的动作所需要的时间，即从机体接受刺激到做出反应所需要的时间，是驾驶员感知信号，经过辨认、判断，采取动作并使动作发生效果所需的时间。反应时间不仅要考虑驾驶人的外围环境，还要考虑驾驶人的生理心理过程，以便驾驶人能够迅速地执行任务。

反应有简单反应和复杂反应之分。简单反应是以某一种动作对单一信号进行反应。这种情况下，除该信号外，驾驶员的注意力不被其他目标所占据。当驾驶员对外界某种刺激产生反应时，表面上好像是立刻产生的，实际则需要一定的时间。在试验室条件下，从眼到手这种简单反应，如要求按响喇叭，通常需要 $0.15\sim0.25s$；从眼到脚的简单反应，如要求踩下制动踏板，约需 $0.5s$。

有机体对刺激的反应并不能在受到刺激的同时就发生，从刺激的呈现到反应的开始之间会有一段时间间隔。反应时间就是指从刺激呈现到有机体做出明显的反应所需要的时间。

反应时间主要包括三个时段：①刺激使感受器产生兴奋，冲动传递到感觉神经元的时间；②神经冲动经感觉神经传至大脑皮质的感觉中枢和运动中枢，中枢加工并经运动神经到效应器的时间；③效应器接受冲动后开始效应活动的时间。刺激的呈现会引起一种过程的开始，此过程在机体内部的进行是潜伏的，直至此过程到达肌肉这一效应器时，才产生一种外显的、对环境的反应。因此，反应时间往往也被称为"反应的潜伏期"。

反应的潜伏期包含着感觉器官产生兴奋、中枢（脑和脊髓）加工、神经传入传出所需的时间，以及肌肉效应器反应所需的时间，其中中枢加工所消耗的时间最多。

在试验室条件下，用亮灯做信号测量反应时间，包括从亮灯开始到按下喇叭或制动收到电脉冲为止的总时间，根据试验得到表 2.6 所示的数值。

试验室条件下反应时间的测量值 表 2.6

工作	平均时间(s)
按喇叭，手的起始位置在喇叭按盖上	0.38
按喇叭，手的起始位置在方向盘上	0.56
踩制动，右脚的起始位置在制动踏板上	0.39
踩制动，右脚的起始位置在压下的加速器上	0.59

在试验室条件下，从简单到复杂的刺激的总反应时间需 0.2~1.5s。不过，在室内做试验，要求被试人员对给出的信号做出反应，没有犹豫、思考时间。而在路上驱车前进的驾驶员，对外界刺激产生反应的条件与室内试验有所不同。在交通环境中，由一个刺激引起单个反应的情况极为罕见，而往往是由很多刺激的复杂组合引起许多反应的组合。目前国内的道路交通状况复杂，干扰因素多且杂，驾驶员需要随时保持警惕，集中注意力。遇到危险情况时，需要考虑周围交通状况，及时准确地选择、判断、采取措施，因此驾驶人在行驶过程中的应急反应基本上都属于复杂反应。

复杂反应是对几种信号中的某一种信号做出反应。根据选择出的信号，做出动作回答。操纵汽车时，驾驶员同时要观察几种目标：车辆和行人的交通情况、道路状况、各种标志标线、停车位置等。驾驶员应当对外界刺激产生正确反应，并协调对诸多因素的动作。因此，操纵方向盘的动作属于复杂反应。复杂反应的复杂程度取决于交通量大小、汽车和车流中其他车辆的速度等多种因素。反应时间的长短取决于反应复杂程度、驾驶员的训练情况、心理生理状态、疲劳影响、身体状况等。

随着客观情况复杂程度的增加，反应时间增长。在有信号控制的交叉路口的入口引道上，自由行驶的车辆对红灯的制动反应时间平均为 0.5s。在车流量很大、行人很多的交叉路口入口引道上，由于驾驶员要进行观察，故对相同信号的制动反应时间增加到 1.2~1.5s。美国桥梁设计学会（American Association of State Highway and Transportation Officials，AASHTO）建议，在确定安全停车距离的所有车速下，反应时间采用 2.5s；在确定交叉口视距时，采用 2.0s。

实际上，一般正常人的总反应时间为 0.5~4.0s。反应时间的长短取决于驾驶员的性别、年龄、个性、对反应的准备程度以及驾驶经验。年龄或性别不同的驾驶员，即使其他情况相同，也会有不同的反应时间；年龄、性别、工作经验相同的驾驶员，反应时间也可能因个性、心理状态等的影响而不一样。

一般而言，女性的反应时间长于男性。在年龄上，随着年龄的增长，反应时间延长。

从 40 岁至 50 岁，反应时间均匀增加，反应时间一般增加 25% 左右。50 岁以后，反应时间开始明显增加。

当车速为 50km/h 时，汽车每秒行驶 14m；车速为 60km/h 时，每秒行驶 17m。若反应时间增加 0.2s，在紧急制动时，汽车将会多行驶 2.8～3.4m。事实上，两车之间只要有零点几秒对应的安全距离，就会避免车辆碰撞。所以驾驶员的反应时间，应当以零点几秒计算。

(2) 反应时间研究

回顾反应时间的历史，可以发现研究者对反应时间的探索早于试验心理学的出现，甚至可以说早期对反应时间的探索和研究在一定程度上为试验心理学以及后来的认知心理学奠定了方法学的基础。

个体的反应不是即时发生的，通常会在刺激出现之后有一定的延迟，而这种延迟存在个体间的差异。这种现象最初由天文学家观察到，所以说反应时间的研究肇始于天文学。1776 年的一天，英国格林尼治天文台台长 Maskelyne 发现助手 Kinnebrook 观察星体通过子午线的时间总比自己要慢，虽然 Maskelyne 反复提醒 Kinnebrook，但几个月之后助手的观测误差仍然存在，于是台长就以失职为由将其解雇。几十年后，德国天文学家 Bessel 注意到这个故事，他认为两个人在观测时间存在的差异可能并非由于助手的粗心或无能所致。为了证明这种猜想，Bessel 尝试比较了自己与其他天文学家在观测同一星体通过子午线时间之间的差异，结果发现两个观测者之间总会存在一定的差异，且这个时间差往往是恒定的。Bessel 用"人差方程"来表示这种现象：

天文学家 1 的反应时间－天文学家 2 的反应时间≈1.22s

即两个天文学家总会存在约 1.22s 的差异。这一发现不仅为 Kinnebrook "沉冤昭雪"，同时也使得天文学家开始关注观测的计时方法。

1850 年，德国生物学家 Helmholtz 开展了历史上第一个反应时间试验，并成功测量了神经元的传导速度。真正把反应时间引入心理学研究的是荷兰生理学家 Donders。1873 年，奥地利生理学家 Exner 在研究中首次提出了"反应时间"一词。

20 世纪 50 年代中期，认知心理学开始兴起和发展，关于反应时间的测量方法和研究也日益丰富起来。认知心理学主张研究认知活动本身的结构和过程，认为认知就是信息加工。按照这一观点，认知可以分解为一系列阶段，每个阶段都是一个对输入的信息进行某些特定操作的单元，而反应则是这一系列阶段和操作的产物。在这一背景下，Sternberg 于 1969 年在减数法的基础上提出了反应时间的加因素法。这种方法假定，完成一个任务需要的时间是一系列信息加工阶段分别所需时间的总和。Sternberg 所提出的加因素法使得在利用反应时间解释心理过程方面的研究又前进了一步，但由于这种方法依然不能直接测得某一特定加工阶段所需的时间，Hamilton 等（1977）和 Hockey 等（1981）又提出了一种新的试验技术——"开窗"试验。利用这种技术，每个加工阶段的时间都可以被直接测得，从而使研究者可以更直观地看到这些加工阶段，就好像打开了一扇窗户，一目了然。除此之外，还有 Meyer 等（1988）提出的速度与准确率分离技术（Speed-Accuracy Decomposition，SAD）以及 Greenwald 等（1998）提出的内隐联想测验（Implicit Association Test，IAT）。

(3) 反应时间的测量

反应时间的测量方法主要包括减数法、加因素法、"开窗"试验和内隐联想测验等。

减数法是所有方法的基础，而加因素法、"开窗"试验和内隐联想测验是在减数法基础上发展而来的。

减数法基本原理：Donders 受到天文学家关于人差方程研究和 Helmholtz 测定神经传导速度研究的影响，提出了反应时间的减数法，其背后的逻辑是减法法则，即如果一种任务包含另一种任务所没有的某个特定心理过程，且除此之外二者在其他各个方面均相同，那么这个两种反应时间之间的差异即为此心理过程所需的时间。Donders 把反应分为 A、B、C 三类来对中枢的加工过程进行研究。

简单反应，又称 A 类反应。在简单反应中仅有一个刺激，当这一个刺激呈现时，便立即对其作出反应。一方面，这是一种最简单的反应；另一方面，简单反应又是复杂反应的基本组成部分，它所耗费的时间可称为"基线时间"，即为复杂反应所消耗的时间提供了一个基线。

选择反应，又称 B 类反应。在这类反应中，有多个刺激，每一个刺激都有与它相对应的反应。选择反应所耗费的反应时间中，既包含了简单反应的基线时间，又包含了辨别刺激和选择做出怎样的反应的时间。

辨别反应，又称 C 类反应。与 B 类反应相类似，辨别反应也具有多个刺激，但不同的是被试仅需要对其中一种刺激做出反应，而不用理会其余的刺激。也就是说，被试只需要辨别出某一刺激，而无需选择做出怎样的反应。

通过上述三类反应时间，可以计算出辨别反应和选择反应所需要的时间：辨别过程的反应时间可由 C 类反应减去 A 类反应获得，选择过程的反应时间则可由 B 类反应减去 C 类反应获得。具体如图 2.7 所示。

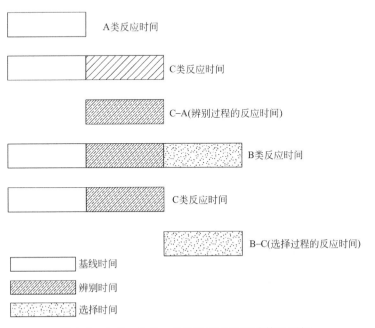

图 2.7　A 类、B 类、C 类反应时间和减数法图解

反应时间的减数法最初是被用来测定某一心理过程所需的时间，但是反过来，也可以

从两种反应时间的差异来判定某一心理过程的存在。

但同时也应注意到,减数法也有缺陷。使用这种方法要求研究者对试验任务所引起的刺激与反应之间的一系列心理过程有精确的认识,并且要求两个相减的任务里共有的心理过程且严格匹配,这一般很难办到。

减数法能够测量判别和选择等心理过程所需要的时间。虽然值得肯定,但也存在一些缺陷。例如,这种方法未必能够较容易地将各个加工阶段区分开,一个参数可能涉及两个或者更多的加工阶段。此外,这类试验笼统地假定,在复杂的信息加工过程中,增加或减少某些加工阶段并不会影响其余的加工阶段,有研究者则认为这种假定不一定总能成立。因此在运用反应时的减数法时,需要结合实际情况具体分析、考虑。

减数法是所有方法的基础,也是本书所借鉴的方法。而加因素法、"开窗"试验和内隐联想测验是在减数法基础上发展而来的,在此不再一一赘述。

本书主要选择的视觉功效法指标主要是反应时间,本部分是反应时间研究的理论基础。为后续反应时间参数的测试、分析提供参考和指引。

2) 瞳孔(Pupil)变化理论

本书中采用眼动仪来测试瞳孔的变化,包含了瞳孔 X 轴和 Y 轴的尺寸变化以及瞳孔面积的变化,这些需要瞳孔变化相关理论的支持。

瞳孔是动物或人眼睛内虹膜中心的小圆孔,是光线进入眼睛的通道,在多数脊椎动物中,无论扩大或缩小时都是圆形的。眼球血管膜的前部,即巩膜中心和圆孔。沿瞳孔呈环形排列的平滑肌叫瞳孔括约肌,括约肌收缩时瞳孔缩小。沿瞳孔呈放射状排列的平滑肌叫瞳孔放大肌,放大肌收缩时瞳孔散大。由于瞳孔可以散大或缩小,所以能起到调节进入眼球光线量的作用。正常人的瞳孔能反射性地调节自身的大小。当光线增强时,瞳孔缩小;当光线减弱时,则瞳孔散大。如果瞳孔反射异常或消失,表明神经系统的调节功能发生障碍。所以临床常采用瞳孔对光反射来检查神经系统的功能状态。

瞳孔大小随年龄、人种、屈光状态、光线强弱、目标远近及情绪变化而不同。一般为 2~5mm,平均约为 4mm。瞳孔的扩大与缩小可以调节进入眼内的光线,保证视物清晰,在临床医学上,可以根据瞳孔的变化对眼和脑神经系统疾病做出病灶的定位判断。

瞳孔变化也可运用到心理学的研究中。美国芝加哥大学的心理学教授埃克哈特曾做过一项试验,试验时,随机给男女参与者看一些照片,然后观察他们瞳孔的变化。试验发现,女性看到怀抱孩子的母亲的照片时,瞳孔平均扩大了 25%;而男性看到女性的裸照时,瞳孔平均扩大了 20%。试验结果还表明,人类瞳孔的大小不仅会随周围环境的明暗发生变化,还受对目标关心和感兴趣程度的影响。就像通常所说的"眼睛比嘴巴会说话"一样,人的心理活动全都显露在眼睛中。如果仔细观察瞳孔的变化,可以得知对方的心理状态。对方看上去心不在焉地在听,可黑眼珠深处的瞳孔却在渐渐扩大,由此可以断定其满不在乎的神情下掩饰的是对该话题的强烈关注。

瞳孔变化理论是后续瞳孔变化对公路隧道照明安全性和舒适度研究的基础。

3) 眼动视点(兴趣区域)变化理论基础

驾驶人在驾车过程中需要不断观察了解前方道路条件、路侧标志、环境信息。在观察目标物或兴趣点时,主要采取注视(Fixations)、眼跳(Saccades)和追随(Smooth Pursuits)三种眼动形式。

(1) 注视

在驾驶中为了看清前方某一物体，驾驶人两只眼睛必须保持一定的方位，才能使物体在一定的距离内在视网膜上成像。这种将眼睛在一定距离内对准对象的活动称为视力注视。驾驶人在注视时，眼球有一种极其细微的不随意运动，但是它不会影响视敏度和视觉深度。当对物体上某一点的注视超过一定的时间（一般为 0.3～0.5s），或当注视点在视网膜上的成像由于漂移而离中央凹过远时，就会出现小的随意眼跳，眼跳幅度一般小于 1°，绝大多数信息只有在注视时才能获得并传输给大脑进行加工。

(2) 眼跳

驾驶人眼睛在搜索目标物或驾驶人根据驾驶需要将注视点由一个物体转移到另一个物体或由于周边视野上出现驾驶人所关注的兴趣物时，视网膜周边部位会做出反应，促使眼球视线先在目标的一部分上停留一下；完成注视后，又跳到另一部分进行注视观察。

在驾驶过程中，由于道路、交通和环境条件的动态变化，驾驶人的注视点也不断改变，这种改变是通过眼跳来实现的，以使下一步要注视的内容落在视网膜最敏感的区域——中央凹附近，进行充分的信息加工，形成清晰映像。通常人们感觉不到眼睛的跳动，而是认为眼睛在平滑地运动。事实上，眼睛总是先在对象的一部分停留一段时间，注视以后又跳到另一部分上，再对新的部分进行注视。随着驾驶速度的提高，注视点的变化更加频繁，眼跳更快。眼跳期间，如果图像在视网膜上移动过快或者视觉阈值升高，那么眼睛就几乎获得不了任何信息。所以，从眼跳角度来说，驾驶人的驾驶速度不能过快。

(3) 追随

追随是眼球的一种较为稳定的运动方式。眼球在以下两种情况下做追随运动：一是在头部保持不动的状态下，为了注视一个运动的物体，眼球随之移动，而且移动的速度和方向随物体运动的情况而定；另一种情况是当头部和身体同时运动时，如驾驶人在驾驶过程中，为了使视线停留在一个固定物体上，眼球做与头部、身体运动相反方向的运动。在追随运动中，眼球运动的速度和方向主要与所注视物体的速度和方向有关。但是当注视对象走得过远时，眼球追随到一定程度，就跳动一次，把视线转回起点，再注视新的对象并继续追踪。平滑尾随跟踪必须有一个缓慢移动的目标，在没有目标的情况下，一般不能执行此动作。

4) 公路隧道照明中利用视觉功效评价视觉适应的研究理论

在公路隧道各照明段照明环境中的视觉功效指标主要包含反应时间和瞳孔变化。主要研究方法论是：利用反应时间的长短来反映视觉适应的程度，进而反映驾驶的安全性，即反应时间越短，反映出适应越充分，驾驶的安全性越高，反之则越低；利用瞳孔变化的速率和急缓程度反映视觉适应的状态，进而反映驾驶的舒适性，即瞳孔变化速率越慢、程度越缓，反映出视觉适应的状态越稳定，从而舒适性越高，反之则越低。以上是本书的方法论基础。在第 3.3.2 节中提出了公路隧道各照明段之间适应程度划分，为本部分理论提供补充。需要指出的是，本书中所涉及的视觉适应多为非充分适应。公路隧道驾驶中，很多情况下驾驶员都是在非充分适应下进行驾驶操作的，这正是本书研究的重点。

2.2 视觉适应曲线的分段与研究要素

2.2.1 视觉适应曲线研究的作用和意义

（1）研究的作用

与 CIE 以及各国的照明规范、标准规定相结合，研究成果进一步指导我国乃至世界各国公路隧道照明设计、施工等规范、规程的制定，为公路隧道照明视觉适应理论的进一步确立提供数据和研究方法上的支持。

（2）研究的意义

可以有效地避免仅凭人眼对光线变化察觉比较小（也就是亮度比值在 3∶1 以下）来定义公路隧道照明规范和标准而缺少科学性；更好地实现与国际接轨，满足公路隧道驾驶的安全性和舒适性，为提高公路隧道照明的视觉功效，加快公路隧道运行效率提供技术方面的支持。

2.2.2 公路隧道照明视觉适应曲线的分段

公路隧道照明视觉适应曲线是指考虑了人眼视觉适应的隧道各照明段亮度与驾驶员驶入隧道的行驶时间（行驶长度）之间的数值关系，主要用于指导公路隧道照明设计。依据视觉适应曲线，CIE 首先进行了公路隧道各照明段亮度和长度的平滑渐变处理，但是为了方便，同时规定在实际实施过程中将公路隧道各照明段进行折线分阶梯处理。

为了更好地规范公路隧道照明设计，保证驾驶员的视看质量，便于设计施工中的说明和表达，世界各国对公路隧道照明进行了分段。大部分国家和地区（CIE、欧盟、美国、英国、中国等）把照明分为隧道入口前的接近段（Access Zone）、进入隧道之后的入口段（Threshold Zone）、过渡段（Transition Zone）、中间段（Interior Zone）、出口段（Exit Zone）和隧道出口外的离开段（Parting Zone）。而日本的规范有所不同，其规范规定隧道内照明分段为边界区（Boundary Part）、过渡区（Transition Part）和放松区（Relaxing Part）。以上这些照明分段的规定方便了各部分长度、亮度等数据的规定和功能性照明的设计施工。表 2.7 显示公路隧道中主要的照明分段。

公路隧道照明分段照片列表　　　　表 2.7

照明段	接近段	入口段
图片	接近段	入口段HPS

续表

照明段	过渡段	中间段
图片	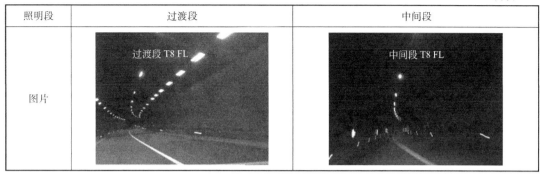	

从表 2.7 中可以看到公路隧道照明的分段名称，而且可以看出隧道不同照明段的路面亮度差别很大（对应的是灯具安装密度）；除此之外，可以看出不同照明段光源的色温也有明显差别。

如前文所述，由于按照洞外的天然光亮度和色温情况调整隧道内部的照明状况将导致能源消耗大，且隧道内存在着多种反射比差别较大的界面，导致光反射增量差别也很大。所以，指南和规范对亮度进行了依据视觉适应的折减，按照折减的形式给出了照明分段以及各段亮度的具体规定。CIE 88：1990 中提出公路隧道照明视觉适应曲线，并在 CIE 88：2004 中进行补充，其中的视觉适应曲线显示，公路隧道入口加强照明段亮度变化为平滑曲线，如图 2.8 所示。但是各段的长度规定不够明确，导致在设计和施工中出现难以解决和明确的问题，如各段长度不明确导致光源安装数量和间距不确定，在亮度控制时灯具功率和类型过多等。

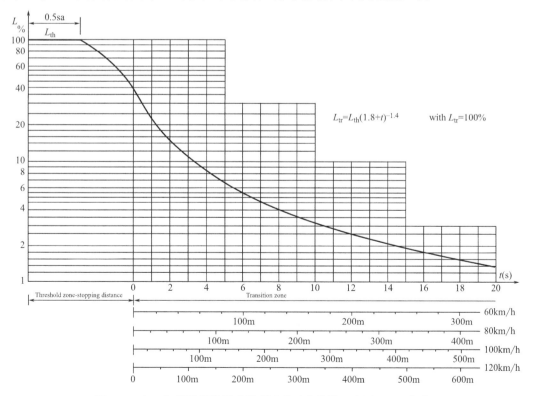

图 2.8 入口加强照明段隧道照明视觉适应曲线（来源：CIE 指南）

在实施的过程中，CIE指南主张进行详细的阶梯分段，所以大部分国家（包括我国）的实施细则都对视觉适应曲线进行了更为详细的亮度、长度阶梯划分。CIE 88：2004指南指出：入口段前半段亮度为L_{th}，后半段亮度值可逐渐递减到$0.4L_{th}$。该递减可以用阶梯代替，阶梯之间的比值不能大于3∶1，且亮度值不能低于曲线数值的规定。过渡段的路面亮度值规定与入口段类似；过渡段的长度按照大致行驶时间确定。当过渡段亮度稳定或者中间段的亮度比推荐值高时，过渡段长度可以比规定短一些，但具体长度需具体问题具体分析。指南指出：由于目前不能准确显示曲线的偏离程度，希望后续研究可给出更加准确的亮度和长度推荐值。以上是后续各国家和地区公路隧道照明实施细则在执行过程中阶梯分段的基础。

而我国标准 JTJ 026.1—1999 和 JTG/T D70/2—01—2014 将阶梯分段进行了细化处理，后者将入口段分为2段，过渡段分为3段。

视觉适应曲线的横坐标为行驶时间（行驶长度），纵坐标为亮度（为了表达更加直观，CIE指南中按照对数进行取值）。曲线亟待通过反映安全性和舒适性的统一标准来进行拟合和定性。为了更深入地研究视觉适应曲线，将CIE及各国家和地区隧道照明规范整理成表2.8进行对照。

CIE及各国家和地区单向隧道照明视觉适应曲线对照　　　　　表2.8

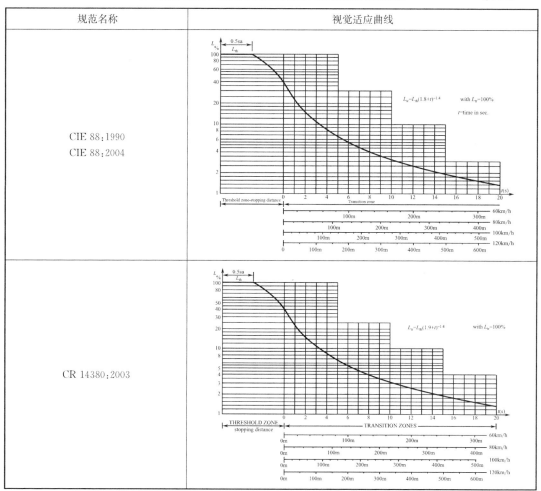

续表

规范名称	视觉适应曲线
BS 5489-2:2016	
ANSI/IES RP-22-11	
JTJ 026.1—1999	

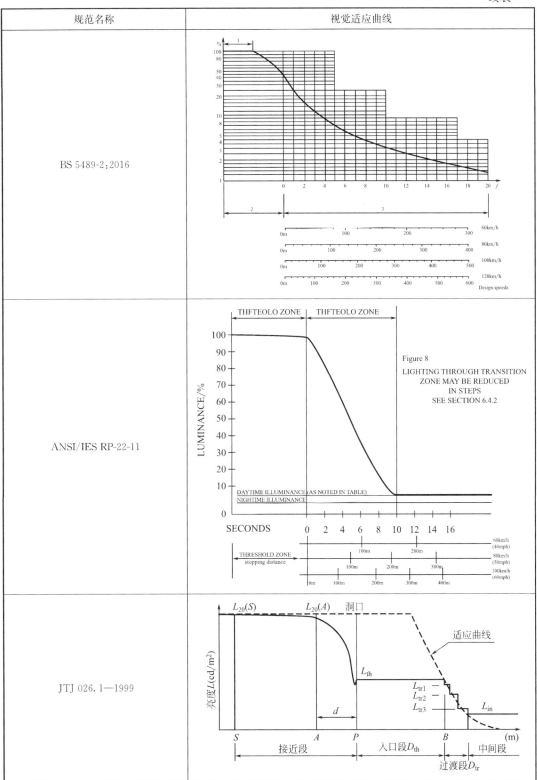

续表

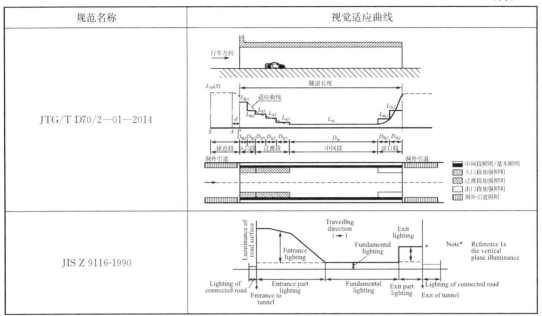

规范名称	视觉适应曲线
JTG/T D70/2—01—2014	
JIS Z 9116-1990	

通过对各国家和地区视觉适应曲线的对照可以得到如下结论：

1）除了日本的规范之外，其他各国家和地区的视觉适应曲线比较接近，而中国的实施细则进行了阶梯分段的处理；

2）从纵坐标来看，美国和日本都没有进行路面亮度的对数处理，而CIE、欧盟、英国、中国都进行了取对数处理；

3）从差异可以看出，各国家和地区对洞内亮度的规定缺少对光源色温因素的考虑，缺少对洞外天然光色温的考量，而长度的规定则缺少了统一的标准，这些在今后的研究中都应当进一步深入分析。

2.2.3 公路隧道照明视觉适应曲线的研究要素

公路隧道照明视觉适应曲线研究主要包含了对各照明段亮度和长度的研究，这两大要素主要对应的是视觉适应曲线的纵坐标和横坐标。

1. 公路隧道视觉适应曲线中的亮度规定

公路隧道内各照明段亮度的一般规定如下：隧道入口段路面亮度是整条隧道其他照明段路面亮度计算的起点，是整个隧道照明设计的基础。入口段亮度确定所依据的指标主要是隧道洞外亮度，从广义上来看，隧道洞外亮度是指距隧道洞外一定距离处驾驶员正对隧道洞口方向一定视野区域内的亮度总体水平。但由于实际情况比较复杂以及试验研究条件限制，在研究隧道照明的过程中，不同研究阶段对隧道洞外亮度的概念、取值及试验模拟存在着不同的界定方法。CIE推荐了两种用于计算隧道入口段亮度的方法：折减系数（k值）法（我国、日本等大多国家较多采用）和基于等效光幕亮度（L_{seq}）与对比度 C 或 SRN（主观评价法）的察觉对比法（欧盟、英国以及美国等较多采用）。其中 k 值法是目前应用最多的方法。

其余各照明段的路面亮度阶梯都是按照一定的比例，如2∶1或者3∶1（人眼对亮度变化的察觉度较小）来进行路面亮度大小的定义，这些照明段包含了余下的过渡段、中间段以及出口段，如图2.9所示。

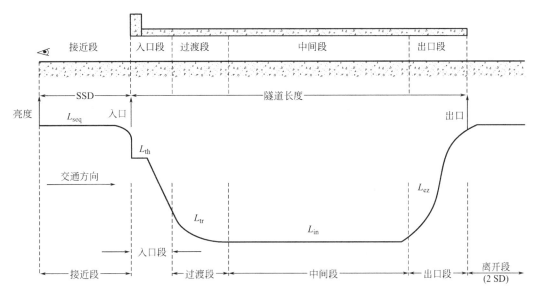

图2.9 隧道全照明段路面亮度规定

1）隧道洞外亮度L_{20}（S）

目前，国内外对隧道洞外亮度的定义主要有两种类型：分别是洞外20°视角范围内的景物亮度L_{20}（S）和等效光幕亮度L_{seq}。

据我国现行的《公路隧道照明设计细则》JTG/T D70/2—01—2014规定，隧道的洞外亮度L_{20}（S）是指在接近段起点S处，距路面1.5m高正对洞口方向20°视场范围内环境的平均亮度，也被称为接近段亮度（Access Zone Luminance）。该起点S是在距隧道洞口外1倍停车视距（Stopping Sight Distance，SSD）处，如图2.10所示。

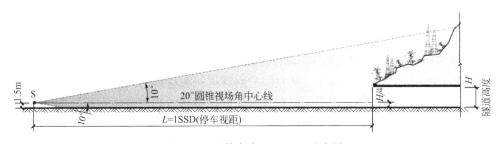

图2.10 洞外亮度L_{20}（S）示意图

2）等效光幕亮度L_{seq}

等效光幕亮度L_{seq}（Equivalent Veiling Luminance）指的是一种进入眼睛的散射光所产生的光幕现象，用亮度来量化表达，是驶向隧道时人眼适应亮度的一种定量评价。其视看起点也是在距隧道入口处1倍停车视距、距路面1.5m高处，不同的是它采用的是56.8°的视场范围。

等效光幕亮度L_{seq}并非一个新的概念，早在1984年的CIE第61号技术文件中就已经提出，并将其作为隧道照明中驾驶员视觉适应亮度确定的重要因素之一[68]。在复杂亮度环境中计算标准视场范围的等效亮度L_1'时，需要分别考虑等效光幕亮度L_{seq}的两个作用，即降低了目标位的亮度对比度C'和提高了人眼中央凹的适应亮度L_{af}。随后，在1990年的CIE第88号技术文件的附录中，明确提出了等效光幕亮度L_{seq}的确定方法，并推荐利用L_{seq}与对比度C、SRN主观评价值来确定隧道入口段亮度L_{th}。并在其后2004年CIE修订的第88号技术文件中，正式推荐了一种新的基于等效光幕亮度L_{seq}计算入口段亮度L_{th}的方法——察觉对比法。

等效光幕亮度L_{seq}并非简单将一定视场范围内的环境亮度进行平均，而是考虑了各不同位置的景物光在人眼中发生散射所产生的等效光幕亮度的贡献差异。

L_{20}部分的研究可以为公路隧道各照明段路面亮度的研究奠定基础，也是视觉适应曲线的计算起点，目前看来缺少了对洞外天然光光色以及洞内人工光色温的考虑。

参照表2.8，入口加强照明段表征的是公路隧道内部包含了入口段和过渡段在内的路面亮度明显比其他照明段高、灯具功率也比其他照明段大的照明段，由于灯具安装功率较大，故对公路隧道照明能耗节约意义更大。

为了得到确定的各照明段亮度和行驶时间（长度）的数值，将表2.9中不同规范和标准的设计参数统一设定如下：车辆行驶速度80km/h，隧道高度7m，隧道洞外亮度4000cd/m^2，单向交通车流量≥2000辆/（h·线）。

隧道照明各段典型路面亮度变化（单位：cd/m^2）　　表2.9

对应规范	接近段L_{20}	入口段1	入口段2	过渡段1	过渡段2	过渡段3	中间段	出口段1	出口段2
CIE 88：1990/2004	平滑变化								
JTJ 026.1—1999	4000	100		30	10	3.5	2.0	10	
JTG/T D70/2—01—2014	4000	140	70	21	7.0	2.8	2.0	6.0	10

通过表2.9中路面亮度规定的对照可以看出，我国JTJ 026.1—1999规范和JTG/T D70/2—01—2014细则的规定是CIE 88：1990和CIE 88：2004指南规定的具体细化。包含了入口段和过渡段的入口加强照明段相对其他分段而言长度虽短（具体跟公路隧道总体长度有关），但是从亮度上却大得多，如入口段的亮度会高出中间段50～100倍之多，所以该部分的电能消耗也相对大得多。从我国公路隧道照明标准的规定可以看出，公路隧道照明的能耗随着规范颁布实施年限的推移有所降低，照明阶梯的分段有所增加，阶梯分段的亮度规定更加细化。从亮度变化的数值来看，基本是按照CIE指南中说的3∶1来实施。其中存在的问题也很明显：仅仅按照固定比例3∶1及2∶1（人眼对亮度变化的察觉比较小）来进行亮度数值规定对安全和舒适的影响程度如何，亟待统一反映安全和舒适的指标来进行验证和界定，即使是CIE的平滑变化曲线也存在相同的问题。

最后通过对照还可以发现，不但亮度规定的合理性值得商榷，适应曲线中对光源亮度规定也缺乏对色温因素的考量，这一点将会在后续的研究中进行进一步的研究和说明。

2. 公路隧道视觉适应曲线中的长度规定

为更好地对CIE及世界各国的公路隧道各照明段行驶时间（长度）进行梳理和总结，

在此将世界各国公路隧道照明规范、标准对各照明段长度数值的规定总结为表 2.10、表 2.11。为了保证研究的统一性从而更好地进行比较，此处的设定与各照明段亮度的设定一致。即：车辆行驶速度 80km/h，隧道高度 7m，隧道洞外亮度 4000cd/m²，单向交通车流量≥2000 辆/(h·线)。

各国隧道照明规范入口加强照明段行驶时间对照 表 2.10

规范名称	入口段		过渡段		合计	
	长度(m)	时间(s)	长度(m)	时间(s)	长度(m)	时间(s)
CIE 88:1990 CIE 88:2004	100	4.5	267	12	367	16.5
CR14380:2003	100	4.5	255	11.5	355	16
BS 5489-2:2016	120	5.4	267	12	387	17.4
ANSI/IES RP-22-11	118.1	5.3	222.2	10	340.3	15.3
JTJ 026.1—1999	84.2	3.8	过1 / 过2 / 过3 72 / 89 / 133	过1 / 过2 / 过3 3.2 / 4 / 6	378.2	17
JTG/T D70/2—01—2014	入1 / 入2 42 / 42	入1 / 入2 1.9 / 1.9	过1 / 过2 / 过3 72 / 89 / 133	过1 / 过2 / 过3 3.2 / 4 / 6	378.2	17
JIS Z 9116—1990	分界段		过渡段		缓和段		295	13.3
	长度(m) 40	时间(s) 1.8	长度(m) 100	时间(s) 4.5	长度(m) 155	时间(s) 7		

另外，CIE 及世界各国对公路隧道入口加强照明段长度的规定总结见表 2.11。

CIE 及世界各国对公路隧道入口加强照明段长度规定 表 2.11

规范名称	入口段	过渡段
CIE 88:1990 CIE 88:2004	$D_{th} = SD$	$D_{tr} = \left[\left(\dfrac{L_{tr}}{L_{th}}\right)^{1.4} - 1.4\right] \times \dfrac{v}{3.6}$
CR 14380:2003	$D_{th} = SD$	$D_{tr} = \left[\left(\dfrac{L_{tr}}{L_{th}}\right)^{1.423} - 1.4\right] \times \dfrac{v}{3.6}$
BS 5489-2:2016	$D_{th} = SD$	$D_{tr} = \left[\left(\dfrac{L_{tr}}{L_{th}}\right)^{1.4} - 1.4\right] \times \dfrac{v}{3.6}$
ANSI/IES RP-22-11	$D_{th} = SD + \dfrac{(H-1.45)}{\tan(22-25)°}$	$D_{tr} = 10 \times \dfrac{v}{3.6}$
JTJ 026.1—1999	$D_{th} = 1.154SD + \dfrac{(H-1.5)}{\tan 10°}$	$D_{tr1} = \dfrac{D_{th}}{3} + \dfrac{v}{1.8}$ $D_{tr2} = \dfrac{2v}{1.8}$ $D_{tr3} = \dfrac{3v}{1.8}$
JTG/T D70/2—01—2014	$D_{th1} = D_{th2} = 0.5\left[1.154SD + \dfrac{(H-1.5)}{\tan 10°}\right]$	$D_{tr1} = \dfrac{D_{th}}{3} + \dfrac{v}{1.8}$ $D_{tr2} = \dfrac{2v}{1.8}$ $D_{tr3} = \dfrac{3v}{1.8}$

注：D_{th} 为入口段长度，D_{tr} 为过渡段长度，SD 为停车视距。

2.3 视觉适应曲线的组成内容及影响因素

下面针对上述公路隧道照明视觉适应曲线的研究要素，即亮度和长度，对其组成内容进行分析。总体而言，亮度和长度各分别对应以下两个方面：

① 在视觉适应曲线的亮度研究方面，内容主要包含入口段亮度折减系数研究和入口段亮度安全可见阈值研究，前者影响正常行驶情况下公路隧道照明的安全、舒适和节能，而后者影响特殊情况下公路隧道照明的基本安全。由于光源的亮度和色温是密不可分的组成部分，所以在这两方面研究中考虑了光源色温的影响。尤其是在入口段亮度折减系数的研究中，洞外天然光的光色在一天、一年中都是不断变化的，洞内人工光源由于类型和发光机理的不同，色温也存在着差异，所以色温的影响在此研究中显得更加重要。

② 从视觉适应曲线的长度研究方面，内容主要包含入口加强照明段暗适应时间研究和各照明阶梯适应长度研究。二者是互相印证的关系，只是在是否分照明阶梯处理方面有所不同，它们共同影响路面亮度（即灯具布置）在长度方向上的安全、舒适及节能。为了减少人眼对色温的适应，公路隧道内部各不同照明段之间的光源类型一般是不变的，所以本书在暗适应时间和照明阶梯适应长度研究中未着重考虑色温的影响。

以下分别对这 4 个方面内容的影响因素进行分析。

2.3.1 入口段亮度折减系数概念及影响因素

1. 入口段亮度折减系数概念

公路隧道照明入口段亮度折减系数是用来表征隧道洞外亮度（L_{20}）与隧道内入口段路面亮度（L_{th}）之间折减程度的一种物理量（无量纲），一般用字母"k"表示。用 k 值法来计算隧道内入口段亮度是 CIE 推荐的两种方法之一，另一种是基于等效光幕亮度（L_{seq}）、对比度（C）和主观评价法（SRN）的察觉对比法。k 值法是目前最方便也是各国应用最多的方法，具体公式为：

$$L_{th} = k \times L_{20} \tag{2.1}$$

式中，L_{th} 为公路隧道入口段路面亮度；L_{20} 为公路隧道洞外亮度（接近段亮度）。

在从隧道洞外亮度过渡到入口段亮度的过程中，由于亮度变化远远超过了 3∶1 的人眼视觉察觉极限值，所以会出现明显的视觉滞后现象。另外，由于其他照明段的路面亮度都是以入口照明段的路面亮度为基础，所以入口段照明尤其重要。相应的用于计算入口段路面亮度的折减系数研究也同样重要。

2. 折减系数规定对照

世界各国规范和标准对折减系数（k 值）的规定差异主要与长期存在的欧洲学派和日本学派争议有关。具体区别在于两种学派对 k 值的规定相差了 4~7 倍，而我国的规范取两个学派的中间值，取值方法缺乏依据。目前较多国家采用是以 CIE 为代表欧洲学派的取值。表 2.12 为 CIE 88：1990 关于 k 值的规定。

CIE 关于 k 值的规定 表 2.12

停车视距	对称照明系统 k_1	逆光照明 k_2
60m	0.05	0.04
100m	0.06	0.05
160m	0.10	0.07

需要说明的是，表 2.12 中的停车视距 60m，100m，160m 分别对应的是车速 60km/h，80km/h，120km/h。我国 JTG/T D70/2—01—2014 中关于 k 值的规定见表 2.13。

我国关于 k 值的规定 表 2.13

设计小时交通量 $N[\text{veh}/(\text{h}·\text{线})]$		设计速度 $v(\text{km/h})$				
单向交通	双向交通	120	100	80	60	20~40
≥1200	≥650	0.070	0.045	0.035	0.022	0.012
≤350	≤180	0.050	0.035	0.025	0.015	0.010

日本公路隧道照明规范中关于 k 值的规定整理为表 2.14。

日本规范关于 k 值的规定 表 2.14

设计速度(km/h)	k 值
100	0.07
80	0.05
60	0.04
40	0.03

两个学派在后续的研究中提出，二者的视看（识别）距离不同，取值之差也在这里有所体现，具体表达见表 2.15。

两大学派研究差距对照 表 2.15

学派	欧洲学派	日本学派
名称	视看距离	识别距离
取值	25m	150m
结论	坚持 k 值不变	k 值乘以 2 可以使用

相对而言，我国的规范中的 k 值对照 CIE 规范要小很多。为了更好地理解，进行如表 2.16 的对照。

k 值规定的对照 表 2.16

停车视距(m)	对应车速(km/h)	k(CIE)	k(我国)	k(日本)
60	60	0.05	0.022	0.04
100	80	0.06	0.035	0.05
160	120	0.10	0.07	—

从表 2.16 中数据的对照看出，我国规范的 k 值规定比 CIE 为代表的欧洲学派的规定要低得多，比修正后日本规范的折减系数规定也要低。其中显然缺少一个统一的标准，导致我国的公路隧道照明路面亮度取值总体偏低，亟待确定出一种折减系数值来保证公路隧道驾驶安全和舒适。

3. 折减系数影响因素

入口段亮度折减系数 k 的取值主要受到隧道交通状况（单向交通以及双向交通）、设计小时交通量和设计驾车速度的影响，最后还受到隧道是否为长隧道的影响。下面以我国的新版实施细则 JTG/T D70/2—01—2014 为例分别进行说明。选择我国新版实施细则的原因是：我国入口段亮度折减系数 k 的取值参考了 CIE、CEN（欧盟）等国际组织在相应标准和技术文件中的类似考虑和规定，具备代表性。

1）交通状况因素

交通状况主要包含了单向交通还是双向交通，其中双向交通的高速公路隧道在我国数量比较少，只有在非高速公路隧道中常见。根据国外的相关规定，由于国外的设计小时交通量比较小，所以双向隧道比较多。设计小时交通量（N）分为三挡，分别为双向交通时：≥ 650 辆/(h·线)、≤ 180 辆/(h·线) 以及介于二者之间；单向交通时：≥ 1200 辆/(h·线)、≤ 350 辆/(h·线) 以及介于二者之间。

2）设计驾驶速度（v）因素

主要包含了 20~40km/h，60km/h，80km/h，100km/h 和 120km/h。

3）隧道长度因素

主要是考虑在隧道较短时应该减小 k 值的选取，减为一半甚至为更小比例，这与后续可见阈值的研究相类似。在这里主要分为三挡，第一挡为长度 $L>500\mathrm{m}$ 的非光学长隧道及长度 $L>300\mathrm{m}$ 的光学长隧道，按照 1 倍 k 值来取值；第二挡为 $300\mathrm{m}<L\leq 500\mathrm{m}$ 的非光学长隧道以及长度 $100\mathrm{m}<L\leq 300\mathrm{m}$ 光学长隧道，按照 k 值减半取值；第三挡为 $200\mathrm{m}<L\leq 300\mathrm{m}$ 的非光学长隧道，按照 k 值的 20% 取值，该类隧道受到隧道外光气候影响比较大。其中光学长隧道指的是驾驶员位于行车道中央，距隧道行车洞口一个照明停车视距处不能完全看到行车出洞口，且几何长度不大于 500m 的短隧道。本书中所指的折减系数主要针对上述第一挡的情况，见表 2.17。

k 值影响因素 表 2.17

影响因素	分类	一挡	二挡	三挡
交通状况	双向通行	≥ 650 辆/(h·线)	>180 辆/(h·线)，<650 辆/(h·线)	≤ 180 辆/(h·线)
	单向通行	≥ 1200 辆/(h·线)	>350 辆/(h·线)，<1200 辆/(h·线)	≤ 350 辆/(h·线)
隧道长度	长度规定	长度 $L>500\mathrm{m}$ 的非光学长隧道及长度 $L>300\mathrm{m}$ 的光学长隧道	$300\mathrm{m}<L\leq 500\mathrm{m}$ 的非光学长隧道以及长度 $100\mathrm{m}<L\leq 300\mathrm{m}$ 光学长隧道	$200\mathrm{m}<L\leq 300\mathrm{m}$ 的非光学长隧道
	k 值	k	$0.5k$	$0.2k$
设计驾车速度		—	20~40km/h；60km/h；80km/h；100km/h；120km/h	

4) 光源色温因素

通过文献和调研可知，对于视觉适应而言，不仅存在亮度适应，也存在色温适应。隧道内外的亮度变化规律——折减系数受到光源色温的显著影响。这里光源的色温包含隧道外的天然光以及隧道内人工光源的色温。由于人眼存在视觉适应问题，导致在对洞外不断变化的色温基本适应之后进入隧道内部时难以适应内部光源色温，对折减系数产生显著的影响。

2.3.2　入口加强照明段适应时间概念及影响因素

1. 公路隧道入口加强照明段的适应时间

对本书而言，公路隧道具有大量明适应和暗适应问题，尤其是难以解决的暗适应问题。下面对本书的研究进行界定：

1) 本书中适应时间针对的对象

本书关于适应时间的研究主要是针对典型状态下的隧道洞外亮度和洞内中间段亮度之间的视觉适应问题，也就是入口加强照明段的视觉适应问题，该适应过程属于暗适应，且适应时间比较长。研究计划根据视觉功效中的反应时间数据和瞳孔变化数据求出既安全又舒适的适应时间长度，进而分析该时间对应的照明段长度。

2) 本书对适应时间定性为动态视觉适应

动态视觉适应问题是本书重点强调的问题，在此首先提出公路隧道动态视觉适应程度的概念。通过上述的分析，公路隧道通过各照明段（中间段除外）的动态视觉适应时间都是非充分适应，因此将公路隧道照明动态视觉适应定性为非充分适应，在非充分适应前提下的适应状态与动辄 10min 或 30min 的适应有本质区别。**本书提出将动态适应状态分为 1~4 级，分别为未适应、基本未适应、较未适应以及接近适应。**从程度上来说，四种状态是有着渐进趋势，具体的时长需要根据亮度变化程度的大小、驾驶速度的快慢等因素来决定，但是总体而言四级的适应时间长度逐步增加。

在未适应状态下，亮度变化非常大（适用于公路隧道洞外的接近段到入口段以及出口段到离开段的亮度变化），此时驾驶速度快，适应时间短，导致眼睛难以适应这种变化，在未适应的状态下完成这一段最艰难的暗适应。

在基本未适应状态下，亮度变化较大（适用于公路隧道照明入口段到过渡段及出口段的亮度变化），驾驶速度较快，适应时间较短，眼睛较难适应该状态，在基本未适应的状态下完成这一段暗适应过程。

在较未适应状态下，亮度变化一般（适用于公路隧道照明过渡段到中间段以及中间段到出口段亮度阶梯内的亮度变化），在驾驶速度较快的情况下，适应时间较长，眼睛较未适应该状态，在基本适应的状态下完成这一段适应过程。

在接近适应状态下（适用于一般隧道的中间段），在驾驶速度较快的情况下，该过程适应时间比较长，由于亮度变化较小，眼睛接近适应状态，在接近适应的状态下完成这一段适应过程。

需要说明的是，在超长隧道的中间段存在着完全适应状态，简单论证如下：如完全暗适应时间为 30min，驾驶速度为 80km/h，此时的驾驶长度为 40km；目前，中间段超过 40km 的公路隧道在全世界都非常少，一旦超过了则一般采取其他措施（如架设桥梁、开山修路等方式）来处理。

为了更加清楚地进行说明，下面列表2.18进行表达。

不同适应状态的定义 表2.18

适应状态	适用照明段	照明段长度	适应时间
未适应	公路隧道接近段到入口段；出口段到离开段	小	短
基本未适应	公路隧道照明入口段到过渡段及出口段亮度阶梯内	较小	较短
较未适应	公路隧道照明过渡段到中间段以及中间段到出口段	较小	较长
接近适应	一般隧道的中间段	大	长
完全适应	超长隧道的中间段（无实际案例）	很长	足够长

这里首次提出公路隧道照明不同适应状态的概念。不同的动态视觉非适应状态对应的适应时间长度是本书的主要研究内容之一。公路隧道各个照明阶梯的非充分适应时间（对应驾驶长度）也是本书需要重点解决的问题。

2. 入口加强照明段适应时间影响因素

如前面文献调研所述，入口加强照明段适应时间的长短不仅与人眼视觉细胞（锥状细胞和杆状细胞）的特点密切相关，其长度还与以下因素有关：

1）驾驶员（被试者）个体情况，如年龄、性别、身体状况、心理情况、所处环境等

根据一般试验室研究的结论，随着驾驶员年龄的增加，不管是明适应还是暗适应时间都会增加，但是还要结合年龄段的分布具体分析根据人的生理特点，一般在30岁之前适应时间越来越短，而30岁之后适应时间则越来越长。也就是说，在适应时间这个问题上存在拐点，到达一定的年龄以后就会由于适应时间过长，不再符合驾驶证申领的条件，这与我国相关法律规定相适应。驾驶员的个体情况对入口加强照明段适应时间的影响无疑是非常显著的。

2）适应前后的亮度差

一般而言，在其他条件相同的情况下，适应前后的亮度差越大，适应时间就会越长。但是，考虑到适应过程中既存在锥状细胞和杆状细胞的切换，还存在着视紫红质的分泌问题；另外由于变化前亮度过大导致的心理不适，会导致适应曲线出现拐点，而非一般的线性关系。对于公路隧道入口加强照明段而言，洞外亮度是在不断变化的，如指南和规范中所显示，在 $2500 \sim 5500 cd/m^2$ 之间；而洞内通过入口加强照明段之后的中间照明段的亮度则在 $1 \sim 3 cd/m^2$ 之间，二者的亮度差越大，对适应时间一般而言就越长。

3）适应前后的色温差

与亮度差相比，因为色温之间的差异较大，适应前后的色温差对适应时间的影响更加复杂，无法用简单的规律来进行描述。在此，可以用光谱光视效率曲线中的光视效率大小来描述：在同种视觉状态下，无论是在明视觉、暗视觉还是中间视觉下，光视效率差距越大（对应色温变化越大），反应时间越长。但是，在不同的亮度状态下，视觉会经历不同的变化过程，所以相对也更加复杂。对公路隧道入口加强照明段而言，洞外亮度在一天之内是不断变化的，早上和傍晚前后的天然光色温较低，而中午前后的色温则偏高，尤其是在多云天气。而目前洞内光源的色温多为确定值，导致驾驶员在进出隧道过程中存在明显

的色温适应问题。而这种色温差越大，人眼的适应机理就越复杂，适应时间就越长。

4）在前一种亮度和色温下适应（持续）时间

一般而言，在亮度和色温变化的前一种亮度、色温状态下持续的时间越久，眼睛得到的充分适应越大，那么转换到后一种亮度、色温情况下的时候，眼睛视觉细胞的变化就会更加复杂，一般而言也难以用简单的规律来进行说明，需要通过进一步的研究确定。对于公路隧道入口加强照明段而言，在前一种亮度和色温下的时间一般是较长的。对于比较特殊的情况，如出现在连续隧道时，人眼在前一种亮度和色温下的适应时间比较短，对于前一种亮度和色温的适应就比较充分，在适应后一种亮度和色温时人眼视觉细胞切换一般会更加复杂，时间就更长。

以上为后续反应时间影响因素的研究提供了方法论和依据。

2.3.3 各照明阶梯视觉适应长度概念及影响因素

1. 适应长度概念

适应长度属于视觉适应曲线中横坐标代表的指标，主要包含公路隧道入口加强照明段各照明阶梯的长度，总和即入口加强照明段光滑渐变的总长度，与适应时间（行驶时间）的概念结合考虑。两种长度在本书中同属于视觉适应曲线中各照明段长度，详见图 2.11。

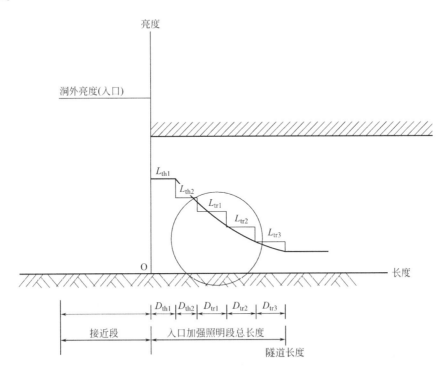

图 2.11 公路隧道入口加强照明段各照明阶梯适应长度示意图

注：从图 2.11 中可以看到，折线部分在横轴方向的长度：D_{th1}、D_{th2}、D_{tr1}、D_{tr2}、D_{tr3} 为入口加强照明段各照明阶梯适应长度，该长度关系到某功率光源的安装长度，各照明阶梯长度的总和即为入口加强照明段总长度，与图中从入口段开始的光滑渐变曲线在横轴方向的长度相同。

2. 规范中适应长度规定的对照

通过表2.10~表2.11中不同国家和地区及CIE对公路隧道照明各段长度规定可以总结出，目前，从行驶时间（长度）来看，隧道照明适应长度的规定存在如下问题：

（1）各种规范对隧道入口加强照明段的分段基本一致，大多分为入口段和过渡段，仅有日本分为分界段、过渡段和缓和段。

（2）各种规范对入口加强照明段长度的规定差异较大，除日本规范以外其他规范规定入口段长度范围为84.2~120m，行驶时间为3.8~5.4s（相差30%）；过渡段长度为222.2~294m，行驶时间为10~13.2s（相差24%）；合计长度为340.3~387m，合计行驶时间对应15.3~17.4s（相差12%），具体对照结果如表2.19所示。

各种规范对入口加强照明段长度规定差异 表2.19

照明分段	入口段		过渡段		入口加强照明段	
	最低值	最高值	最低值	最高值	最低值	最高值
长度(m)	84.2	120	222.2	294	340.3	387
时间(s)	3.8	5.4	10	13.2	15.3	17.4
差距(%)	30		24		12	

从表2.19可见，各种规范（日本规范除外）对公路隧道入口加强照明段长度规定差距较大，其中入口段差距最大，其次是过渡段，最后是各照明段长度的总和。差距大产生两种可能的结果：如果统一取大值，则入口加强照明段过长，导致照明能耗增大；反之，统一取小值，则可能会因为照明不足而引发安全隐患。总而言之，对隧道驾驶的安全性和舒适性起到的作用未明确。

（3）最后，各种规范确定各照明段长度时的规定依据也不尽相同，其依据总结起来包括：几何尺寸、行驶（适应）时间、直接规定，还有的照明段长度依据上述若干项的结合。详细情况见表2.20。

各种规范对公路隧道入口加强照明段长度规定依据 表2.20

规范	入口段		过渡段		
CIE	直接规定		行驶（适应）时间		
欧盟	直接规定		行驶（适应）时间		
英国	直接规定		行驶（适应）时间		
美国	几何尺寸		行驶（适应）时间		
中国	入口段1	入口段2	过渡段1	过渡段2	过渡段3
	几何尺寸	几何尺寸	若干项组合	行驶（适应）时间	行驶（适应）时间

表2.10~表2.11所示为各种规范所规定的公路隧道入口加强照明段长度具体值以及相关公式规定。表2.20则是总结对照后的入口加强照明段长度规定的依据。从表2.20中可以看出，世界各国对公路隧道入口加强照明段长度的规定依据各有不同，其中依据最多的是行驶（适应）时间，其次是直接规定，再次是几何尺寸，最后是若干项组合。

研究小结：

（1）虽然 CIE 规定反映出来的是光滑渐变的曲线，但是真正实施的时候为了灯具安装和灯具选型的方便，也同其他规范一样做成阶梯分段的形式。目前规范对阶梯长度的界定存在着很多不确定因素。

（2）各照明段长度之间的规定依据存在差异，导致各照明段长度也有很大不同。因此，有必要根据统一反映驾驶安全和舒适的指标来对各照明段长度进行分析和界定。

3. 各照明段适应长度的影响因素

公路隧道照明各照明段适应长度与该照明段或该照明阶梯的适应时间紧密相关，影响因素也与上一节中的适应时间影响因素相类似，包含了如下 3 点：

（1）被试者（驾驶员）个体的情况，如性别、年龄、身体状况、环境状况等，其变化规律与前述类似。

（2）车速。在适应时间不变的前提下，车速越快，相应的适应长度则会越长。

（3）隧道各个阶梯分段的精细程度、隧道内光源的色温和亮度变化。阶梯分段越细，适应时间越短；光源的色温差以及亮度差越大，适应时间越长。需要指出的是，公路隧道驾驶都在非完全适应的前提下进行，需要在研究中加以考虑。

2.3.4 入口段亮度安全可见阈值概念及影响因素

亮度安全可见阈值主要是根据 CIE 指南的相关规定对视觉适应曲线进行补充。CIE 在公路隧道和地下通道照明指南，即 CIE 88：2004 中指出：在回顾和定义了公路隧道和地下通道照明的各项因素之后，文件目前重点推荐研究昼间和夜间照明问题，为了适应这种内外部光线波动带来的问题而应采取的措施，还应考虑内部电源供应失效时的情况，以及备用电源电量不足的问题。另外，短隧道由于受到洞外太阳光的影响比较大，所以亮度也会明显降低，也存在着最低阈值问题。

1. 安全可见阈值概念

安全可见阈值可以理解为是在公路隧道照明特殊情况（电源供应失效、备用电源启动、车辆稀少、短隧道）下的一种亮度值，该亮度是保证公路隧道在应急照明、备用照明，或车辆减速等情况下基本可以满足安全通行或者撤离的安全可见亮度最低值。

为进一步明确该问题，下面对入口段亮度安全可见阈值进行相关说明和解释。根据 CIE 88：2004 的规定，当出现如下情况的时候需要保证最低亮度状况，而且指南同时指出这是目前研究中的欠缺所在。

（1）考虑到部分地区能源短缺、在用电高峰季节拉闸限电的实际情况，如果公路隧道内出现短时间停电的情况，在启动备用电源或应急电源的情况下不能充分满足照明需求时，应保证驾驶员在降速情况下的基本视觉需求所考虑的亮度阈值。

（2）考虑到很多新建成的隧道，由于在车流量短时间内很少的情况下，全工况运行耗能巨大、必要性不大，也应当考虑最低的亮度阈值。

（3）短隧道在降低各照明段亮度情况下，考虑保证安全舒适的最低路面亮度阈值。

而根据视觉适应曲线的规定，视觉适应曲线是渐变的，而渐变的起点，也就是隧道内亮度最高的地方是入口段，所以本书立足于公路隧道入口段亮度安全可见阈值，其他相关照明段亮度根据视觉适应曲线以及拟合出的公式进行相应的推导获得。

2. 安全可见阈值影响因素

公路隧道照明安全可见阈值的影响因素很多，与上述的具体条件相对应。另外，本书中亮度安全可见阈值的研究对象主要为视觉适应曲线的起点，也就是入口段的亮度值，所以还有以下具体影响因素：

（1）公路隧道入口段亮度安全可见阈值的大小受到隧道洞外亮度的影响，隧道洞外亮度的大小决定了洞内外的亮度差，亮度差越大，在亮度变化之后越不容易发现隧道内的目标物；

（2）洞外亮度下的适应时间同样影响着入口段亮度安全可见阈值的大小，所以在隧道外洞外亮度下的适应时间（驾驶长度）是必须确定的参数，适应距离和时间的长短对安全可见阈值影响显著；

（3）隧道内光源的色温以及隧道外天然光的色温也是隧道内入口段亮度安全可见阈值的影响因素。

具体的影响程度在后续的研究中进一步深化和细化，并得出最终的结论。

2.4 视觉适应曲线理论研究框架建构

2.4.1 理论建构原则

公路隧道驾驶的主要目标是保证公路隧道驾驶的安全性、舒适性和节能性，而安全性最为重要。公路隧道照明质量是影响驾驶安全、舒适、节能的主要因素之一，目的是解决在驾驶过程中的视觉适应问题，而照明质量的高低决定了视觉适应的优劣，从而进一步影响驾驶的安全、舒适和节能目标的实现。

高速公路交通安全的影响因素有很多，而人的因素占据绝对的主导地位。同样，评价隧道照明适应的方法也有很多，如：视觉功效、亮度梯度、色温效应等。本书认为，驾驶的安全性最重要，而评价照明对驾驶安全影响的根本因素是视觉功效，尤其是视觉功效中的反应时间和瞳孔变化要素。

本书的研究方法即为视觉功效法，利用视觉功效这一指标，研究考虑色温影响下的各照明段亮度变化规律、长度变化规律，以及隧道入口段亮度安全可见阈值，其中亮度变化规律和长度变化规律的综合形成基于视觉功效的修正后的视觉适应曲线，在该原则下的曲线可以保证驾驶的安全性。而从瞳孔变化角度出发，进行与反应时间的综合，则可以保证驾驶的舒适性，即瞳孔变化的剧烈程度反映出驾驶的舒适性，二者呈现负相关关系，瞳孔变化越剧烈驾驶越不舒适。最后，兼顾公路隧道照明的节能，进行公路隧道全生命周期能耗分析。在三者权衡的过程中，驾驶安全性第一，其次是舒适性，最后是节能性。也就是说研究过程中安全是第一考量因素。

2.4.2 理论研究框架建构

本书的基本理论框架主要是基于决定驾驶安全和舒适的视觉功效指标——反应时间和

瞳孔变化,用反应时间长短和瞳孔变化趋势(速率)来确定考虑了光源色温变化的公路隧道各照明段的亮度和长度变化规律,最终形成修正后的公路隧道照明视觉适应曲线。摒弃现有规定方式的不统一,并排除长度规定不明确等问题。

研究框架的建立依赖通过上述研究发现的问题。首先,动态视觉适应是首先需要解决的问题,采用新型光源可有效解决随视觉适应需求动态调光问题;其次,在视觉适应曲线中缺少对光源色温方面的考虑;最后,各国对视觉适应曲线规定中的依据以及亮度、长度规定混乱问题。

2.5 本章小结

公路隧道照明视觉适应理论研究框架的设定和建立是一个系统性问题,本章通过对公路隧道照明特征以及视觉适应相关理论的总结,进一步明确了视觉适应曲线的分段与研究要素,通过对视觉适应曲线4个组成内容及影响因素的分析,最终完成了视觉适应曲线理论研究架构。

(1) 对公路隧道照明明适应、暗适应、视觉滞后等基本视觉现象进行了总结,对亟待解决的视觉适应、足够亮度和环境舒适问题进行梳理,明确了公路隧道照明基本特征:白昼视觉适应困难,存在特殊视觉现象,应分段进行适应;进而对隧道照明亮度、色温的适应理论进行总结,提出利用视觉功效评价视觉适应的研究方法。

(2) 突出公路隧道照明视觉适应研究的作用和意义,即指导规范制定及提高隧道照明视觉功效;对视觉适应曲线的分段,包括接近段、入口段、过渡段、中间段、出口段、离开段等进行总结;对公路隧道照明视觉适应曲线的研究要素进行了梳理,包括公路隧道照明段长度和亮度两方面。

(3) 分析得到视觉适应曲线的两个研究要素由4个方面的内容组成:入口段亮度折减系数、入口加强照明段暗适应时间、各照明阶梯动态长度及入口段亮度安全可见阈值;明确4个方面的概念并对影响因素进行分析:①入口段亮度折减系数的影响因素为交通状况、设计驾驶速度、隧道长度以及光源色温;②入口加强照明段暗适应时间的影响因素为驾驶员个体情况、适应前后的亮度、色温差以及在前一种亮度色温下的适应时间;③各照明段视觉适应长度的影响因素为驾驶员个体情况、驾驶速度以及照明段划分精细程度;④入口段亮度安全可见阈值的影响因素为洞内外的亮度差、洞外亮度的适应时间以及洞内外光源的色温。

(4) 论述理论建构的原则:利用视觉功效研究视觉适应,保证公路隧道照明安全、舒适和节能;通过反应时间反映驾驶安全,通过瞳孔变化反映驾驶舒适的原则保证视觉适应曲线目标的实现。建构了本书的理论研究框架(图2.12),后续研究即以此为依据进行展开。

研究从视觉功效这一决定驾驶员安全、舒适的基本要素出发,统一进行亮度和长度规定的研究工作。充分保证在考虑了光源色温情况下的动态视觉适应曲线(包含折减系数、暗适应时间、阶梯长度和安全可见阈值等)的统一性和客观性。

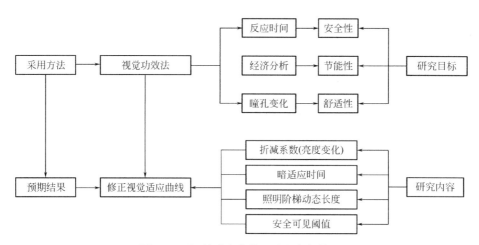

图 2.12 视觉适应曲线理论研究架构图

第 3 章

基于视觉适应的公路隧道照明调查研究

3.1 文献调研

3.2 现场调研

3.3 问卷调研

本章对于公路隧道照明视觉适应的调查研究分为三个方面,分别为:(1)文献调研;(2)现场实测调研;(3)问卷调研。最终针对所发现的问题设定后续研究。

调研的目的:验证文献调研结果,发现公路隧道照明中存在的实际问题。文献调研的内容很多是国外资料和文献,与我国的状况存在着较多差异,且实际隧道照明状况更加复杂,考虑的现场因素更多。最终调研结果为后续研究方案的制定提供依据。

调研的思路:首先,总结文献调研的结论并结合调研结论对不同光气候区的实际公路隧道照明基本参数(如灯具情况,路面亮度、照度,光源的色温、显色性、光谱等)进行测试,通过对测试数据的分析,验证文献调研的结论,并发现现场实际问题。其次,针对驾车驶过隧道的驾驶员对隧道照明现状的体验进行调查问卷设定,通过对问卷结果的分析更加细致得出其中存在的问题。最后,针对分析结论进行下一步的研究设定。

调研的依据:首先,调研依据文献调研所发现的问题,针对问题进行现场隧道的拍照、测试和分析工作,明确光源色温、亮度等对公路隧道照明视感受的影响,尤其是不同光源色温、显色性、可调光性能的影响。明确在路面亮度不同的前提下表观亮度和驾乘安全、舒适度的关联。其次,针对现场具体情况,现场初步解决有些隧道路面亮度不高、显色指数一般,但是由于色温高,显示出路面很清晰,小目标能见度更高,视觉功效或者视觉效率很高等问题。

3.1　文献调研

在前文的国内外研究现状部分已经对文献进行了梳理和总结,从不同色温下的公路隧道照明视觉适应研究的角度出发,文献调研发现的问题相对集中,总结如下:

1)不同地区公路隧道洞外光气候差别大,规范、标准规定混乱

由于国内外气候条件不同,导致天然光条件存在差异且我国不同光气候区的天然光状况也存在明显差异,进而影响到隧道内各照明段的路面亮度,国内规范直接或间接参考CIE以及日本、欧盟、美国的公路隧道照明指南、规范和标准内容,缺少与我国实际情况的适应性,存在较大的争议。既有研究中从地区适宜性的角度考虑不够,导致各国公路隧道照明规范、标准的规定混乱。

2)新型光源色温差异大,对隧道内照明影响大,既有研究缺乏

伴随着公路隧道照明光源的发展变化,MH、无极灯、LED等新型光源的性能提高显著,色温、亮度更加丰富甚至可调,光源的显色性和光效进一步提高。其中的LED光源单灯功率小,有利于艺术造型和调光。光源色温的变化一直以来都是CIE和世界各国隧道照明规范和标准中较少甚至未提及的地方,而这些指南、规范颁布时数据采集的对象是当时的既有光源(如HPS、荧光灯等)。CIE的公路隧道照明指南最新版是2004年颁布,距离现在已经有不短的时间,当时LED等新型光源采用还较少。故目前的文献成果中缺少对近年来光源色温变化的考量。

3)既有研究多采用静态工况,缺少动态分析

既有公路隧道照明研究中较多采用静态的描述,即静态论证不同色温的光源在公路隧道照

明不同亮度下的优劣，静态控制公路隧道各照明段的亮度和长度。而公路隧道照明是动态适应过程，既有研究中缺少针对公路隧道动态照明方面的考虑。公路隧道照明是从一种亮度和色温的光环境状况动态过渡到另一种亮度和色温的光环境状况，这是本书针对的主要工况。

为进一步发现公路隧道照明存在的问题，弥补文献调研发现的不足，下面首先对典型的公路隧道照明现场进行实地调研和测试，进而针对实际情况进行问卷调研，从而发现更多存在的问题。针对问卷调研的结果对不同色温下公路隧道照明研究的建立和设定提出针对性指引。

3.2 现场调研

经过对公路隧道照明文献的调研，发现各国公路隧道照明设计规范差别较大，洞内照明光源存在很大色温差异，洞外天然光的光色在不同国家和地区、不同时间段的差别大，色温及显色性有所差别。近些年来，随着 LED 的广泛应用，很多新建公路隧道大量采用 LED 光源进行照明或进行灯具替换工作，力求实现可调光及能源节约，但同时也忽视了隧道内光源色温变化对隧道驾驶安全舒适方面的影响。本章结合文献调研结果对现场公路隧道照明现状进行初步调研。

测试仪器介绍：CL-500 分光辐射照度计、XYI-Ⅲ数字照度计、LM-3 瞄点式亮度计、SWS100 能见度仪和现场测试反应时间的无线装置（自制），见表 3.1。

隧道现场调研测试仪器　　　　　　表 3.1

仪器名称	仪器图片	仪器参数
CL-500 分光辐射照度计		测量范围为 $0.1\sim10^5$ lx(色度显示在 5lx 以上)，测量精度为显示值的±2％数值
XYI-Ⅲ数字照度计		测量范围为 $0.01\sim10^5$ lx，测量精度为±4％
LM-3 瞄点式亮度计		测量范围为 $0.001\sim5.0\times10^6$ cd/m^2；亮度测量精度为±5％，亮度精度等级为一级

续表

仪器名称	仪器图片	仪器参数
SWS100 能见度仪		测试范围为 10~40km;测量精度≤5%
现场反应时间测试无线装置(自制)		测试范围为 0~2000ms;测量精度为 1ms

(1) 对多个隧道现场进行了图片采集和前期测试工作,表 3.2 显示了光源色温不同的隧道的照明情况。

光源色温不同隧道照明情况　　　　　表 3.2

公路隧道照明	代表性图片
高色温(5580K)高显色性(78.3)光源	
低色温(2110K)低显色指数(27.4)光源	
进出的双向洞口分别为不同色温(左洞 2260K;右洞 5740K)光源	

从表 3.2 可以看出，公路隧道洞内光源的色温和显色性差别很大，直观上使公路隧道驾驶人员在视觉感觉上产生很大的差异，容易对驾驶的安全和舒适产生影响。如低色温的红色及黄色光容易让人产生燥热以及昏昏欲睡的感觉，不能对驾驶员起到提振精神的作用；而高色温的光源则会让人觉得寒冷，产生不舒适感，严重者甚至会产生恐怖感。低的显色指数会使人看不清路上的指示牌、标语乃至障碍物，从而埋下安全隐患。

（2）研究进一步针对国内外不同隧道洞外光气候状况进行拍照和初步测试，表 3.3 显示的是国内外不同隧道洞外光气候状况和洞外天然光光色差异。

国内外不同隧道洞外光气候状况　　　　　　　　　　　表 3.3

隧道所在区域	典型图片
国外：美国明尼苏达州 61 号公路上的某隧道洞外光气候状况（大气透明系数 0.874，洞外亮度 6230cd/m²）	
国内：某隧道洞外光气候状况（大气透明系数 0.601，洞外亮度 4572cd/m²）	

从表 3.3 中可以看出，洞外亮度以及大气透明系数差别很大，这主要跟当地的光气候状况相关。近些年来，我国部分地区雾霾、沙尘暴等天气的广泛出现导致光照强度及大气透明度产生大幅的降低，也导致国内外光气候差异更为显著。另外，我国存在着不同的光气候分区，而不同光气候分区的光气候之间的差别非常大。以下对我国的光气候状况进行现场调研。

3.2.1　光气候调研

近些年来，随着我国经济增长速度的加快，各地区空气质量明显下降，多个地区出现雾霾、沙尘暴等天气现象，对大气透明度造成影响。我国光气候分区分为 5 个区，各个光气候区之间从典型城市拉萨（Ⅰ区）到重庆（Ⅴ区）光气候相差很大[69]。

研究针对我国不同光气候分区进行了现场调研拍摄及测试，拍摄到的公路隧道洞外天然光状况以及初步测试结果对照见表 3.4。

我国不同光气候分区隧道洞外天然光状况图　　　　　　表3.4

气候分区	地区	图片
光气候Ⅰ区	西藏自治区拉萨市（大气透明系数：0.923,洞外亮度:6325cd/m²)	
光气候Ⅱ区	内蒙古自治区呼和浩特市（大气透明系数:0.806,洞外亮度:5460cd/m²)	
光气候Ⅲ区	北京市（大气透明系数:0.607,洞外亮度:5120cd/m²)	
光气候Ⅳ区	福建省福州市（大气透明系数:0.540,洞外亮度:4680cd/m²)	
光气候Ⅴ区	重庆市（大气透明系数:0.503,洞外亮度:3876cd/m²)	

3.2.2 实地调研

实地调研中进行了现场试验,现场试验的主要目的是验证文献调研及问卷调研中发现的问题,查找现场存在的具体问题。

现场试验步骤:通过照度计、亮度计和光谱分析仪等测试隧道的路面亮度、照度、灯具的光谱等参数,测量和调研各照明段设计亮度、亮度均匀度、各照明段的长度、灯具的类型、色温和功率等参数,结合不同隧道的相关参数进行对照分析,得出结论。以下为对重庆两座隧道进行的现场初步调研和测试工作的过程和成果。

1. 现场调研总结

现场调研首先反映出国内不同光气候区的洞外天然光状况差异很大。其次,发现公路隧道照明现场明显存在着光源色温、显色性等参数不同、照明效果不同,对视觉适应的影响差别大的现象。在不同隧道在路面亮度较为接近的前提下,由于色温的原因导致有的隧道表观亮度更大,该现象值得后续进行光源色温对公路隧道照明影响的深入研究。

下面将通过问卷调查研究以数据说明哪种情况下的安全性、舒适性更好,来更好反映光源色温等参数的影响。

2. 重庆市典型公路隧道调研

2015年12月,对重庆市两江新区盛唐路隧道及"一横线"铜锣山隧道进行了现场的初步调研和实测工作。现场封路做试验对场地的要求非常高,首先是公路隧道的车流量非常大,封路对实际交通影响太大;其次是试验要求公路隧道建设的阶段应为照明施工部分竣工不久的验收阶段,太早则未完工(灯具未安装),太晚则会受到车辆运行的影响,两个隧道之间还需要协调,且两个隧道光源的色温应有典型性、代表性和可对比性。测试地点区位见表3.5。

两座隧道测试地点区位　　　　　　　　　表3.5

隧道名称	盛唐路隧道	"一横线"铜锣山隧道
区位图(圆圈处)		

两条隧道的基本情况如下:

(1)重庆市两江新区盛唐路隧道位于重庆龙兴工业园内,隧道全长1330m,施工难度大、安全要求高,洞口开挖面积221m^2。隧道最宽21m,最高约13m。隧道内安装的照明光源为HPS,灯具采用沿着隧道顶部两侧对称布置方式。

(2)重庆市"一横线"铜锣山隧道位于重庆市快速干道"一横线"。"一横线"位于重庆市"五横线"中的最北端,为城市快速路,为穿越铜锣山脉而修建,隧道全长 2880m,为双洞双向六车道隧道。隧道入口宽 14.3m,高约 8m。隧道内安装的照明光源为 LED,灯具同样采用沿着隧道顶部两侧对称布置的形式。

测试方案:针对隧道现状,使用表 3.1 中所列仪器进行封路后测试。其中,用 CL-500 分光辐射照度计测试公路隧道光源的色温、光谱等参数;用 XYI-Ⅲ 数字照度计、LM-3 瞄点式亮度计公路隧道各照明段路面亮度、照度值。

现场测试图片见表 3.6。

隧道测试现场图片　　　　　表 3.6

隧道名称	现场图片
盛唐路隧道	
"一横线"铜锣山隧道	

通过测试，盛唐路隧道现场光源色温为1980K，显色指数为68。隧道路面采用黑色沥青混凝土，表面反射比为0.35；低处墙面为白色面砖饰面，反射比为0.67；顶部采用黑色粉刷，反射比为0.21。

"一横线"铜锣山隧道现场光源色温为5300K，显色指数为75。隧道路面同样采用黑色沥青混凝土，表面反射比为0.32；低处墙面为白色面砖饰面，反射比为0.58；顶部同样采用黑色粉刷，反射比为0.18。

测试数据见表3.7。

两条隧道基本测试参数　　　　　　　　　　　　　　　　表3.7

隧道名	光源类型	色温(K)	显色指数	入口段路面平均亮度(cd/m^2)	反射比		
					路面	低墙	顶部
盛唐路隧道	HPS	1980	68	140.3	0.35	0.67	0.21
"一横线"铜锣山隧道	LED	5300	75	102.8	0.32	0.58	0.18

现场调研结果表明：重庆市的这两座隧道在各界面材料、反射比以及灯具布置方式方面都比较接近，差距比较大的主要是光源类型以及色温等参数。通过表3.6中的图片和表3.7可以看出：色温比较高的"一横线"铜锣山隧道表观亮度比盛唐路隧道大很多。经过实际测试，铜锣山隧道入口段路面平均亮度为$102.8cd/m^2$；而色温较低的两江新区盛唐路隧道显得明显要昏暗一些，但是经过测试，其入口段平均亮度高达$140.3cd/m^2$。也就是说实际亮度值跟人的心理感受差别很大。经过对隧道的详细测试，两座隧道各照明段亮度见表3.8。

两座隧道各照明段亮度（cd/m^2）实测值　　　　　　　表3.8

隧道名	接近段	入口段1	入口段2	过渡段1	过渡段2	过渡段3	中间段
盛唐路隧道	4536	140.3	72.6	21.8	6.2	2.8	2.5
"一横线"铜锣山隧道	3842	102.8	51.8	17.5	5.8	2.2	2.1

从表3.6～表3.8可以看出：

(1) 不同隧道的光源色温和亮度相差很大，根据我国的JTG/T D70/2—01—2014，色温高的"一横线"铜锣山隧道入口段亮度未达标，而色温低的盛唐路隧道达标。

(2) 从视觉的主观感受来看，高色温LED光源下的路面亮度比低色温HPS光源下的路面亮度大很多。实际亮度测试的结果却相反，也就是说从驾驶人员的直观角度会感觉低亮度的LED光源反而比高亮度的HPS更亮。

(3) 通过现场对光源的进一步调查得出，高色温LED光源的功率明显小很多，且能耗更小。

3.3　问卷调研

3.3.1　问卷调研设定

针对以上文献调研和现场调研的基本成果，为更好地发现公路隧道照明中存在的问题,本次问卷调研针对上述两个隧道,即重庆市的盛唐路隧道和"一横线"铜锣山隧道的照明情况、驾驶员驾车通过该隧道过程中的感受,以及隧道驾驶经验,对通过隧道的实际驾驶者进行相关调查。调查地点设在出隧道后第一个停车加油点附近的空地上。

调研的内容设定主要涵盖以下 4 个方面内容,第一是答卷人员组成及基本情况。第二是公路隧道照明的根本目的,包含安全性、舒适性和节能性 3 个方面。第三是以文献调研和现场调研的结果为调研对象,针对文献调研中发现的 3 大问题,即:不同地区公路隧道洞外光气候差别大,规范、标准规定混乱;新型光源色温变化大,对隧道内照明影响大,既有研究缺失;既有研究多采用静态工况,缺少动态分析;以及现场调研结论:在亮度相同的情况下,色温是决定视觉适应的重要因素。第四针对视觉适应曲线的可能组成,包含多个主要方面,分别是:公路隧道入口段亮度动态折减系数、入口加强照明段暗适应时间、各照明阶梯动态长度以及入口段亮度安全可见阈值等。

由于问卷较繁杂,故将调研问卷的详细内容(包括样卷和部分被调查者问卷各 1 份)列于附录 A 中。

3.3.2 问卷调研结果

本次调研一共发放调研问卷 200 份,其中电子版 50 份(供开车着急赶路的驾驶员填写,填后发到邮箱),纸质版 150 份;最终有效问卷 188 份,有效率 94%,基本满足研究需求。根据以上的问卷设定,得到如下调研结果。

1. 被调查者基本情况

男性 102 名,占 54.3%;女性 86 名,占 45.7%,总计 188 人。测试者年龄均在 20~50 岁之间,其中 20~30 岁之间 56 人,占 29.8%;30~40 岁之间的测试者 90 人,占 47.9%;40~50 岁之间 42 人,占 22.3%。视力及矫正视力均在 0.8 以上,驾龄从 2 年到 18 年不等。

被调查者选择原则为,主要考察驾车通过隧道的驾驶员,人员选择具随机性,最终根据回收问卷的情况来进行剔除(如填写不规范、显著存在主观故意等)。

2. 针对公路隧道照明的根本目的的调查

公路隧道照明的根本目的是保证公路隧道驾驶安全、舒适和节能。

本次调查的主要内容包括:驾车穿过隧道的频率;驾车走隧道是否方便;与一般道路驾驶相比,隧道驾驶的安全性;对隧道行驶的总体感觉;隧道驾驶使人害怕的原因;公路隧道照明费用高低。以上问题的调查结果中被调查者数目及分布比率如下。

(1)被调查者穿隧道的频率及分布比率见表 3.9。

被调查者穿隧道的频率   表 3.9

穿隧道频率	每天	每周	每半个月	每个月
选择人数(人)	23	57	82	26
所占比率(%)	12	30	44	14

(2)此项调查关系到驾驶的方便性问题,对于隧道驾车是否方便情况的被调查者数目及分布比率见表 3.10。

隧道驾车是否方便 表 3.10

隧道驾车是否方便	很方便	比较方便	不太方便	不方便
选择人数（人）	62	87	34	5
所占比率（%）	33	46	18	3

（3）隧道驾驶安全性是首位的，其重要程度远远高于其他项，其被调查者数目及分布比率见表 3.11。

隧道驾驶安全性 表 3.11

隧道驾驶安全性	高很多	略高	略低	低很多
选择人数（人）	27	103	39	19
所占比率（%）	14	55	21	10

（4）对于隧道行驶总体感觉，被调查者数目及分布比率见表 3.12。

隧道行驶总体感觉 表 3.12

隧道行驶总体感觉	舒适轻松	比较舒适	不舒适	恐怖可怕
选择人数（人）	35	82	51	20
所占比率（%）	18	44	27	11

（5）对于隧道驾驶使人害怕的原因，被调查者数目及分布比率见表 3.13。

隧道驾驶使人害怕的原因 表 3.13

隧道驾驶害怕原因	光线昏暗	环境封闭	车道较少	通风不良	发生事故难逃生
人数（人）	61	41	11	3	37
所占比率（%）	40	27	7	2	24

（6）在此希望通过问卷初步掌握驾驶者对公路隧道照明费用的认知，后续会更多通过实际测试来反映问题。对于这一问题，被调查者数目及分布比率见表 3.14。

公路隧道照明费用 表 3.14

公路隧道照明费用高低	很高	比较高	一般	不太高	很低
人数（人）	39	90	36	22	1
所占比率（%）	20.7	47.9	19.1	11.8	0.5

为了更加直观地体现数据关系，将表 3.9～表 3.14 的成果进行图形化，将数据转化为如表 3.15 所示的饼图。

3. 针对文献调研和现场调研结果的调查

本部分调查主要针对不同规范规定不同、洞外光气候差别较大、洞内色温及亮度不同等问题。对应问卷内容为 7～12 条，依次为：进隧道前的天然光对驾驶的影响；出隧道之后的天然光对驾驶的影响；在进、出隧道时影响最大的时间段；公路隧道内光环境的舒适程度；光环境不舒适的原因；感觉哪一种公路隧道更舒适的照明。被调查者人数及分布比率如下：

表 3.9~表 3.14 调研结果饼图汇总　　　　　　　　　　　表 3.15

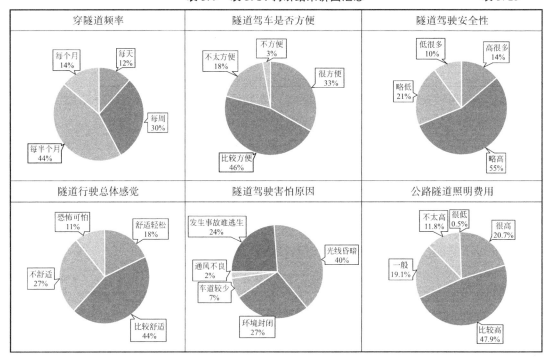

（1）针对进隧道前天然光对驾驶安全的影响，被调查者人数及分布比率见表 3.16。

进隧道前的天然光对驾驶安全的影响　　　　　　　　　　表 3.16

进隧道前的天然光对驾驶安全的影响	显著影响	有点影响	影响很小	没影响
人数（人）	118	43	26	1
所占比率（%）	62.5	23	14	0.5

（2）针对出隧道后天然光对驾驶安全的影响，被调查者人数及分布比率见表 3.17。

出隧道后的天然光对驾驶安全的影响　　　　　　　　　　表 3.17

出隧道后的天然光对驾驶安全的影响	显著影响	有点影响	影响很小	没影响
人数（人）	126	55	5	2
所占比率（%）	67	29	3	1

（3）针对进、出隧道时影响最大的时间段，被调查者人数及分布比率见表 3.18。

对进、出隧道时影响最大的时间段　　　　　　　　　　　表 3.18

对进、出隧道时影响最大的时间段	早上	上午	中午前后	下午	晚上
人数（人）	1	17	148	20	2
所占比率（%）	0.5	9	79	10.5	1

（4）公路隧道光环境是否舒适相当重要，针对公路隧道光环境的舒适程度，被调查者人数及分布比率见表 3.19。

第3章 基于视觉适应的公路隧道照明调查研究

公路隧道光环境舒适程度　　　　　　　　　　　　　　　　　　　　表 3.19

公路隧道光环境舒适程度	很舒服	比较舒服	一般	比较不舒服	不舒服
人数（人）	21	24	33	89	21
所占比率（%）	11	13	18	47	11

（5）有 110 人（58%）认为光环境不舒适，针对不舒适的原因，被调查者人数及分布比率见表 3.20。

公路隧道光环境不舒适原因　　　　　　　　　　　　　　　　　　　表 3.20

光环境不舒适原因	光线太暗	光线可以但是看不清东西	光线刺眼	导向性不强
人数（人）	57	26	9	18
所占比率（%）	52	24	8	16

（6）问卷设定了目前公路隧道中常见的 HPS、LED 等照明的隧道以及两种光源相间布置的情况，调研何种照明情况下更舒适。针对这一问题，被调查者人数及分布比率见表 3.21。

何种照明下更舒适　　　　　　　　　　　　　　　　　　　　　　表 3.21

何种照明下更舒适	HPS	LED	上述两种相间布置
人数（人）	44	71	73
所占比率（%）	23	38	39

为了更加直观地体现数据之间的关系，将数据转化为表 3.22 所示的饼图。

表 3.16～表 3.21 调研结果饼图汇总　　　　　　　　　　　　　　表 3.22

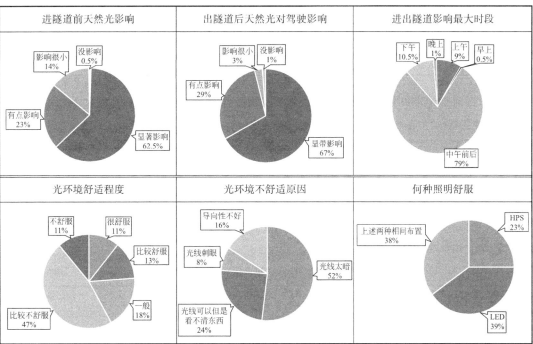

4. 视觉适应曲线所包含内容

此部分内容包含：入口段亮度折减系数、入口加强照明段暗适应时间、各照明阶梯动态长度、入口段亮度安全可见阈值等方面。

对应问卷调研内容包括13～25条，分别为：隧道是否够亮；哪部分亮度更重要；隧道照明均匀度；明暗交接是否明显；哪部分光线更舒适；各照明段亮度需要如何处理；进隧道多久之后感觉视觉舒适；每一段照明段长度是否合理；是否碰到亮度严重不足的隧道；现存隧道的问题有哪些。

以上问题的被调查者数量及分布比率如下。

(1) 针对隧道是否够亮，被调查者人数及分布比率见表3.23。

隧道是否够亮 表3.23

隧道是否够亮	全部	大部分	基本上	小部分	都不够
人数(人)	0	2	39	34	113
所占比率(%)	0	1	21	18	60

(2) 针对隧道哪一部分亮度更重要，被调查者人数及分布比率见表3.24。

隧道何部分亮度更重要 表3.24

隧道何部分亮度更重要	地面	低处墙面	高处墙面	顶棚	检修道
人数(人)	109	37	16	17	9
所占比率(%)	58	20	8	9	5

(3) 针对隧道照明的均匀性，被调查者人数及分布比率见表3.25。

隧道照明均匀性 表3.25

隧道照明均匀性	很均匀	基本均匀	一般	基本不均匀	很不均匀
人数(人)	1	17	42	96	32
所占比率(%)	0.5	9.0	22.3	51.2	17.0

(4) 针对隧道照明明暗交接的显著性，被调查者人数及分布比率见表3.26。

隧道照明明暗交接显著性 表3.26

隧道照明明暗交接显著性	很明显	比较明显	一般	比较不明显	无明暗交接现象
人数(人)	37	85	39	25	2
所占比率(%)	20	45	21	13	1

(5) 公路隧道包含多个照明段，哪一部分光线更舒适很重要。针对这一问题的被调查者人数及分布比率见表3.27。

公路隧道何部分光线更舒适 表3.27

公路隧道何部分光线更舒适	刚进隧道	进隧道一小段	进隧道很久后	快出隧道处
人数(人)	7	38	97	46
所占比率(%)	4	20	52	24

(6) 针对隧道刚进隧道处照明需要调整问题，被调查者人数及比率见表 3.28。

隧道刚进隧道处照明需要如何调整　　　　　　表 3.28

刚进隧道处照明需要如何调整	明显加强	略微加强	略微减弱	明显减弱
人数(人)	126	35	25	2
所占比率(%)	67	19	13	1

(7) 针对隧道进隧道一小段处照明需要调整问题，被调查者人数及分布比率见表 3.29。

进隧道一小段处照明需要如何调整　　　　　　表 3.29

进隧道一小段处照明需要如何调整	明显加强	略微加强	略微减弱	明显减弱
人数(人)	41	107	38	2
所占比率(%)	22	57	20	1

(8) 针对隧道进隧道很久后照明需要调整问题，被调查者人数及分布比率见表 3.30。

进隧道很久后照明需要如何调整　　　　　　表 3.30

进隧道很久后照明需要如何调整	明显加强	略微加强	略微减弱	明显减弱
人数(人)	14	76	85	13
所占比率(%)	8	40	45	7

(9) 针对出隧道处照明需要调整问题的被调查者人数及分布比率见表 3.31。

出隧道处照明需要如何调整　　　　　　表 3.31

快出隧道处光线如何调整	明显加强	略微加强	略微减弱	明显减弱
人数(人)	47	97	34	10
所占比率(%)	25	52	18	5

(10) 进隧道多久之后感觉视觉舒适是用来表达照明舒适的重要选项。针对这一问题的被调查者人数及分布比率见表 3.32。

进隧道多久后感觉视觉舒适　　　　　　表 3.32

进隧道多久之后感觉视觉舒适	几秒钟	几分钟	半小时	几小时
人数(人)	79	72	35	2
所占比率(%)	42	38	19	1

(11) 该点对驾驶者来说相对难选择，相对而言有一定的专业性。针对每一段照明段长度是否合理，被调查者人数及分布比率见表 3.33。

每一段照明段长度是否合理　　　　　　表 3.33

各部分长度设置合适否	合适	比较合适	一般	比较不合适	不合适
人数(人)	29	44	87	25	3
所占比率(%)	15.4	23.4	46.3	13.3	1.6

(12) 针对是否碰到过开通不久、电力不足隧道，被调查者人数及分布比率见表 3.34。

是否碰到过开通不久、电力不足隧道　　　　　　　　　　　　　　　表 3.34

有无碰到开通不久、电力不足隧道	有	没有
人数（人）	22	166
所占比率（%）	12	88

（13）只有少数的人碰到过电力不足，需要使用备用照明的隧道，而针对碰到电力不足隧道的主要问题，被调查者人数及分布比率见表 3.35。

电力不足隧道的主要问题　　　　　　　　　　　　　　　表 3.35

电力不足隧道的主要问题	亮度不足	灯光不稳定	通风不畅	指示牌显示不准
人数（人）	6	7	4	5
所占比率（%）	27	32	18	23

为了更加直观地体现数据，将数据转化为如表 3.36 所示的饼图。

表 3.23～表 3.35 调研结果饼图汇总　　　　　　　　　　　　　　　表 3.36

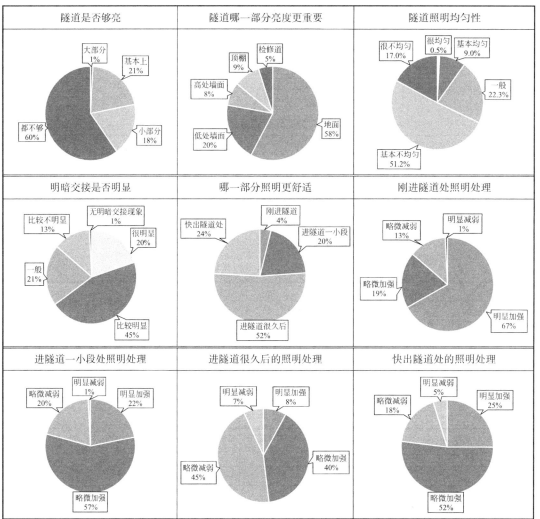

续表

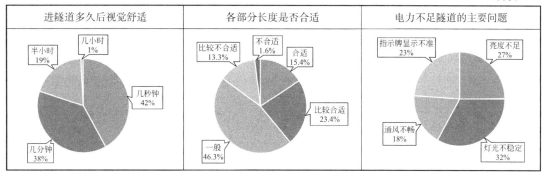

5. 理想中的公路隧道照明光环境状况

该部分属于开放性问答题，被调查者的意见较多，而且聚焦的点也有所差异，下面就其中比较集中的部分整理如下：

尽量使眼睛不要过度频繁地重新适应，导致眼睛看不清；整个行驶过程中应保持照明光线均匀；刚进入和准备出隧道时，隧道内外的亮度变化要有过渡；隧道内部的照明要在保证视线的基础上节约能耗；隧道内的光源色温能够跟太阳光接近一点；隧道内照明整体再亮一点。

3.3.3 问卷调研分析

从问卷调研结果来看，不同被调查者之间存在不同的看法，现针对公路隧道照明基本目的、文献和现场调研结果、视觉适应曲线组成进行如下分析：

1. 针对公路隧道照明基本目的

我国幅员辽阔，山地面积多，为方便交通，修建隧道非常普遍。在有隧道的地区，多数人驾车穿过隧道的频率是每半个月甚至每周一次，分别占 44% 和 30%。另外，伴随着市区或者近郊隧道的增加，每天都穿过隧道的人也占到了 12%。隧道成为很多人生活的必需品，大大缩短了交通距离，提高了出行效率。

有 79% 的人认为隧道驾车很方便或比较方便，提高了生活的效率；有 18% 的人觉得隧道行驶总体感觉舒适轻松，感到比较舒适的有 44%；需要关注的是有 27% 的人感觉隧道行驶不舒适，并且有 11% 的人觉得隧道驾驶恐怖可怕。

有 14% 的人觉得隧道驾驶安全性比道路高很多，有 55% 的人觉得隧道驾驶安全性比道路略高，需注意的是 21% 的人觉得隧道驾驶安全性比道路低，且有 10% 的人觉得隧道驾驶安全性比道路低很多。由于多种原因导致隧道这个半封闭体内的驾驶体验差别很大，但存在很多人对隧道行车方便性、舒适性和安全性存在不满。

有 40% 的被调查者认为隧道驾驶可怕的原因主要是光线昏暗，27% 的人认为是由于环境封闭，24% 的人认为是逃生难。光线昏暗是首要的问题，仅有 11% 的被调查者认为公路隧道光环境很舒服，另外有 13% 的人感觉光环境比较舒服。

有 47.9% 的被调查者认为公路隧道照明的费用比较高，20.7% 认为很高，有 31.4% 的被调查者认为该费用一般、不太高或很低。加大灯具安装密度提高公路隧道路面亮度的想法是正确的，但是亟待与费用支出的联合考虑。

2. 针对文献和现场调研结果

有62.5%的被调查者认为接近段（进隧道前）的天然光对驾驶的影响显著；67%的被调查者认为离开段（出隧道后）的天然光对驾驶的影响很大；在进出隧道时，有79%的被调查者认为对照明影响最大的时间段是中午前后。说明洞外的天然光对入口段和出口段的照明影响都比较大，而且对照明影响最大的时间段是日光最强的中午前后，此时亮度差大，人眼视觉适应最困难。

有60%的人认为目前的隧道完全不够亮，说明了隧道照明还有待加强。有58%的被调查者认为地面亮度比其他部分更重要，其次是20%的人认为低处的墙面亮度更重要，凸显了路面亮度的重要性。

有52%的人认为隧道内照明不舒服的原因是光线太暗，其次是24%的人认为光线没有问题但是看不清物体，该项反映出隧道照明显色性较低的问题。该调查反映了目前较多人感觉到隧道驾驶的不安、恐惧和害怕主要是因为光线昏暗和环境封闭，而环境封闭在隧道中较难解决，但是光线昏暗与隧道照明的数量和质量相关，光源显色性不够高，导致感觉看不清小目标物，说明在隧道照明的数量和质量还有待提升。

有38%的被调查者认为LED光源照明下更舒适，有39%的被调查者认为HPS和LED相间布置下的照明更舒适，剩下23%的人认为HPS下照明更舒适，说明LED光源在隧道照明中的应用必要性很大。

3. 针对视觉适应曲线组成

有51.2%的被调查者认为隧道照明基本不均匀，甚至有17%的人认为隧道照明很不均匀，以致有45%的被调查者认为隧道明暗交接比较明显，另有20%的人认为隧道内路面照明的明暗交接很明显。这些调研结果充分证明，公路隧道照明无论是在照明光源的选择、路面亮度、低处墙面亮度还是照明均匀性上都需要加强。

有52%的被调查者认为进隧道很久以后也就是中间段的照明更加舒适，而24%和20%的人分别认为快出隧道处和进隧道一小段处更加舒适，与这些照明段亮度稳定、接近出口处心态更轻松等因素有关。

67%的人认为刚进隧道处（入口段）照明应当明显加强，57%的人认为进隧道一小段处（过渡段）照明应当略微加强；有45%的人认为进隧道很久后（中间段照明）应当略微减弱，而同样有40%的人认为中间段照明应当略微加强；52%的被调查者认为快出隧道处（出口段）的照明应当略微加强，有25%的人则认为出口段照明应当明显加强。总体而言，被调查者对公路隧道各照明段的照明需求大多比实际隧道更高。

42%的被调查者认为进隧道几秒钟后视觉舒适，38%的人认为几分钟后视觉舒适，另外还有19%和1%的人认为要半小时甚至以上才能视觉舒适。

46.3%的被调查者认为目前隧道各照明段长度合适程度为一般，分别有23.4%、15.4%和13.3%的人认为比较合适、合适和比较不合适。被调查者对各照明段长度方面的现状看法不一。

88%的人没有碰到过隧道电力不足的情况，表明目前的公路隧道电力系统的保障率较高。在碰到过的12%的人群中，有32%的被调查者认为电力不足隧道的主要问题在于灯光不稳定，27%的人认为问题在于亮度不足，23%的人认为问题在于指示牌显示不准。

3.3.4 问卷调研结论

通过以上对问卷调查数据的分析，得出如下结论：

1. 针对隧道照明的目的

我国山地众多，隧道大大便利了交通，方便了物流。隧道驾驶感觉比较舒适，与一般道路驾车相比，安全性有所提高，但是在隧道内驾驶令人视觉上有些不舒适，不舒适的原因主要是光线昏暗以及环境封闭；被调查者大多能够认识到公路隧道照明费用比较大，但是仍然有很多人对照明费用了解甚少，值得进行能耗方面的分析。

2. 针对文献和现场调研

洞外天然光的色温和亮度对洞内的照明舒适度有较大影响，不同天然光情况对洞内亮度影响有差异，无论是公路隧道入口段还是出口段天然光的影响都比较大，而影响最大的时段是亮度差最大的中午前后。不同隧道内的光源不同，将 LED 和 HPS 以及二者结合的情况进行对照，发现 LED 及两种灯具结合的情况下更加舒适，凸显出对光源色温影响研究的重要性。

3. 针对视觉适应曲线

公路隧道内路面的亮度比其他地方更重要，隧道内的路面亮度不够均匀，中间段的亮度更舒适，公路隧道各照明段的亮度都应有所增加；大部分人认为进隧道几秒钟到几分钟后视觉才比较舒适，反映了暗适应时间研究的重要性；在对公路隧道各照明段长度认识方面偏差比较大；电力不足的隧道较少有人遇到，遇到过的被调查者认为电力不足隧道的最大问题依次是灯光不稳定和路面亮度不足。

3.4 本章小结

本章是对不同色温下公路隧道照明现状的调研工作，调研分为文献调研、现场调研及问卷调研 3 部分。

（1）通过文献调研，得出目前公路隧道照明存在着不同地区公路隧道洞外光气候差别大，规范、标准规定混乱的问题；新型光源色温变化大，对隧道内照明影响大；隧道洞外亮度和色温变化大，既有研究多采用静态工况，缺少动态分析等问题。

（2）通过对国内外不同地区公路隧道拍照、实测及实地调研得出，国内外及我国不同光气候分区的公路隧道洞外光气候差异很大。针对重庆市两个采用不同光源的隧道进行现场调研和初步实测，得到采用不同发光机理光源的隧道路面亮度、反射比等参数及光源色温、显色性等指标，发现存在着色温差异大导致视觉亮度感觉迥异的现象，导致驾驶员视觉适应有所差别。

（3）针对文献调研的目的、文献和现场调研结果、视觉适应曲线的组成 3 个方面对公路隧道照明现状展开问卷调研，得出如下结论：①隧道便利了交通，驾车穿越隧道存在视觉不舒适，存在不舒适的原因多为照明昏暗，驾驶员广泛希望多数照明段的亮度可以提高，可以更多关注照明的能耗问题；②应充分关注隧道内外光源色温和显色性指标，提高照明均匀性，更加关注洞外天然光亮度对洞内照明效果的影响（尤其是正午前后），可以考虑采用LED光源提供更高的舒适度；③公路隧道内路面的亮度最重要，隧道内的路面亮度均匀性应增加，中间段的亮度更舒适，公路隧道各照明段的亮度都应有所增加；在对公路隧道各照明段长度认识方面偏差比较大；电力不足的隧道较少有人遇到，但是遇到的被试者认为电力不足隧道的最大问题依次是灯光不稳定和路面亮度不足。

（4）对研究设定的意义在于，该部分研究从对文献调研的总结出发，通过现场实测和问卷调研得出如下结论：在公路隧道照明视觉适应中，不仅包含亮度和照度适应，还包括了色温、显色性等的适应，目前主要的问题是无论规范、标准、文献还是实际中都较少关注色温等对视觉适应的影响，所以考虑色温因素的新型光源下的视觉适应值得研究。该结论可为后续研究提供实践基础，是本书研究的出发点。结论可以为视觉适应曲线的4个组成要素提供研究方向指导：即入口段亮度折减系数、入口加强照明段暗适应时间、各照明阶梯动态长度和入口段亮度安全可见阈值。调研结果还可为要解决的最终目标即：不同色温照明下的公路隧道驾驶安全、舒适和节能做出指引。

第 4 章
视觉功效试验的设定和建立

4.1 试验设定中视觉功效随视觉适应的变化规律
4.2 适于隧道光环境的视觉功效试验设定和建立
4.3 基于视觉适应的视觉功效试验参数选择

4.1 试验设定中视觉功效随视觉适应的变化规律

4.1.1 试验目的及思路

本试验为前置试验,是后续试验的依据和基础。

试验目的:得出视觉功效随视觉适应的变化规律,确定二者的关联性,作为试验设定和建立的依据。视觉功效包含反应时间和瞳孔变化等参数,它们随视觉适应的变化规律是本书研究方法的基础。

试验思路:通过对被试者在不同适应时间(状态)从强光(隧道洞外亮度)到弱光(入口段路面亮度)刺激下视觉功效的测试,确定适应时间和反应时间之间的变化规律,寻找二者是否具有一定的相关性以及相关程度如何。通过确定二者的关系以及相关性决定下一步的研究方案,进而进行后续试验的体系建构。

本书主要采用的视觉功效技术指标为反应时间和瞳孔变化。以下分别对两种指标随视觉适应的变化规律进行研究。

4.1.2 反应时间随视觉适应的变化规律

为更好地探究视觉功效随视觉适应的变化规律,研究首先针对反应时间跟视觉适应的关系进行了相关预试验。预试验设定如下:在改进前的公路隧道照明视觉功效试验装置中设定确定的亮度变化($4000cd/m^2$ 到 $140cd/m^2$),即按照我国既有隧道照明设计实施细则(JTG/T D70/2—01—2014)相关规定模拟隧道外的典型洞外亮度和隧道入口段亮度变化过程。试验共有12位被试者,男女各6人,裸眼视力均大于0.8(小数视力表),无色弱、色盲现象,身体健康。被试者依次进行不同适应时长(5s、10s、15s、20s、25s、30s、40s)下的反应时间试验,当被试者在前一种强光下分别适应上述的时间之后,关闭强光并打开弱光的同时,视看小目标物,小目标物(尺寸1cm×1cm)即时出现在图 4.1 中小

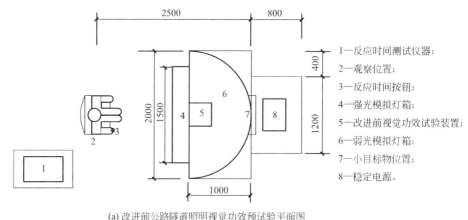

(a) 改进前公路隧道照明视觉功效预试验平面图

图 4.1 反应时间随适应时间规律预试验平、立面图(一)

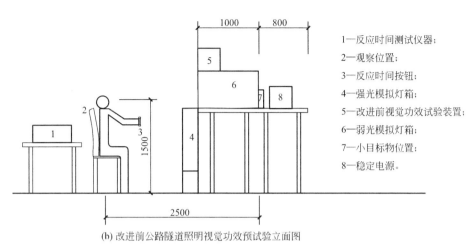

(b) 改进前公路隧道照明视觉功效预试验立面图

图 4.1 反应时间随适应时间规律预试验平、立面图（二）

目标物位置上，被试者在看到小目标物的同时按下手上的按键，从释放小目标物到按下按钮的时间即为反应时间，与此同时眼动仪记录瞳孔变化。试验平、立面图见图 4.1。

最终将 12 位不同被试者的测试数据进行总结，如表 4.1 所示。

不同被试者适应时间和反应时间数据（单位：ms） 表 4.1

被试者代号	适应时间						
	5s	10s	15s	20s	25s	30s	40s
Lxy	810	714.67	703	653.67	579	540	534
Cxy	607.5	564	587	554.5	523.2	534.5	515
Dxy	725.5	618	497	470	489	449.5	408
Qql	519.5	391.5	315.5	313.5	312.5	328.5	333
Zjl	427	336	285	299.5	300	291.5	292.5
Wjx	612	440	588	438	455	416	427
Wlf	364	410	329	326	322	318	337
Zyx	458	504	440	347	300	324	357
Tsq	538	443	434	369	386	341	288
Ly	416	397	261	287	264	273	262
Jhw	278	342	254	248	223	211	235
Hyx	399	389	345	355	349	308	353

从上表数据可以看出，所有被试者的反应时间数据都在 211~810ms 之间，被试者反应时间数据之间差距比较大。以下通过数据拟合明确反应时间和适应时间之间的关系。为更好地进行二者关系的直观表达，将被试者反应时间和适应时间的关系整理成表 4.2。

不同被试者反应时间和适应时间的关系　　　　　表 4.2

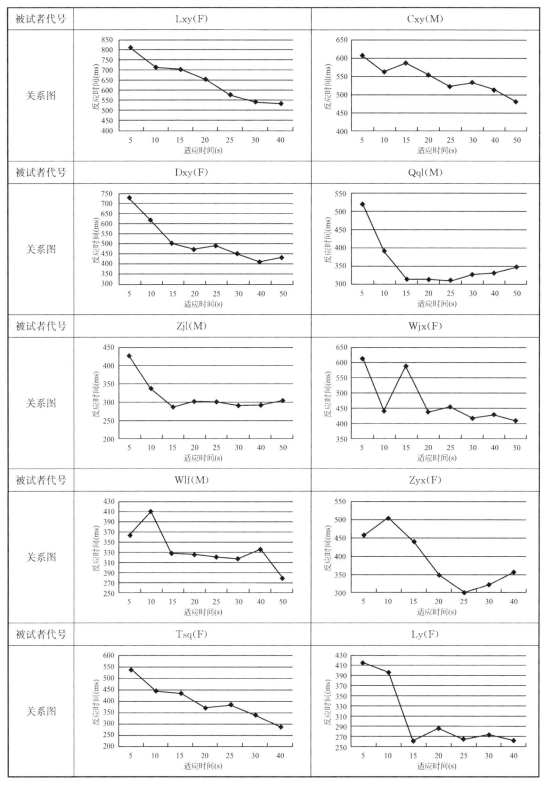

续表

被试者代号	Jhw(M)	Hyx(M)
关系图	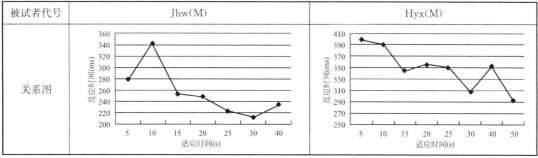	

注：括号内为被试者性别。

从表4.2的对照可以看出如下特点：

（1）从被试者总体情况来看，总体的规律是随着适应时间的增加，反应时间逐渐降低。随着适应时间的增加，人眼视觉细胞更好地适应了变化前的亮度，而当亮度变成变化后亮度值的时候，眼睛可以更快地进行反应，该反应规律与被试者性别、年龄关系不大。

（2）当适应时间达到一定长度之后，如25s，被试者反应时间变化趋于平缓，变动幅度接近零，甚至有被试者出现随着适应时间变长反应时间变长的情况（如被试者Wjx、Jhw、Hyx等），即出现拐点，可能是由于适应太久之后出现疲劳导致。

为更好地说明适应时间和反应时间均值的关系，将以上所有被试者的反应时间参数进行平均，然后对该值与适应时间的数据进行拟合，得出结果见表4.3。

不同被试者适应时间和反应时间均值数据　　表4.3

适应时间(s)	5	10	15	20	25	30	40
反应时间均值(ms)	513	462	420	388	375	361	362

从表4.3可以看出，适应时间和被试者反应时间的均值之间存在着一定的联系，通过进一步的拟合来进行分析，详见图4.2。

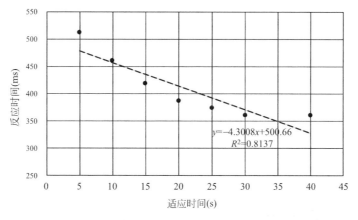

图4.2　被试者适应时间和反应时间均值拟合结果

通过对适应时间和反应时间均值数据的拟合可以看出，多个被试者的反应时间和适应时间之间存在着较强的线性关系，复相关系数为0.8137，说明二者具有很强的相关性，二者的关系式为：$y=-4.3008x+500.66$。

适应时间与反应时间均值关系研究是后续公路隧道照明驾驶安全性的基础。

4.1.3 瞳孔变化随视觉适应的变化规律

为更好探究视觉功效随视觉适应的变化规律，研究接下来针对瞳孔变化与视觉适应的关系进行了相关预试验。通过试验得出如图 4.3 所示的数据，由于数据每秒取 20 帧，总量庞大，故只展示数据图的一部分。

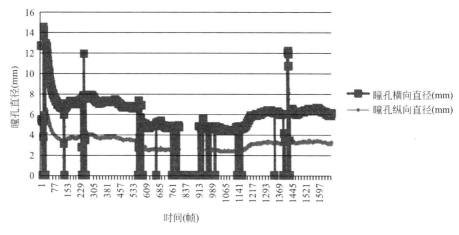

图 4.3　某被试者瞳孔变化数据

图 4.3 中，横坐标为时间（单位为：帧），纵坐标为瞳孔横向和纵向的直径，其中较高曲线为瞳孔横向直径，较低曲线为瞳孔纵向直径。

从图 4.3 中可以得出如下结论：

（1）随着人眼看到高亮度的光源，瞳孔剧烈变小，即图中的第一部分（0～153 帧）；随着人眼看到低亮度的光源，瞳孔逐渐变化为较大（1141～1597 帧）。剧烈变化过程中人眼感受相对不舒适。

（2）伴随着某种亮度下适应时间的增加，瞳孔的变化幅度明显变小（153～609 帧），无论瞳孔横向还是纵向的直径变化都趋于平缓。此时，人眼感受相对舒适。

（3）该数据为眼动仪瞳孔镜头的数据，结合场景镜头的录像取帧，上述现象更加明显。

瞳孔变化速率与反应时间存在着内在的联系和规律，具体规律见本书第 5.2 节的研究成果，该变化规律是后续隧道照明视觉舒适性研究的基础。

以上两方面试验结果充分证明，利用视觉功效研究中的反应时间和瞳孔变化参数研究视觉适应是可行的。

4.2　适于隧道光环境的视觉功效试验设定和建立

本书主要的研究对象是公路隧道照明视觉适应曲线，利用的工具为视觉功效，主要参数为视觉功效中的反应时间和瞳孔变化数据，下面对试验的设定和建立进行系统说明。

4.2.1 试验目的及思路

1. 试验室试验目的

试验室试验的目的是通过在亮度、色温变化中获取的反应时间和瞳孔变化数据设定和建立修正后的视觉适应曲线，实现隧道照明安全、舒适和节能。下面对试验室试验的目的进行总结和梳理：

（1）为了营造公路隧道照明下更加安全、舒适和节能的驾驶环境，需通过试验探究亮度或者色温适应的问题；

（2）试验都以视觉功效为工具，基本都包含反应时间和瞳孔变化的相关参数，都是为了得出公路隧道修正视觉适应曲线。

2. 试验室试验思路

（1）用反应时间参数来检验驾驶的安全性，即：反应时间越短，驾驶员就有越多的时间进行制动、避险等安全操作。用瞳孔变化参数来表达驾驶的舒适性，即瞳孔直径或面积变化速率缓，则表明驾驶员不需要一直调整，体现舒适性。

（2）首先利用预试验对试验中的参数设定及误差分析给出试验建立的基础，然后利用正式试验之间的递进关系得出修正后的视觉适应曲线，最终用以指导公路隧道照明理论和实践。

其中 4 个正式试验包括：公路隧道入口段亮度折减系数试验、公路隧道入口加强照明段暗适应时间试验、公路隧道内各照明阶梯动态长度试验以及公路隧道入口段亮度安全可见阈值试验。它们之间的关系如下：

接近段到入口段亮度折减系数研究是为了研究考虑照明光源色温前提下洞外亮度和入口段亮度的关系，研究结论可以作为公路隧道修正后视觉适应曲线的亮度基础，构成了修正后视觉适应曲线的纵坐标。而入口加强照明段暗适应时间试验是为了获取光滑渐变视觉适应曲线下总的适应时间，该适应时间下的行驶长度（适应时间乘以车辆行驶速度）就是公路隧道入口加强照明段的总长度，作为修正后视觉适应曲线横坐标（即入口加强照明段总长度）的基础；而隧道内入口加强照明段各阶梯动态长度指的是入口加强照明段各照明阶梯的适应时间，对应行驶长度，在进行细分的前提下进行各亮度阶梯长度的计算分析，集合得出最终修正后视觉适应曲线的横坐标。以上三者结合可以得出最终修正后的公路隧道照明视觉适应曲线。该种情况下所得出的是最适宜和合理曲线，也是既安全又舒适的曲线。但是考虑到 CIE 88：2004 的说明，除了最适宜和最合理值之外，还应有最低安全阈值，也就是保证最低驾驶安全条件的视觉适应曲线。按这种曲线设置的照明条件由于亮度不够高，导致视觉上不舒适，但是至少可以保证基本的驾驶安全要求，该结论是上述结论的补充，也是对 CIE 指南研究的有力补充，最终得出保证最低安全下的修正视觉适应曲线。

4.2.2 试验设备和仪器

每个试验的仪器设备有差距又有相同之处，在此进行共性及差异性仪器设备的梳理和说明：

1. 共性仪器设备

共性仪器设备包括：LM-3 瞄点式亮度计、CL-500 分光辐射照度计、XYI-Ⅲ 数字照度计、公路隧道视觉功效试验装置（即改进后的道路照明反应时间测定仪器）、反应时间测试装置、iView-X 眼动仪、BM-5A 色彩亮度计、Essence 光谱精灵、CS-2000 数字亮度计等，详见表 4.4（其中前面 3 种仪器已经在现场试验中以表 2.1 说明）。其中公路隧道视觉功效试验装置在每个试验中的设定和组成设备都有差别，差异性仪器设备部分将在后续说明。

试验用共性仪器设备　　　　　　　　　　表 4.4

仪器名	图片	主要作用	仪器参数
公路隧道视觉功效试验装置	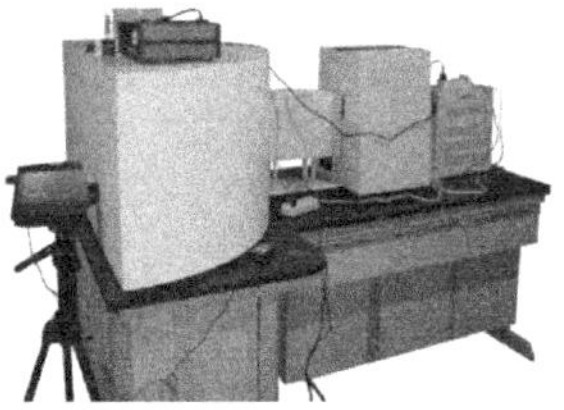	主要用于各试验中公路隧道照明场景的模拟	根据具体试验参数有区别,试验中有详述
反应时间测试装置		主要用于联动测试各试验中的反应时间参数	测量范围:0~2000ms,精度:1ms
iVew-X 眼动仪	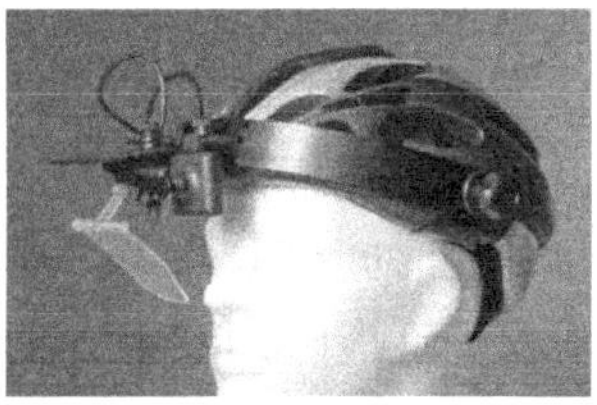	主要用于测试瞳孔和眼动数据参数	测量范围:瞳孔直径(mm),50Hz;精度:瞳孔分辨率 0.1°;注视点精度:0.5°~1.0°
BM-5A 色彩亮度计		主要用来测试光度和亮度参数	测量范围:10^{-4}~$1.2×10^{6}$cd/m^2;测量精度:±0.005
Essence 光谱精灵		主要用于测试光谱、亮度等多项指标(便携)	测量范围:10^{2}~$5×10^{5}$lx;测量精度:0.01lx

续表

仪器名	图片	主要作用	仪器参数
CS-2000 数字亮度计		主要用于测试亮度及光谱等参数	测量范围:$3\times10^{-3}\sim3\times10^{2}\text{cd/m}^2$; 测量精度:$\pm0.02$

2. 差异性仪器设备

由于每个试验所完成的目标不同,在仪器设备上也有所不同。在入口段亮度折减系数和亮度安全可见阈值试验中,由于原有试验装置主要模拟公路隧道内部的路面亮度情况,且光源的功率不够高(只能调节到 100cd/m^2),既无法满足隧道内的高亮度工况,更不能满足洞外隧道外天然光的高亮度工况,所以针对性进行了增加和改进。另外,每次试验由于工况和测试目标不同,反应时间测试仪器都是重新设计和制作的。公路隧道视觉功效试验装置本身的主要改变有以下 3 点:

1) 模拟 L_{20} 的灯箱

通过针对本书的设计,制作了尽量在色温和显色指数方面接近天然光源的灯箱,包含高色温荧光灯(基础亮度的光源)和 LED 灯带(可调节亮度)在内的 L_{20} 模拟灯箱(图 4.4),表面覆盖均匀透射的薄膜,通过控制薄膜与光源的距离保证表面的透射为均匀扩散透射(即漫透射),控制表面亮度在 $2500\sim5500\text{cd/m}^2$ 之间(参照 CIE 88:2004 及我国照明实施细则对 L_{20} 的相关规定表格,详见第 4.3.3 节的相关规定),色温接近天然光。

图 4.4 L_{20} 模拟灯箱的内部情况

在此,考虑到装置模拟的是太阳光,针对我国各地区不同时段的太阳光的色温和显色性进行相关测试。测试选取 2015 年 12 月 10 日到 31 日进行,针对中午阳光较强(12:12)和下午阳光较弱时(17:24)分别进行了多次测量,并进行了结果的对照。光谱能量测试结果见附录 B,包括太阳光光谱和 L_{20} 模拟光光谱。测试和对照的结果见图 4.5、

图 4.6，测试现场情况见图 4.7。

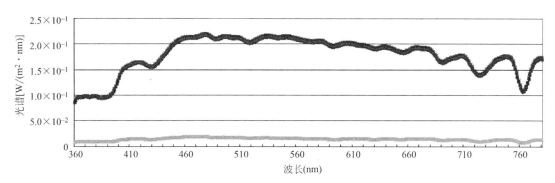

图 4.5　不同时间天然光光谱（色温 5506~6292K，显色指数接近 100）
注：其中较高者对应时间为正午 12：12，较低者对应 17：24

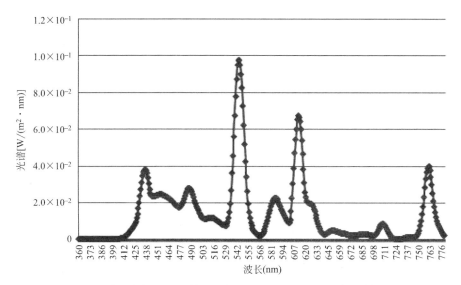

图 4.6　L_{20} 模拟灯箱光源光谱图（色温 5758~6879K，显色指数 75~87）

通过测试得出太阳光的显色指数均接近 100，从光源的光谱能量分布特点上来看，从 380nm 到 780nm 之间每个波长的光所对应的光谱能量均比较大，而且光谱分布很连续。测试当天的色温测试显示中午的时候色温稍低，为 5513K，而下午色温为 6275K。本书所采用的 L_{20} 光源的综合色温为 5758~6879K（具体色温与两种光源混合的程度有关，两种光源包含作为基础光源的荧光灯和作为可调光源的 LED 光源），显色指数为 75~87。对照来看，试验所用光源与太阳光色温和显色指数相对接近，这也是试验设计时所考虑的方面。但是可以明显看出，光谱能量与太阳光仍然存在较大差距，天然光光源的光谱更加连续，试验设定未找到并采用光谱接近天然光（显色指数接近 100）的人工光源。

尺寸的确定：研究采用上述灯箱获取到 2500~5500cd/m² 的 L_{20}，为实现此 L_{20} 模拟灯箱的表面亮度，在试验室根据 56.8°视角（考虑了眼睛的余光）换算得出需要灯箱的面积为直径 4.32m 的圆形，此种尺寸下对应的是 L_{seq}（等效光幕亮度）的情况。考虑到圆形以下的大部分区域对视线没有用处（在路面以下），高度尺寸可以取 4.32/2＋1.5/20＝

图 4.7　太阳光光谱测试图

2.235m。其中 1.5m 为人眼视点高度，1∶20 为缩尺比例。而宽度尺寸为 4.32m。

另外，根据 20°视角情况下计算得出的尺寸为直径 1.41m 的圆形，同样考虑下方区域大部分用处不大（在路面以下），尺寸取 1.41/2+1.5/20=0.78m（上下尺寸），左右尺寸 1.41m。最后为更好满足视角要求取 1.5m×1.0m。详细尺寸设计过程见图 4.8。最终模拟灯箱的亮度按照 L_{20} 的分析结果取值。为保证透射光线分布的均匀性，灯箱前面采用了均匀漫透射的膜进行覆盖。制成后的实际情况见图 4.9。

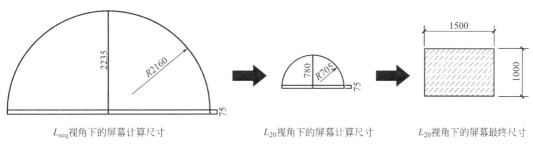

L_{seq} 视角下的屏幕计算尺寸　　　　L_{20} 视角下的屏幕计算尺寸　　　　L_{20} 视角下的屏幕最终尺寸

图 4.8　L_{20} 灯箱尺寸设计过程

图 4.9　L_{20} 模拟灯箱最终图片

研究中选用20°视角的原因是，理论上讲，视觉可以感知视野范围内的所有物体，但不同位置的物体被感知的程度不同。在3°～5°的锥体内，视野最敏锐；在5°～6°的锥体内，视野十分敏锐；在10°～20°的锥体内，视觉清晰；在20°的锥体内，有满意的视觉。这也是CIE以及大多国家采取20°视角范围的科学依据。

2) 高亮度模拟隧道内部灯箱

在隧道内部各照明阶梯动态长度研究中要求有较高亮度且亮度可变的灯箱，所以动态长度试验中专门制作了可产生较高亮度的灯箱，且亮度控制系统也经过连续动态控制方面的改造。改造后的灯箱光源见图4.10。

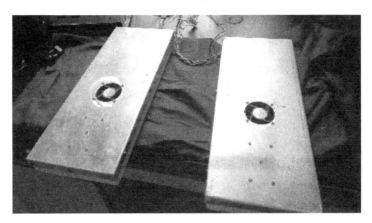

图4.10　试验用色温5257K LED光源

3) iView-X眼动仪改进以及与反应时间测试仪器联动设计和制作

首先，反应时间测试仪器，根据要求精度精确到毫秒（ms）级，包含计时模块、击发按钮和反应时间按钮等。其次，改进后实现在设定等待时间之后的联动（L_{20}模拟灯箱关闭的同时反应时间计时模块起作用并开始计时，L_{th}模拟灯箱同时点亮且小目标物联动弹出）。最后，iView-X眼动仪的双摄像头（场景摄像头和瞳孔摄像头）记录下整个过程中的场景和眼球变化情况。为避免长期注视同一个小目标物产生不客观的"猜中位置"情况影响试验精度，试验设定3个亮度、对比度、尺寸相同的小目标物（均按照实际隧道工况设定），分别置于左、中、右3个位置，对应角度分别为－10°，0°和10°（图4.11），也就是都位于20°视角范围内，角度选取参考Narisada相关研究中的试验设定并保证该范围内的视觉清晰。小目标物在3个位置随机出现，最终将3次测试反应时间值进行平均处理，得到最终的均值。联动系统图片详见图4.12。图4.13所示为公路隧道照明视觉功效试验装置图，该图片也是入口段亮度折减系数和入口段亮度安全可见阈值试验的布置图。

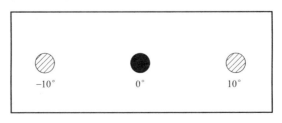

图4.11　小目标物位置示意图

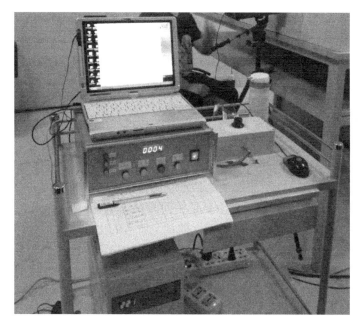

图 4.12 反应时间联动系统最终图片

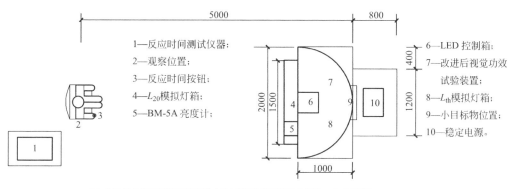

(a) 改进后公路隧道照明视觉功效试验平面图(折减系数、安全阈值)

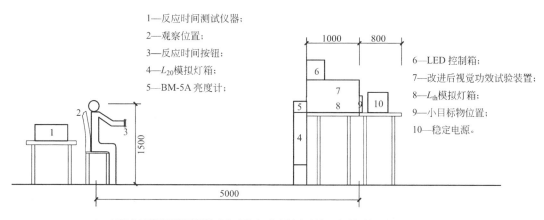

(b) 改进后公路隧道照明视觉功效试验立面图(折减系数、安全阈值)

图 4.13 公路隧道照明视觉功效试验装置图（折减系数、安全阈值）

4.2.3　隧道光环境研究边界界定

本书的研究对象是公路隧道照明视觉适应曲线，主要包含各照明段的亮度变化和长度变化。下面对本次研究的亮度、长度和色温方面进行界定。

1. 研究照明段界定

1) 亮度变化中照明段的界定

虽然亮度变化依赖于隧道洞外亮度，也就是接近段亮度，但是研究对象不包含接近段亮度，主要包含的是公路隧道洞内的部分，如入口段、过渡段和中间段亮度。其中的入口段和过渡段亮度综合称为公路隧道照明入口加强照明段亮度，其亮度在公路隧道各段中的绝对值最大，根据隧道长度的不同（主要是中间段长度），亮度（能耗）所占比例与隧道长度成反比，即隧道越短加强照明段亮度（能耗）所占的比例越大。公路隧道内的照明段除以上三部分之外还包含出口段，但一方面由于人眼的视觉特性以及公路隧道照明的明适应相较于暗适应较为容易解决；另一方面出口段路面亮度规定一般较为具体（如直接规定为中间段路面亮度 3 倍和 5 倍），研究价值较小。鉴于以上原因，试验仪器设备在设定时未做亮度从低到高的处理，故未将隧道出口段作为本次研究内容，在将来的试验设计中，可以考虑将该部分加入，完善视觉适应曲线的组成。

2) 长度变化中照明段的界定

公路隧道照明视觉适应曲线长度变化中主要包含的也是入口加强照明段的长度，包含了入口段和过渡段或者组成它们的照明阶梯。各照明段长度变化的研究采用两种方法，第一种方法是采用暗适应时间，利用反应时间和瞳孔变化的规律确定从接近段（洞外）亮度到中间段亮度变化下的暗视觉适应时间长度，也就是把入口加强照明段作为光滑渐变的曲线进行统筹研究，最终得出整个入口加强照明的长度。另一种方法则针对各照明段的长度阶梯，本书主要针对的也是入口加强照明段，包含了入口段和过渡段在内的照明段。在各照明阶梯长度变化研究中将各照明段细分为照明阶梯，如入口段分为入口段 1 和入口段 2，过渡段分为过渡段 1、过渡段 2 和过渡段 3。对照明阶梯的细分是 CIE 以及各国规范在视觉适应曲线实际应用下的具体建议和规定，研究在此更加具有针对性和可操作性。上述两种研究的结合可以保证公路隧道照明对驾驶安全和舒适的双重作用。

2. 光源色温界定

公路隧道照明光源色温界定的内容主要包含光源类型的选择以及光源光学参数确定两方面。其中光源类型方面在前文已述及，通过调研、现场测试以及文献调研得出，常用的公路隧道光源为 HPS 和 LED 光源，尤其是 LED 光源，不仅由于色温可调和控光方便，更是因为 LED 的节能性。所以，本书主要采用 LED 光源，光源对照见表 4.5，考虑对照 HPS 隧道灯。

HPS 是一种高强度气体放电光源，泡壳形状大多为圆柱形，这种灯以光效高为特色，发光颜色为金黄色，广泛用于建筑外墙夜景照明、广场照明。由于其金黄色的发光颜色特点，透雾性能较好，色温适合道路照明，因此也广泛用于道路和隧道照明。HPS 需要采用触发器和电子或电感镇流器点灯方式。

不同于 HPS 的高色温以及低显色指数，LED 光源的色温多种多样，甚至由于 LED 的特性，同一光源的色温都可以调节（RGB 以及 RGBW 技术），光源的显色指数多，功率

表 4.5 LED 和 HPS 隧道灯对照

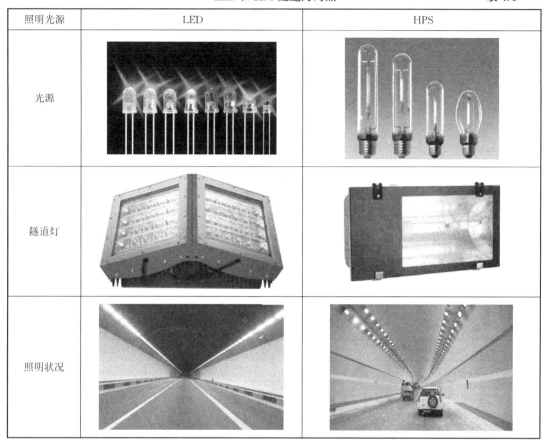

照明光源	LED	HPS
光源		
隧道灯		
照明状况		

也更方便调节。

RGB 以及 RGBW 技术的解释如下：RGB 色彩模式是工业界的一种颜色标准，是通过对红（R）、绿（G）、蓝（B）三个颜色通道的变化以及它们相互之间的叠加来得到各式各样的颜色，RGB 即是代表红、绿、蓝三个通道的颜色。这个标准几乎包括了人类视力所能感知的所有颜色，是目前运用最广的颜色系统之一。一个 RGB 颜色值指定红、绿、蓝三原色的相对亮度，生成一个用于显示的特定颜色。RGBW 在原有 RGB 三原色组成像素的基础上，再增加一个白色的子像素，形成 RGBW 四色像素。目的是提高 LCD（液晶显示器）对能源的利用效率，在 RGB 三色 Color Filter 增加一个白色区域透过区域可以提高 LCD 对背光的利用率，增加 LCD 的显示亮度，降低 LCD 功耗。采用这种模式，最大的问题就是单色的纯度和饱和度会下降。

通过对显色指数的研究发现，光源的显色性对公路隧道驾驶的安全性和舒适性的影响较大，但是光源间区别不大，也就是说显色指数越高越安全和舒适，但是太大了则单灯费用极高。前人研究结论如下：Yamamoto J 等做了隧道照明中所采用的高频荧光灯和低压钠灯的可见度试验，最终发现高显色性的光源对增加小目标物的可见度非常有效[15]。

一般而言，显色指数越高的光源显示物体固有颜色的能力越强，显色指数越高越有利于发现小目标物。既有研究已经证明，显色指数越高，小目标物的可见度越高，也就越有利于驾驶的安全性。另外,显色指数低的 HPS 应用多年的原因一方面在于 LED 光源应用较晚,另一方面因为在公路隧道驾驶中,能否看清小目标物的具体颜色和细节并没有那么重要,重要的是看清小目标物的轮廓和大小,从而在较短的时间内采取躲避、制动等措施。也就是说,无论小目标物是箱子、小动物还是树枝等物体,在高速运动的情况下都需要躲避,关键在于这个小目标物是否大于 20cm×20cm(该尺寸是可以导致快速行驶中车辆倾覆的最小尺寸)。综上两点所述,本书没有将研究的重心放在显色指数对隧道驾驶安全和舒适的影响方面。

LED 光源的色温一般分为暖白(约 2200～3500K)、正白(约 4000～6000K)和冷白(6500K 以上)几种。每种色温的光源具备不同的特点,给人以不同的心理感受和生理感知。所以,本书联合隧道光源设计和生产厂家,选用了三种代表性的光源,分别代表着低色温、中间色温和高色温的暖白、正白和冷白 LED 光源。本书所采用 LED 光源的色温为 3000K、4000K 和 5500K 左右(实际分别为 2829K、3814K 和 5257K),具体试验设定中测定了光源的具体参数和光谱组成。用该部分的内容作为本次研究的重要组成部分之一,弥补目前各国公路隧道照明中光源色温考虑不足的缺陷。

下面对两种光源的参数进行列表详细对照,结果见表 4.6。

LED 和 HPS 隧道灯光源参数比较　　表 4.6

类型	LED 隧道灯			HPS 隧道灯		
功率(W)	55	90	160	100	150	250
灯具光效(lm/W)	120	120	120	70	75	80
光学利用率(%)	87～92			75～85		
显色指数	75～85			20～25		
色温(K)	3000～7000			2000～2500		
光源寿命(h)	长,50000,光衰小			短,5000,光衰大		
工作电压	AC86V～AC265V			AC200V～AC230V		
启动时间	瞬间启动,无延时			4～8min		
有害物质	不含污染、紫外线辐射			汞污染、紫外线辐射		
备注	灯具发热量小			发热量大		

与 HPS 相比,目前 LED 灯在光通量、发光效率上均高于 HPS;LED 路灯显色性较好,隧道灯应用主流色温为 4500～6000K 自然白光;光衰小,寿命可达 50000h,HPS 的寿命则是 5000h。

本次所选择的光源均为 LED 光源,分别采用低、中、高色温(实际测试得到光源色温分别为 2829K、3814K 和 5257K),光源的显色指数分别为:75.2、72.7 和 75.3(试验室积分球测试结果)。光源的光谱图见图 4.14。光谱分布数据详见附录 C。

4.2.4　隧道光环境的试验参数设定

在试验室试验中,本研究综合相关国内外公路隧道照明规范、标准的规定模拟、还原公路隧道照明情境。本书参照 CIE 隧道照明技术报告:隧道照明国际建议(1973),CIE

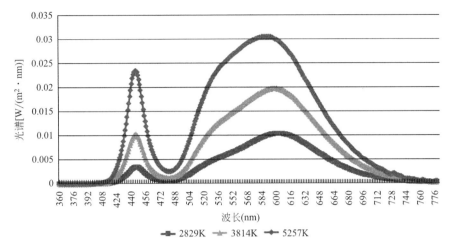

图 4.14 试验中不同色温 LED 光源光谱图

88:1990 和 CIE 88:2004,以及我国 JTJ 026.1—1999、JTG D70—2004 和 JTG/T D70/2—01—2014 的相关规定,还包含美国、日本、英国等国的设计指南和规范,进行试验的设定工作,本节主要探讨具体参数设定。

虽然每个试验中试验参数的设定不同,但仍存在相同之处,在此将其中的相同点进行说明,后续不同之处在具体试验中具体列出。

依据的方法都是视觉功效法,都有考虑反应时间或瞳孔变化参数。针对的都是公路隧道各照明段间的亮度、色温适应问题,试验参数设定中都有考虑 CIE 以及各国的规范规定,每个试验都有设定亮度差,亮度差的选取根据研究对象、目的和工况的不同有所区别。

1. 亮度参数设定

洞外亮度 L_{20} 选择:参考指南和规范规定,选择 L_{20} 的范围涵盖了大部分规范的亮度值,选择 $2500\sim5500\text{cd/m}^2$。下面以世界各国的规定来进行说明,见表 4.7。

世界各国对 L_{20} 取值的选取规定　　　　表 4.7

规范名称	影响因素	对应条件	L_{20} 取值
CIE 88:1990、CIE 88:2004 及欧盟、英国、美国规范	天空面积百分比;是否有雪;停车视距	0~35%天空面积百分比;有无雪;100m 停车视距	2500~6000cd/m²
JTG/T D70/2—01—2014	天空面积百分比;洞口朝向或洞外环境;设计速度	0~50%天空面积百分比;各种洞口朝向及亮、暗环境;80km/h	2500~5500cd/m²
JIS Z 9116-1990	天空面积百分比;洞外环境;设计速度	0~20%以上的天空面积百分比;各种洞口朝向及亮、暗环境;80km/h	2000~6000cd/m²

综上所述,参数选取中考虑综合 CIE 及世界各国的情况,选取各国规范对应驾驶速度 80km/h 下的共有值,即取 $2500\sim5500\text{cd/m}^2$。试验中对洞内各照明段及各照明阶梯亮度选择,同样也是根据本书结论并结合规范进行参数的初选。

2. 小目标物尺寸和位置设定

综合考虑隧道照明规范，特别是 CIE 88：2004 的规定和现场驾驶和测试经验，可以知道小目标物的尺寸最小为 20cm×20cm（该尺寸为可以导致车辆在驾驶过程中倾覆的最小尺寸，20cm 也是大部分车辆底盘的离地最大间隙），且目标物显示时间为 0.1~0.2s。在试验设定中，为体现真实性和动态性，将停车视距（100m）、观测小目标物等都进行了等比例缩小，缩尺比例为 1:20，将停车视距缩小为 5m，将小目标物尺寸处理为 1cm×1cm。对应 80km/h 速度情况下 100m 停车视距和 0.2m×0.2m 尺寸的小目标物。此时，在公路隧道视觉功效试验装置前根据比例换算出的距离为 5m，除去小目标在仪器内的 1m，也就是 4m。另外，对目标物显示时间（0.2s）、视角选择（20°）等参照相关规范、标准的设定条件。

3. 小目标物对比度设定

根据 CIE 88：2004 指南规定的小目标物对比度的要求，经过详细的试验室测试得到：试验装置内部为漫反射表面，其反射比接近 1（经过测试为 0.98，而光学白板的反射比为 0.99），对比度和反射系数是接近的，根据 CIE 规范选择与背景之间的亮度对比度（反射比）为 -0.2（负对比，公路隧道行驶采用负对比的不利情况，也就是小目标物相对于路面亮度更暗），根据对比度结合背景亮度的不同选用合理灰度的小目标物。对 0~255（全白到灰再到全黑）灰度的不同小目标物进行测试，经过多组现场测试，得出灰度 220 时小目标物的对比度符合要求。在该对比度下得到的小目标物亮度和反应时间数值为小目标物测试数据的标准值。

4.2.5 试验数据处理与误差分析

1. 试验数据处理原则

在试验的过程中会收集到大量的数据，而数据的有效处理是获取数据的最终目的，在此将本书所采用的数据分析原则进行如下总结。

1）变量间的关系

有关联变量之间的关系可以分为两类：一是变量之间的关系完全确定，被称为函数关系；另一种是变量之间没有对应的确定关系，但是从统计学的意义上看变量之间依然有规律性可言，称之为相关关系。当采用回归分析法确定变量之间存在相关关系后，就能够以函数的形式去表达变量之间的相关关系。在处理试验数据时常用到此种方法。

2）曲线拟合原理

在对试验数据作曲线拟合时最常采用的是马里·勒让德在 1806 年提出的最小二乘法（又称最小平方法），利用最小二乘法可以简便地求得拟合曲线并保证其与实际数据之间的误差平方和最小。利用最小二乘法进行试验数据曲线拟合时，就是找出求得的函数中各个参数的最佳估值。

以线性函数 $y=ax+e$ 为例，如果 y 与 x 的测量均是理想状况且没有误差时，测得的所有试验数据将均落在线性函数 $y=ax+e$ 所在的直线上。而当测量存在误差导致数据点不都在直线上时，就需要通过曲线拟合找到一条准确的直线，保证拟合得到的斜率 $\bar{a}$ 及截距 $\bar{e}$ 尽可能地与真实的斜率 a、截距 e 相接近。可见，曲线拟合就是寻找能够保证 e 最小的参数值 $\hat{E}$ 作为参数 E 的估计值，因此要求得估值 E，就必须首先满足最小二乘的条件：

$$\frac{\delta}{\delta E_j}\sum_{i=1}^{n}\omega_i u_i^2 = 0 \qquad (4.1)$$

该公式是参数 e 的非线性方程，可以将该方程组线性化，然后通过逐次叠加法求解。如作为非线性函数的幂函数可根据最小二乘法，将其转化为线性回归来处理，由回归求得的相关系数来判定拟合函数的相关程度，由此来确定最适宜的数学模型。

3) 曲线拟合效果的判定依据

① 判定系数（R^2）

相关系数的平方 R^2 即为判定系数，也称复相关系数。在概率统计中，随机变量 x、y 的协方差与标准差的比值被称为线性相关系数 R，定义式见式（4.2）。

$$R = \frac{\text{cov}(x,y)}{\sigma(x)\sigma(y)} \qquad (4.2)$$

式中，cov(x, y) 表示协方差；σ(x)、σ(y) 表示 x、y 的标准差。

分析相关系数公式可发现，当协方差为 0 时相关系数也为 0，表示两个变量 x，y 之间互不相关；当相关系数为 1 时，表明所有的测点均落在回归直线上，此时 x，y 为同一随机变量。因此相关系数的范围在 0～1 之间，并且只有当相关系数 R 的值达到一定程度时，才能通过回归曲线表示 x、y 之间的关系。而相关系数 R 要达到的值由测试样本数量、变量 x 与 y 的显著性水平 a 直接决定。

② 剩余标准偏差（Root Mean Squared Error）

剩余标准偏差又被称为残差平方和（Residual Sum of Squares）。除了相关系数之外还要考虑所有测试点在回归直线两侧的离散程度（通过剩余标准偏差 S 反映）。测点 x_i 与对应的 y_i 落在回归直线 $y=ax+e$ 两侧，得到 y_i 的剩余标准偏差为：

$$S = \sqrt{\frac{\sum_{i=1}^{k}(y_i - a_0 - a_i x_i)^2}{k-2}} \qquad (4.3)$$

剩余标准偏差 S 的意义在于：满足正态样本的变量 x、y，x 在 $x=x_0$ 附近、y 在 $y=y_0$ 附近均遵从正态分布。S 越小的时候，x、y 越趋近于回归直线；当 $S=0$ 时 x、y 全都落在回归直线上。所以当剩余标准偏差 S 足够小时才能够保证回归有效，同时剩余标准偏差 S 也是检验回归是否有效的标准之一。

2. 试验数据处理方法

在本书中，主要处理的数据为视觉功效中的反应时间数据，所以对其处理方法进行介绍。反应时间也被称为反应潜伏期，是完成一种任务所需要的时间，在心理学研究中通常是将它作为一种因变量来进行分析。

在对反应时间的数据进行分析时，研究者多倾向对平均反应时间进行方差分析（van Zandt，2002）。但是，由于反应时间数据本身的特性，导致这种分析方法可能并不是非常有效。从统计上来讲，反应时间的分布并不是高斯（正态）分布，如图 4.15 所示，在形态上可以看出，左侧迅速增长，而右侧有一个较慢的负向增长，因此对平均反应时间进行方差分析并不总是有效。实际上，反应时间的分布与高斯分布相似（Luce，1986），而指数高斯分布是高斯分布的一种卷积形式，这种指数的分布被认为是拟合了经验作用的反应时间分布（Balota and Spieler，1999）。指数高斯分布的平均数和标准差分别采用 mu（μ）

和 sigma（δ）来描述（左侧峰值），而 tau（τ）则描述了指数成分的平均数和标准差（右侧尾巴）。指数高斯分布的平均数就是 mu（μ）和 tau（τ）。

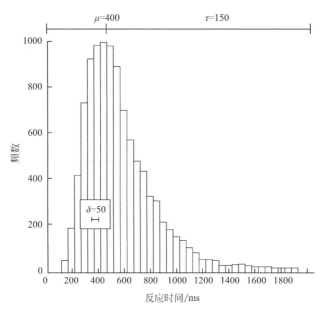

图 4.15　反应时间分布的形状特点

一些研究所观测到的反应时间并不是研究者所感兴趣的加工过程的结果。例如：Luce（1986）认为，真实的反应时间应至少为 100ms，因为在这个过程中需要对刺激属性进行知觉和相应的运动反应等生理过程的参与。如果反应时间低于这一数值，那么这个数据在很大程度上依赖于快速猜测，并不代表真实的反应时间。更为重要的是，一些位于反应时间分布中段的不真实数据混淆在真实的反应时间数据中，因此更加难以进行辨认。因此，这种不真实的反应时间数据只能通过在试验过程中进行严格的控制来减少其发生的概率。此外，由于被试者的不认真或不专心等因素所导致的反应时间延长也是较为常见的。这样的反应时间也势必会对试验结果产生影响。下面是处理不真实反应时间数据的技术和方法。

1）集中趋势的方法

最常见的反应时间分析方法是分析数据的集中趋势（平均数）和离散程度（标准差），比较不同条件间反应时间的平均差异可采用方差分析的方法。假定条件间的差异集中在反应时间分布中段的 85%～95%，在对平均反应时间进行方差分析前，可以考虑采用如下方法对平均反应时间进行优化。

（1）截点（Cutoffs）：通过将一些位于平均反应时间部分标准差之外的反应时间去掉，排除一些相对较长或较短的反应时间。这样便可以排除因被试快速猜测所导致的较短的反应时间，以及由于被试的不认真或不专心等因素所导致的较长的反应时间。但其缺点在于，如果选取范围不准确，会导致统计检验力降低，而选取范围多是根据试验实际情况确定的。

（2）数据转换（Data Transformation）：将反应时间的数据转化为速度（反应时间的

倒数），可以在一定程度上标准化反应时间分布，大大降低极端值的影响，进而保持较高的统计检验力。此外，对每个反应时间数据取对数的方法也是一种数据转换的方法，其统计检验力低于取倒数。采用这种方法的问题在于，转化后的数据可能会降低统计结果的显著性。

（3）中数（Median）：如果反应时间的分布是偏态的，那么平均数并不能代表典型的反应结果，因为平均数在偏态方向上存在偏差，标准差也会因为存在少量较慢反应的影响而增大。而中数因不易受到标准化偏离的影响，所以也可以作为表达反应时间分布集中趋势的参数，尤其是在被试间存在较大的差异时。采用该方法的问题是，当数据分布集中于 μ 或 τ，无论是否存在极端值，相对于截点或者数据转换，使用中数在一定程度上会降低统计检验力。

综合而言，由于被试的身体、精神等状态的不同，反应时间数据之间常常存在着不真实或者不客观的值，导致数据之间的可比性和可分析性下降。上述三种方法的目的都是为了使反应时间数据更具有客观性，排除不真实数据的影响。但是它们有各自的适用条件，在其他特殊条件下有时会降低统计的检验力。

2）整体分布的方法

尽管集中趋势的分析方法是分析反应时间数据最为普遍的方法，但是其也存在着上述的不足，可能会丢失一些有意义的细节。为了弥补这种不足，分析数据整体分布的方法越来越受到广泛关注，通过这种分析可能会发现一些容易被忽视的效应。整体反应时间分布分析方法的不足是把每个被试和每种条件的数据都纳入进了统计分析，难以排除受到诸如被试的练习效应、疲劳效应等因素影响的数据。

本书中也通过试验数据处理探讨数据分布处理的方法，力争获取新的符合总体数据分布规律且剔除异常数据的方法。

3. 误差分析

科学研究确定：最初试验所得的结果与所寻求的"真实"不同。重复试验并逐渐改进测量技术和方法后，测量结果才逐渐逼近答案。试验都存在误差，误差来自试验或计算中的错误或疏忽，有些误差可立即处理，如明显不正确的误差可被归入"不合理误差"，通常可以通过仔细的重复操作进行校正。更要考虑的是在测量中由随机涨落引起的不确定值以及系统误差，它们限制着结果的精密度和准确度。通常，将不确定值称为误差，而将估计它们的过程称为误差分析。试验的准确度是对试验结果接近真实值程度的量度，而试验的精密度度量试验结果是否精密，但不管它是否与真实值相符。精密度是对试验结果可重复性的度量。在试验中，不仅要实现准确度，也要在一定程度上保证精密度。

试验的误差包含系统误差和随机误差。系统误差引起测量的结果与"真实"值之间存在可重复的偏差。这类误差不易被发现，而且不易用统计分析来研究。它们可能来自设备不合格的标定，或者一些观测者的读数偏差，必须通过分析试验条件和试验技术来估计。设计试验的主要内容应当是了解和减少系统误差的根源。而一个试验的精度取决于能在多大程度上克服随机误差。观测值的上下波动造成逐次试验所得结果有差异，因此要求重复试验，以得到精确的结果。一个给定的准确度意味着相应的精度，并因此也在一定程度上与随机误差有关。减少随机误差的本质是改进试验方法和优化试验技术，以及进行简单的重复试验。如果随机误差来自测量仪器的不确定度，可以通过用更可靠和更精密的测量仪器来减小误差。如果随机误差来自测量次数有限造成的统计波动，可以通过增加测量次数来减小误差。这些改进都有实际限度。设计试验的过程中必须着重考虑限制系统误差。

本试验设定相对严格，试验仪器精度高，可有效限制系统误差。但试验中的自制仪器的精度相对于成品仪器较低，容易产生系统误差。更加容易产生误差之处在于，本试验所面向的试验对象为驾驶员（人），人的个体存在着很多的不确定性，个体之间常常存在着不可对比的较大差别，造成诸多随机误差。后续试验在该方面也进行了重视和改进，针对具体的试验进行具体的相应分析。

4.3 基于视觉适应的视觉功效试验参数选择

本部分是视觉功效试验参数选定的依据，良好的参数选择可以有效地消除误差。研究目的是为更好地建立试验，适用本次的试验研究成果，便于试验参数的选择（如被试者性别、年龄、视力、色温、洞内外亮度以及试验仪器精度等）。反应时间是视觉功效中最重要的研究参数，通过借鉴分析试验心理学中反应时间影响因素的规定，再利用试验对公路隧道照明场景下的反应时间影响因素，进行适用性分析。目的是在公路隧道照明条件下，对视觉功效中最重要的指标（反应时间）进行影响因素的分析，为后续试验设定和参数选定提供支持。该研究结论可以为下一步进行试验时选择被试者、进行误差分析和处理数据偏差等提供参考，也是对试验心理学中反应时间理论的延伸和补充。

4.3.1 试验心理学中反应时间影响因素研究

1. 试验心理学中反应时间的影响因素

在心理学的试验研究中，常常将刺激变量或被试的机体变量作为自变量来观测被试的反应时间和正确率。因此，反应时间常常会受到刺激、被试、速度与准确率权衡以及试验设备时间精度等因素的影响。

1）刺激因素

反应时间与刺激的强度、时空特征和作用的感觉通道有关。而且，被试接受的刺激类型是单一刺激还是复合刺激，也会对反应时间产生影响。其中刺激的因素包括以下几点。

（1）刺激强度：即刺激的强弱程度。

（2）时间特征：包括刺激呈现的时间和从一个刺激出现到另一个刺激出现的间隔时间SOA（Stimulus Onset Asynchrony），一般而言刺激时间达到一定程度（如48ms）时反应时间就不再变化；另外，有研究指出，刺激之间的时间间隔对反应时间影响规律是：随着时间间隔增加，反应时间先降低，后升高。

（3）空间特征：刺激物理面积的大小以及呈现的空间位置。增加刺激的表面积，会使感受器的神经兴奋在空间维度上进行积累，被试的反应时间会因此受到影响。体现在照射物体的面积上，随着面积增大，反应时间减小。而在公路隧道小目标物识别中，该目标物尺寸最小为20cm×20cm。刺激的空间积累作用还体现在双眼视觉和双耳听觉方面，双眼快于单眼，双耳快于单耳，这是由于人体的不断进化导致的。刺激呈现的空间位置也会影响反应时间。在视知觉的研究中,一般被试对呈现在外围视野的刺激比呈现在中央视野的刺激反应更慢;刺激呈现在反应手的对侧视野时,被试的反应要比呈现在同侧视野更快(主要是因为胼胝体)。在这里,胼胝体是指联络左右大脑半球的纤维构成的纤维束板。进入两侧大脑半球后散开,投射到整个半球皮质。它把两大脑半球对应部位联系起来,使大脑在功能上成为一个整体。

（4）感觉通道：个体对作用于不同感觉通道刺激的反应时间存在差异,如人体获得信息最多的听觉和视觉,见表4.8。

感觉通道及刺激类型下的反应时间　　　　　　　　表 4.8

感觉通道	反应时间(ms)	刺激类型	反应时间(ms)
听觉	120~182	光	168
视觉	150~225	光+声音	133

（5）多种刺激类型下的反应时间见表4.9。

不同刺激类型下的反应时间　　　　　　　　表 4.9

刺激	光	电击	声音	光和电击	光和声音	声音和电击	光、声音和电击
反应时间(ms)	168	141	135	139	133	125	120

2）被试

反应时间试验中,被试往往是一个难以控制的因素。被试的适应水平、准备状态、觉醒水平、态度、情绪、动机及疲劳等众多因素都会影响到反应时间,且不同年龄和性别的被试群体间差异很大,个体反应时间的波动性也很大。本书主要针对被试的这些方面进行反应时间影响因素研究,希望试验设定时能够规避一些因素,注意某些影响因素,达到尽可能客观以减少系统误差的目的。

3）速度与准确率权衡

反应时间和准确率是反映被试信息加工的最基本指标。在完成任务的过程中,被试有时会牺牲准确率以提高反应速度,有时也会以牺牲反应速度提高准确率。也就是说,被试会主观地权衡反应速度与准确率的标准来完成试验任务,这就是反应速度与准确率的权衡现象。

4）试验设备的时间精度

在进行反应时间试验时,测试反应时间的设备精度是 ms 级还是 s 级对试验结果影响很大。另外,设备的类型也很重要,采用按键、按钮或者踏板时的反应时间有明显不同。

2. 对本书的借鉴意义

事实上,上述因素的影响并非独立,个体往往是将这些刺激特征作为整体进行加工,刺激的这些物理性质的变化也会影响到个体所知觉到刺激的强度,进而对反应时间产生影响。

1）避免听觉对视觉的影响

Poffenberger研究发现,双眼观察一个光刺激时的反应时间小于单眼观察时的反应时间,这是人类进化作用的结果,逐步适应双眼观察目标。多项试验结果（表4.8、表4.9）表明,人体对作用于不同感觉通道的反应时间存在着差异;而单一刺激和复合刺激所测得的反应时间也有明显不同。

公路隧道视觉功效试验装置中的负对比小目标物在出现（弹出）的过程中会产生一定的响声，这种响声会干扰被试者视看小目标物时的反应时间，尤其是当小目标物不容易被发现的时候，被试会因为声音产生误判断。通过表4.8可知，声音会干扰观察者通过视觉察看到小目标物的反应时间。因此，为了确保试验的科学性和反应时间测量结果影响因素的单一性，在试验开始前被测试者必须戴上耳塞（或耳机）以减少小目标物出现（弹出）时的响声干扰。

2）避免反应时间采集仪器的差别

鼠标、键盘、按钮等反应时间采集的常用设备也会使最终得到的反应时间产生误差。在试验中按下鼠标或按钮时编译器会记录电信号，但是在按键反应转化为电信号的过程中需要消耗一些时间，由此带来延迟，且这部分延迟不能完全消除。而按压一次按钮会使得电信号产生多次闭合，编译器为了消除电路的抖动，也会带来时间误差。有研究发现常用设备均会存在2~5ms的误差。因此，本书的试验中统一采用右手持手柄来进行按钮操作采集反应时间数据，尽可能排除各种不利影响因素，保证试验的客观性和统一性，使试验接近实际公路隧道驾驶状态。

4.3.2 隧道光环境视觉功效中反应时间影响因素研究

1. 试验目的和思路

（1）试验目的：本节主要采用的技术指标为视觉功效中的反应时间和瞳孔变化。其中反应时间是最直接和客观反映驾驶安全的技术指标，试验目的在于对反应时间这一重要指标的影响因素进行研究，以利于后续试验具体参数的选择。

（2）试验思路：既有研究中对反应时间的影响因素研究多从试验心理学的角度出发，缺少与公路隧道照明的相关性，而本书计划通过试验针对公路隧道从接近段到入口段照明状况下的反应时间影响因素进行分析。本节分析的是在模拟了公路隧道现场照明状况的试验室试验过程中的反应时间影响因素，以及具体的影响因子和影响程度，主要针对昼间公路隧道照明中从接近段到入口段的亮度变化。该照明段亮度是隧道内部其余各照明段亮度设置的基础、依据和出发点。入口段照明的安全性用反应时间来衡量，反应时间的影响因素有很多，在本书中主要针对隧道洞外亮度（也称为接近段亮度）、驾驶员的年龄（a）以及驾驶员的性别、光源的色温等影响因素。主要测试数据为不同工况下的反应时间以及瞳孔变化数据。在此主要以反应时间数据为因变量，影响因素为自变量，进行二者之间的数据拟合和关系分析工作。

2. 试验过程

此次选取被试者13位，其中男性7位，女性6位，年龄均在20~30岁之间，裸眼视力均大于0.8（小数视力表）。被试者组成情况见表4.10。

被试者组成情况表　　　　表4.10

被试	QQL	ZJL	TSQ	WLF	HYX	JHW	LY	WJ	MJH	DFF	MJ	CXY	ZYX
性别	女	男	女	男	男	男	女	女	男	女	男	男	女
年龄	26	26	20	22	24	21	24	30	20	30	30	29	20

试验步骤：试验模拟昼间驾车从隧道洞外的接近段驶进入口段过程中的照明光环境变化情况。被试者按照顺序逐一进行测试，被试者先注视模拟 L_{20} 的灯箱，亮度为 2500～5500cd/m² 之间的随机值；在适应了一倍停车视距所对应的行驶时间后（即模拟隧道行车状况），模拟 L_{20} 的灯箱关闭（模拟从洞外进入洞内的过程）；与此同时被试者开始注视 L_{th} 模拟灯箱（模拟入口段亮度），亮度为规范所规定的 0～200cd/m² 之间的固定值 140cd/m²（该亮度的取值考虑洞外亮度最典型情况并通过 k 值法计算得到）。L_{th} 模拟灯箱点亮的同时，反应时间测试仪器联动释放小目标物，具体尺寸及位置情况如图 4.13 所示。被试者在 L_{th} 下在看到小目标物的一瞬间按下反应时间测试按钮，从释放小目标物到按下按钮之间的时间差在反应时间测试装置的液晶屏幕上显示出来，单位为毫秒（ms）。利用计算机记录下反应时间的数值，拟合得出不同变量下反应时间和各自变量参数的关系。从驾驶安全的角度出发，反应时间越短说明，驾驶员可以更早地预判，并进行驾驶过程中的反应、避险以及刹车处理，对应驾驶越安全。由于反应时间数据较多，且本次研究所考虑的是反应时间总体情况和其他影响因素的关系，参照试验心理学中取值常用方法，本次试验结果采用反应时间均值，寻找其与各自变量参数之间的关系。试验现场测试场景见图 4.16。

图 4.16　现场测试场景

3. 试验结果

考虑到要研究多种变量与反应时间均值之间的关系，所以需固定其中一种变量。考虑到 L_{th} 和反应时间均值的关系比较直观和明显，L_{th} 越大，反应时间越小，也就是同样情况下洞内入口段的亮度越大，越容易看清小目标物，反应时间也越短，所以试验将 L_{th} 设定为固定值，重点研究反应时间均值和性别、年龄（a）以及 L_{20} 之间的关系。

下面以被试者 MJH 的测试值作为典型案例，说明数据的得出过程，见表 4.11。

某被试者测试数据　　　　表 4.11

被试者	性别	年龄	L_{20}(cd/m²)	L_{th}(cd/m²)	反应时间 1 (−10°)	反应时间 2 (0°)	反应时间 2 (10°)	反应时间均值
MJH	男	20	2780	140	347	380	326	351

1) 低色温情况

当 L_{th} 光源为 2829K 的 LED 时,对反应时间均值与各影响参数的关系进行分析,经过测试得出的基础数据见表 4.12。

2829K LED 光源下反应时间均值和各影响参数的数据 表 4.12

被试者	性别	年龄(a)	$L_{20}(cd/m^2)$	反应时间均值(ms)
WJ	女	30	2632	773
MJH	男	20	2780	351
QQL	女	26	2995	302
ZJL	男	26	3005	429
TSQ	女	20	3150	482
WLF	男	22	3238	473
HYX	男	24	3326	430
JHW	男	21	3670	445
QQL	女	26	3995	242
ZJL	男	26	4005	387
LY	女	24	4260	350
QQL	女	26	4995	221
ZJL	男	26	5005	333
HYX	男	24	5092	448
ZYX	女	20	5390	559
JHW	男	21	5500	443
CXY	女	29	5180	415

在此,分别以性别,年龄(a)和 L_{20} 为自变量,以反应时间均值($\overline{RT}$)为因变量,进行不同光源色温下数据拟合,最终按照不同的趋势线拟合,得出如下结果:

(1) 通过对性别与反应时间均值的关系分析得出,男性的反应时间平均值为 415ms,而女性的反应时间平均值为 418ms,二者之间的差距仅有 3ms,差距不明显。说明当 L_{th} 为 2829K 的 LED 时反应时间受性别的影响不大,男性和女性在暖白色 LED 下反应时间接近。

(2) 将年龄(a)与反应时间均值的关系进行分析:由于被试者存在同龄的人员,研究对同龄人员的反应时间数据进行取平均值处理,最终结果见表 4.13。

被试者年龄与反应时间均值 表 4.13

年龄(岁)	20	21	22	24	26	29	30
反应时间均值(ms)	464	444	473	409	319	415	773

对年龄和反应时间均值数据进行拟合,按照不同的拟合曲线得到的复相关系数值

(R^2) 见表 4.14。

年龄与反应时间均值关系拟合情况（L_{th} 色温为 2829K） 表 4.14

拟合曲线形式	指数	线性	对数	二次线	幂
复相关系数(R^2)	0.0937	0.1587	0.1334	0.5908	0.0734

经过对照，得出按照以上结果在二次线的情况下年龄和反应时间均值的相关性最大，二者存在较强的相关性（R^2 为 0.5908），关系式为：

$$\overline{RT} = 9.315a^2 - 452.53a + 5844.2 \tag{4.4}$$

式中，$\overline{RT}$ 为反应时间均值；a 为被试者的年龄。

将年龄与反应时间均值进行拟合，得到图 4.17。

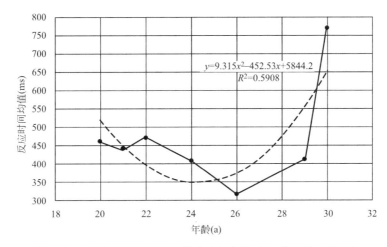

图 4.17 年龄与反应时间均值关系拟合图（L_{th} 色温为 2829K）

从式（4.4）和图 4.17 中得出，在 20～30 岁的年龄范围内，随着年龄的增大，反应时间均值开始有小幅度的降低，然后在 26 岁之间出现拐点，26 岁之前呈现降低趋势，而在 26 岁之后则迅速增加。从目前的被试者可以看出，人的反应速度在 26 岁左右达到最快。根据交通工程学的结论，安全反应时间长度应该在 700ms 以下，根据图表中的数据，可以看到在 30 岁时，反应时间均值达到了 773ms，大于安全反应时间长度，存在较大的驾驶危险。现实生活中，30 岁以后的司机由于驾驶经验较为丰富，可以通过预判补充反应时间偏长的不足，数据的客观性出现偏差。但是也影响了反应时间测试的客观性。

（3）L_{20} 与反应时间均值的关系分析，将 L_{20} 与反应时间均值进行拟合，得到的结果如图 4.18 所示。

同样分析不同拟合方式下的复相关系数（R^2）之后发现，二次线的形式下该值最高，为 0.1891，说明 L_{20} 与反应时间均值具有一定的相关性。物理意义在于：伴随着隧道洞外亮度从 2500cd/m² 变化到 5500cd/m²，对应被试者的反应时间均值先是变小，然后变大，拐点发生在 4000～4500cd/m²。虽然洞外亮度属于不可控因素，但是研究结果表明：在 L_{th} 不变的前提下，隧道洞外亮度（即接近段亮度）在低于 4000cd/m² 和高于 4500cd/m² 时的反应时间比较长。其他研究者对洞外亮度进行了研究，在太阳辐射无法控制的前提

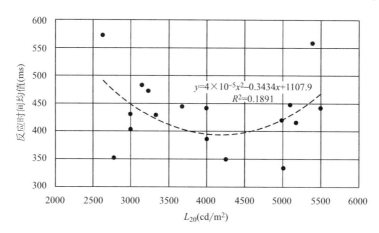

图 4.18 L_{20} 与反应时间均值的关系拟合结果（2829K）

下，可以通过洞口朝向、20°视角内洞外景物类型，以及反射比、遮光装置等控制洞外亮度，达到反应时间更短。

对结果的延伸：如果按照传统的 k 值法，在设计行驶速度为 80km/h 和停车视距为 100m 的前提下，k 值取值为 0.035。此时计算 L_{th} 计算结果为 140～158cd/m²。与前述 140cd/m² 的入口段亮度取值相符。

2）中间色温情况

当 L_{th} 光源为 3814K 的 LED 时，反应时间均值与各影响参数的关系分析如下。

经过测试得出的基础数据见表 4.15。

3814KLED 光源下反应时间均值和各影响参数的数据　　表 4.15

被试者	性别	年龄(a)	L_{20} (cd/m²)	反应时间均值(ms)
ZYX	女	20	2550	334
HYX	男	24	2765	358
QQL	女	26	2995	211
ZJL	男	26	3005	356
ZYX	女	20	3600	312
WLF	男	22	3870	281
QQL	女	26	3995	201
ZJL	男	26	4005	291
LY	女	24	4260	264
QQL	女	26	4995	175
ZJL	男	26	5005	281
WLF	男	22	5104	260
MJH	男	20	4500	275
MJ	男	30	4250	589
MJ	男	30	4400	643
DFF	女	30	4800	489
DFF	女	30	5180	365

在此，分别以性别，年龄（a）和L_{20}为自变量，以反应时间均值（$\overline{RT}$）为因变量进行数据的拟合，最终按照不同的趋势线形式拟合，得出的结果如下：

（1）通过对性别与反应时间均值的关系分析得出，男性的反应时间平均值为370ms，而女性的反应时间平均值为294ms，二者之间的差距为76ms，差距比较明显。说明在当L_{th}为3814K的LED时反应时间受性别的影响较大，就试验数据来看，女性比男性的反应时间更短，即对正白光而言女性反应时间更短。

（2）将年龄（a）与反应时间均值的关系进行分析，由于存在同龄的人员，所以同样对同龄人员的反应时间数据进行取平均值处理，结果见表4.16。

被试者年龄与反应时间均值　　　　　　　　　　　　表4.16

年龄(a)	20	22	24	26	30
反应时间均值(ms)	307	271	311	253	522

对年龄和反应时间均值数据进行拟合，按照不同的拟合曲线得到的复相关系数（R^2）值见表4.17所示。

年龄与反应时间均值关系拟合情况（3814K）　　　　表4.17

拟合曲线形式	指数	线性	对数	二次线	幂
复相关系数(R^2)	0.4527	0.5167	0.4607	0.8949	0.3991

经过对照，同样类似得出在二次线的情况下年龄和反应时间的相关性最大，二者存在较强的相关性（R^2为0.8949），关系式为：

$$\overline{RT} = 5.5061a^2 - 255.93a + 3233.8 \tag{4.5}$$

式中，$\overline{RT}$为反应时间均值；a为被试者的年龄。

年龄与反应时间均值间的关系见图4.19。

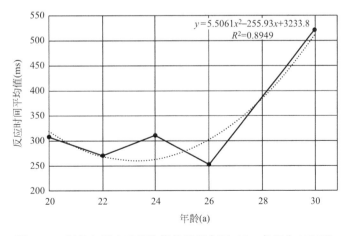

图4.19　年龄与反应时间均值关系拟合图（L_{th}色温为3814K）

从式（4.5）和图4.19中可以看出，在20～30岁的年龄范围内，随着年龄的增大，反应时间均值开始有小幅度降低，然后总体趋势在24岁左右出现拐点，26岁之后则迅速增加。

（3）L_{20}与反应时间均值的关系分析：将反应时间均值和L_{20}进行拟合，得出不同的数据拟合形式的复相关系数（R^2）存在差别，结果见表4.18。

L_{20}与反应时间均值的关系拟合结果（3814K）　　　表4.18

拟合曲线形式	指数	线性	对数	二次线	幂
复相关系数（R^2）	3×10^{-7}	0.0029	0.004	0.0199	3×10^{-5}

复相关系数最大的二次线形式见图4.20，从中可以看出，二者的关系是弱相关关系。

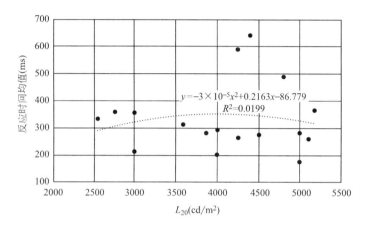

图4.20　L_{20}与反应时间均值的关系拟合图（3814K）

同样分析不同拟合方式下的复相关系数之后发现，二次线的形式下该值最高，为0.0199，具有较弱的相关性。物理意义在于：伴随着隧道洞外亮度从2500cd/m²变化到5500cd/m²，对应被试者的反应时间均值先是变大，然后变小，拐点发生在3800～4000cd/m²。

分析：如果按照传统的k值法，在设计行驶速度为80km/h和停车视距100m的前提下取值0.035比较合适。此时计算L_{th}结果为133～140cd/m²，与前述140cd/m²的入口段亮度取值相符。

3）高色温情况

当L_{th}光源为5257K的LED时，通过对反应时间均值（$\overline{RT}$）与各影响参数的关系分析，得到如下结果。

经过测试得出的基础数据见表4.19。

5257KLED光源下反应时间均值和各影响参数的数据　　　表4.19

被试者	性别	年龄（a）	L_{20}（cd/m²）	反应时间均值（ms）
HYX	男	24	2638	443
QQL	女	26	2995	173
ZJL	男	26	3005	316
TSQ	女	20	3150	351

续表

被试者	性别	年龄(a)	$L_{20}(\mathrm{cd/m^2})$	反应时间均值(ms)
JHW	男	21	3670	389
WJ	女	30	3800	586
QQL	女	26	3995	198
ZJL	男	26	4005	321
LY	女	24	4260	292
QQL	女	26	4995	185
ZJL	男	26	5005	321
HYX	男	24	5342	473
TSQ	女	20	5500	321
MJ	男	30	4900	673
MJH	男	20	4500	350
MJH	男	20	2780	273
CXY	男	29	5180	427

在此，分别以性别，年龄（a）和 L_{20} 为自变量，以反应时间均值为因变量进行数据拟合，最终按照不同的趋势线形式拟合，得出如下结果：

（1）通过对性别与反应时间均值的关系分析得出，男性的反应时间平均值为379ms，而女性的反应时间平均值为329ms，二者之间的差距有50ms，差距明显。说明当 L_{th} 为5257K 的 LED 时反应时间受性别的影响较大，女性比男性的反应时间明显更短。对冷白光而言，女性比男性反应时间更短。

（2）将年龄与反应时间均值的关系进行分析：由于存在同龄的人员，所以同样对同龄人员反应时间数据进行取平均值处理，结果见表4.20。

被试者年龄与反应时间均值　　　　　　　　　　　　　　　　　　表 4.20

年龄(a)	20	21	24	26	29	30
反应时间均值(ms)	324	389	403	319	427	430

对两组数据进行拟合，按照不同的拟合曲线得到的复相关系数（R^2）值如表4.21。

年龄与反应时间均值关系拟合情况（5257K）　　　　　　　　　　表 4.21

拟合曲线形式	指数	线性	对数	二次线	幂
复相关系数(R^2)	0.3236	0.3502	0.3387	0.3905	0.3132

经过对照，得出在二次线的情况下年龄和反应时间的相关性是最大的，R^2 值为0.6164，二者存在较强的相关性，关系式为：

$$\overline{\mathrm{RT}} = 0.91171a^2 - 38.477a + 761.17 \tag{4.6}$$

式中，$\overline{\mathrm{RT}}$ 为反应时间均值；a 为被试者的年龄。

数据拟合图见图4.21。

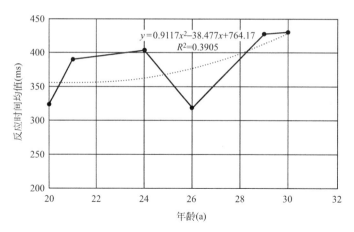

图 4.21　年龄与反应时间均值关系拟合图（L_{th} 色温为 5257K）

从式（4.6）和图 4.21 中可以得出，在 20～30 岁的年龄范围内，随着年龄的增大，反应时间均值先是升高，然后有小幅度的降低，最后在 24～26 岁左右出现拐点，26 岁之后增加幅度较大。从总体拟合趋势看，反应时间随着年龄先是缓慢变小，而后较大幅度增加。说明对于反应时间均值而言，被试者的年龄是非常重要的考虑因素，而且在 20～30 岁之间，随着年龄的增加，总体的反应时间均值是增加的，也就是年龄越大，反应越慢。

（3）L_{20} 与反应时间均值的关系分析：L_{20} 与反应时间均值的关系拟合结果见图 4.22。

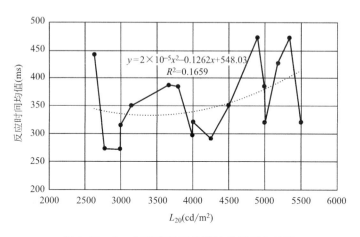

图 4.22　L_{20} 与反应时间均值的关系拟合结果

同样分析了不同拟合方式下的复相关系数之后发现，二次线的形式下该值最高，为 0.1659，说明具有一定的相关性。物理意义在于：伴随着隧道洞外亮度从 2500cd/m² 变化到 5500cd/m²，对应被试者的反应时间均值先是变小后变大，拐点发生在 3500～4000cd/m²。

分析：按照传统的 k 值法，在设计行驶速度为 80km/h 和停车视距 100m 的前提下，k 值取值 0.035 比较合适。此时计算 L_{th} 结果为 123～158cd/m²，与前述 140cd/m² 的入口段亮度取值相符合。

4. 试验数据分析

1) 反应时间均值和性别的关系

通过对反应时间均值和性别的关系分析，对于 L_{th} 为三种不同色温 LED 光源的试验结果进行整合，得到表 4.22。

反应时间均值和性别的关系　　　　　　　　　　　　表 4.22

L_{th} 光源色温(K)	反应时间均值(ms)		差距(ms)	百分比(%)
	男	女		
2829	415	418	−3	−0.7
3814	370	294	76	25.9
5257	379	329	50	15.2

为了更加清楚地显示性别之间反应时间均值间的区别，将上表中的数据绘成如图 4.23 所示的柱状图

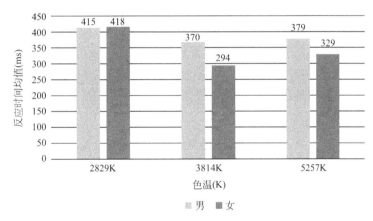

图 4.23　反应时间均值和性别的关系图

根据对于本试验被试者的研究结果，从表 4.21 和图 4.23 中可以得出如下结论。

(1) 在 2829K LED 的情况下，男、女之间的反应时间均值相差不大，仅有 3ms (0.7%)；在 3814K LED 的情况下，男女之间的反应时间均值相差较大，男性比女性长 76ms (25.9%)；在 5257K LED 的情况下，男女之间的反应时间均值相差为 50ms (15.2%)，男性比女性更长。

(2) 从色温因素来看，无论对于女男性还是女性，3814K 下反应时间均值总体最短，5257K 次之，2829K 最长。

(3) 男性相对女性对于 3814K 和 5257K LED 的反应时间均值相差较小，仅有 9ms (2.4%)。

(4) 总体而言，男性的反应时间均值比女性偏长，从该方面来讲，女性比男性在驾车方面更加具有优势。分析认为：通常所说的女性不适合驾驶和驾车容易发生事故主要还是跟女性的性格（胆小、谨慎）方面有关，与不完全调研结果中获取的女性驾考成绩普遍好于男性的现象吻合。近些年来经常发生女性驾车出事故的情况，多数还是因为女性心态的问题，希望研究结果给广大女性在驾车驶入隧道的过程中给出一定的数据支持，也为试验

被试者性别选择提供依据。

2）与年龄的关系

不同色温 LED 光源下反应时间均值和年龄的关系见图 4.24。

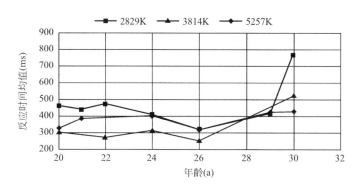

图 4.24 L_{th} 为不同色温 LED 下反应时间均值和年龄（a）的关系

通过对在 L_{th} 光源为三种不同色温 LED 的情况下反应时间均值和年龄的对照可以得出如下结论。

（1）无论是哪种色温的 LED 光源，随着年龄的增加（在 20～30 岁之间），反应时间均值的总体趋势都是先缓慢变小然后再显著增大，均值变化的拐点基本都出现在 26 岁左右。二者的关系无论在哪种色温下均更加符合二次线关系，R^2 值与色温之间的对应情况见表 4.23，均为较强相关性。

R^2 最大值与色温之间的对应情况 　　　　　　　　表 4.23

L_{th} 光源色温	2829K	3814K	5257K
相关系数最大值	0.5908	0.8949	0.3905

（2）根据交通工程学中反应时间小于 0.7s 的情况下相对安全的规定，除了在 L_{th} 为 2829K LED 情况下 30 岁被试者反应时间均值（773ms）大于该值外，其他情况下被试者反应时间均小于该值。也就是说，中高色温（正白和冷白光）相对更加安全。唯一超过 0.7s 的原因分析如下：一方面被试者年龄稍大，另一方面由于光生物效益，暖白光会让人分泌更多的褪黑激素，容易产生困倦，起到一定的减慢反应的作用。因此建议尽量减少暖白光在隧道照明中的应用。考虑驾驶员年龄超过 30 岁之后的预判和经验更丰富，测试的反应时间结果存在误差，所以结论可能影响后续被试者的年龄选择。

（3）从 L_{th} 为三种色温时所对应曲线可以发现，在低色温（2829K）情况下的反应时间均值总体都大，说明低色温情况下不利于驾驶的安全；在中间色温（3814K）情况下的反应时间均值在 28 岁之前较其他两种色温偏小，仅在 28 岁之后较高色温（5257K）情况下偏大；在高色温（5257K）情况下的反应时间均值基本居于其他两种色温之间，仅在被试者 28～30 岁之间时较 3814K 时偏小。

（4）综合而言，对于 20～30 岁之间的被试者，随着年龄的增加，反应时间均值先是缓慢变小，然后快速变大。当 L_{th} 在 3814K 的情况下反应时间均值是最小的，对应驾驶也是最安全的。此处结论影响到后续对光源色温的选择。

（5）研究的不足在于试验被试者量略偏小，年龄的选取范围限于 20～30 岁之间。今后的研究应当在适当增加试验被试者数的基础上增加其他不同年龄段被试者的数量。

机理分析：根据光生物效应，低色温（2829K）情况下人的褪黑激素分泌更多，更加有利于睡眠，而人一旦出现了困倦的现象就会增加反应时间，导致该值偏大。而高色温（5257K）情况下还应结合亮度考量，高色温低亮度下，人会感觉寒冷，导致反应僵化和迟钝，反应时间也会变长。

3）反应时间均值和 L_{20} 的关系

将反应时间均值与 L_{20} 进行拟合得到的结果见图 4.25。

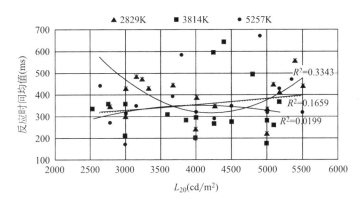

图 4.25 反应时间均值与 L_{20} 拟合结果

从对图 4.25 的分析可以得出如下结论。

（1）反应时间均值和 L_{20} 的关系基本符合二次线的形式，但是仅在 2829K 的情况下是弱相关关系，在 2814K 和 5257K 的情况下呈现的是非相关关系。从总体趋势而言，在 2829K 的情况下，随着 L_{20} 的增加，反应时间呈现降低趋势，在 3814K 和 5257K 的情况下则几乎呈现为水平线的形式。

（2）仅从本次试验的分析出发，得出反应时间均值与 L_{20} 之间并不存在明确的相关关系，并且没同普遍认为的亮度差越大，反应时间越长完全吻合。说明人眼的视觉对于反应时间的影响并不是普通意义上认为的那么简单，而是存在着更复杂的运行机理，建议后续采用亮度差而非亮度绝对值来进行相关研究。

5. 试验结论

本部分内容从研究公路隧道入口段照明的视觉适应出发，以视觉功效法中的反应时间为主要研究对象，研究了反应时间均值和各影响参数（性别、年龄和 L_{20}）之间的关系，通过上述一系列研究得出以下结论：

（1）通过对比公路隧道入口段亮度在不同色温情况下反应时间均值和性别的关系可以得出：在年龄介于 20～30 岁之间的前提下，性别对反应时间均值的影响不大，在 2829K 的 LED 情况下男性和女性相差最小。总体而言，男性的反应时间均值偏长，尤其是在中高色温（3814K 和 5257K）情况下；从色温上来看，3814K 情况下的反应时间均值最短，其次是 5257K，而 2829K 情况下的反应时间均值最长；男性对 3814K 和 5257K 的 LED 照明下的反应时间均值相差不大。

（2）通过对比公路隧道入口段亮度在不同色温情况下反应时间均值和年龄（a）的关

系可以得出：在20岁到30岁的范围内，无论L_{th}为何种色温，随着年龄的增加，反应时间均值先是缓慢减小，到26岁出现拐点，然后快速增加；对于大多数年龄段，反应时间在安全范围（0.7s）之内的（仅在2829K且年龄为30岁的情况下除外）；3814K时反应时间均值最小，最安全。

（3）通过对比L_{th}在不同色温，相同亮度下反应时间均值和L_{20}之间的关系得出：二者不存在明显的相关关系，仅在2829K的LED情况下有弱相关关系。

4.3.3 试验参数选择

从试验的结论可以得出视觉功效试验中参数选择的原则如下。

1. 被试者选择

（1）在年龄方面，在分析反应时间均值和年龄（a）的关系时发现，被试者年龄在20~30岁之间的情况下，二者呈现的趋势是随着年龄的增加，反应时间变短，在26岁出现拐点；之后随着年龄的增加，反应时间逐渐变长，受到试验对象个体的影响较大；所以被试者中从年龄角度，应尽可能选择具有可比性的年龄段，如20~30岁，而不应选择较大跨度的年龄段，以减少试验对象个体经验的影响，保证反应时间数据之间的可比性。

（2）在性别方面，对反应时间均值和性别的关系分析认为，女性驾车容易出现事故，还是与大部分女性的胆量小和遇事更容易紧张有关系，更多是心理上的原因，而不是生理上的问题。这与很多女性驾驶员在学习驾照时分数很高，但在实际驾驶中出现类似"油门当刹车"的情况相符合。说明试验在被试者选择时不应回避对女性驾驶员的选择，男女被试者比例尽量接近1∶1；

2. 光源的色温选择

从光源色温的角度，根据试验结论，色温3814K的LED下的反应时间相对最短，其次是5257K，最后是2829K。也就是说，在选择光源的色温时，应当综合考虑低、中、高色温，尽可能选择多种的色温，且色温选择要有代表性；

3. 隧道内外亮度的选择

在隧道内外亮度的选择方面，根据试验结论，仅考虑洞外亮度或者入口段亮度与反应时间均值的关系时，相关性不明显；后续在研究的过程中，考虑采用亮度级差、亮度阶梯、亮度差或亮度比与反应时间进行拟合，更具有现实意义，能产生更好的逻辑联系，进而进行视觉适应的分析。

该研究针对公路隧道照明工况对视觉功效法中的反应时间参数进行了研究，为将来的试验设定提出新的思路，有利于从被试者、光源色温选择等方面对各影响因素的细致考虑。

4.4 本章小结

本章研究基于视觉适应的视觉功效试验的设定和建立，通过预试验研究了视觉功效随视觉适应的变化规律，作为试验设定的基础；从试验设备仪器选定、研究边界界定、参数设定、数据处理等方面进行了视觉功效试验的设定和建立；通过对视觉功效中最重要的指标——反应时间在试验心理学中的影响因素总结，选择基于视觉适应的视觉功效试验参数。

（1）研究了视觉功效（包括反应时间和瞳孔变化）随视觉适应的变化规律。从单个被试者数据来看，随着视觉适应时间的增加，视觉功效中的反应时间数据先是降低，随后持平或增加，部分被试者在适应时间达到一定值时出现拐点；从所有被试者的反应时间均值来看，适应时间与反应时间之间具有较强的线性相关性（复相关系数为0.8137），反映出线性递减趋势。从瞳孔变化规律来看，瞳孔变化的大小和速率与适应时间有很大的关联性。以上反应时间和瞳孔变化的关联性为后续视觉功效试验参数选择奠定了基本规律方面的基础。

（2）从多方面进行视觉功效试验的设定和建立，包括试验用光源色温的选择、试验设备和仪器以及试验参数（包括洞内外的亮度、小目标物的尺寸、位置和对比度等）的设定；在试验用光源色温方面，隧道外考虑采用接近天然光色温和显色指数的可调光源组合，隧道内考虑采用公路隧道中目前常用且典型的低、中、高三种色温的LED可调光源，试验仪器、设备和试验参数的选择均贴近实际隧道照明情况。界定了本研究的边界，明确了数据处理以及误差分析的原则和方法，突出试验设定的科学性和准确性，为后续的正式试验做好基础性准备，尽量减少系统性误差。

（3）进行基于视觉适应的视觉功效试验参数设定工作。

首先，总结试验心理学中反应时间的影响因素，反应时间常常会受到刺激、被试、速度与准确率权衡以及试验设备的时间精度等因素影响；对本书而言，在试验过程中考虑到不同感觉，如视觉和听觉对于试验结果的影响，不同数据采集仪器时间精度的差异，进行了试验设定中相关因素的规避。

其次，对公路隧道洞外亮度（接近段亮度）到入口段亮度中反应时间的影响因素进行了不同亮度、色温光源下针对不同性别、年龄被试者的前期试验，以进一步在实际试验中明确对视觉功效试验参数（包括被试者的性别、年龄，光源的色温，隧道洞内外亮度等）的设定。

最终，通过对数据的分析，得出如下结论：①制约隧道照明中被试者反应时间的因素主要是被试者的性别、年龄、光源的色温、隧道洞外亮度以及隧道入口段亮度；②从性别角度，在被试者所在的20～30岁年龄段内，针对不同的色温反应时间有所不同，女性的反应时间均值小于男性，其中在低色温下更为接近；③从年龄角度，在被试者在20～30岁年龄段内，无论是何种色温的LED光源，被试者的反应时间均值变化规律均先减小后增大，在26岁左右出现拐点；④从隧道洞外亮度角度，在20～30岁年龄段内，洞外亮度与反应时间均值不存在明显相关关系，仅在2829K的LED情况下有弱相关关系；⑤依据反应时间影响因素进行试验参数选择，包括被试者年龄、性别、隧道内外光源亮度、色温等。

第 5 章
不同色温下隧道照明视觉适应试验

5.1 入口段亮度动态折减系数试验

5.2 入口加强照明段暗适应时间

5.3 入口加强照明段各阶梯动态长度

5.4 入口段亮度安全可见阈值

第 5 章 不同色温下隧道照明视觉适应试验

本书第 4 章通过对视觉功效随视觉适应变化规律研究，得出视觉功效试验研究的基础影响因素，进行适于隧道光环境的视觉功效试验的设定和建立，选择基于视觉适应的视觉功效试验参数，为不同色温下隧道照明视觉试验研究奠定了基础。本章通过试验研究不同色温下的公路隧道照明视觉适应曲线，拟解决修正视觉适应曲线的亮度和长度组成问题。修正公路隧道照明视觉适应曲线试验作为完整的体系，主要包含 4 个试验，分别为：入口段亮度折减系数试验、入口加强照明段暗适应时间试验、各加强照明阶梯动态长度试验和入口段亮度可见阈值试验。前三个试验结论综合得出满足安全、舒适、节能的修正视觉适应曲线，最后一个试验得出满足最低安全需要的修正视觉适应曲线。预期的研究成果见图 5.1。

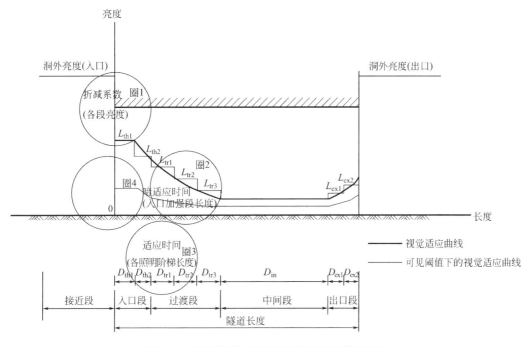

图 5.1 公路隧道视觉适应曲线试验预期目标图

注：圈 1 表示试验 1，即入口段亮度折减系数试验，其结论组成视觉适应曲线的纵坐标；圈 2 表示试验 2，即入口加强照明段暗适应时间；圈 3 表示试验 3，即各照明阶梯动态长度；圈 2 和圈 3 的结论结合组成视觉适应曲线的横坐标；圈 1、2、3 综合组成满足安全、舒适和节能需求的修正视觉适应曲线；圈 4 表示试验 4，即入口段亮度安全可见阈值试验，与前述结论组成最低安全需求下的修正视觉适应曲线。

5.1 入口段亮度动态折减系数试验

公路隧道各照明段亮度分布规律和各照明段阶梯长度规律研究是本书的研究重点。下面利用视觉功效法，针对公路隧道入口段亮度动态折减系数展开研究。

5.1.1 试验目的和思路

(1) 试验目的：以视觉功效中的反应时间为基本评价指标，通过对色温和亮度变化的适应，获取公路隧道在不同色温光源下入口段亮度和隧道洞外亮度之间的关系，确定在确保行车安全的前提下 L_{th} 和 L_{20} 之间关系的变化规律，确定在外部光环境条件变化时，对应入口段不同色温 LED 光源下的亮度折减规律；作为公路隧道修正视觉适应曲线的纵坐标（亮度变化）成果。

(2) 试验思路：折减系数（k 值）法一直都是各国公路隧道入口段亮度研究的重点，也是智能照明中亮度控制的基础。结合智能照明方面的目标，研究进行了定位和优势分析，强调对照明技术和视觉理论方面既有文献资料和科研能力的积累、储备，加强试验仪器的更新和研究方案的设定。公路隧道内的起始照明段是入口段，由于视觉适应的要求，公路隧道入口段的光环境状况都由接近段的光环境状况决定。试验思路考虑从隧道照明设计的接近段亮度（即隧道洞外亮度 L_{20}）开始，首先模拟隧道接近段亮度，然后变化到入口段亮度，通过引入反应时间和瞳孔变化测试仪器来实现对实际公路隧道驾驶状况的模拟。在不同的 L_{20} 下对应出 L_{th}，得出不同的反应时间和瞳孔恢复时间，通过这两个参数对应找出反应时间最短的 L_{th}（解决不同被试者之间不具备可比性的问题）；利用不同的 L_{20} 和不同色温的光源对应出相应不同的 L_{th}，通过数据拟合得出二者之间的关系，为入口段亮度的计算提出有别于传统 k 值法的新方法——考虑了隧道内光源色温的动态折减系数法。亮度变化依据见表 5.1。

隧道照明各段典型亮度变化（单位：cd/m^2） 表 5.1

对应规范	接近段 L_{20}	入口段1	入口段2	过渡段1	过渡段2	过渡段3	中间段	出口段1	出口段2
CIE 88:1990/2004	平滑变化								
JTJ 026.1—1999	4000	100		30	10	3.5	2.0	10	
JTG/T D70/2—01—2014	4000	140	70	21	7.0	2.8	2.0	6.0	10

5.1.2 试验过程

(1) 利用模拟 L_{20} 和 L_{th} 的公路隧道照明视觉功效试验装置，再现公路隧道照明场景。改变光环境参数，模拟驾驶员昼间驾车连续通过接近段和入口段的视觉适应过程，获取不同照明参数下的反应时间数据，从而建立 L_{20} 和 L_{th} 之间的关系模型，进而获取不同光环境下折减系数 k 的变化规律。试验布置如图 4.13 所示。

(2) 根据反应时间越短，视觉功效越高、越安全的原则，确定 L_{20} 和 L_{th} 之间的关系，进一步得出关系式并分析其规律和原理。本部分研究选择 13 名被试者，其中男性 7 名（占 54%），女性 6 名（占 46%），年龄在 20~30 岁之间，裸眼视力均在 0.8 以上，均无色盲色弱，身体健康。在此，针对不同的色温和亮度变化的工况，每个被试者可以完成 3~6 组试验，平均每个被试者取得约 4 组试验数据，试验共得到 51 组数据，其中有效数据 50 组，无效数据 1 组，数据有效率为 98%，能够满足试验要求。

(3) 被试者按照顺序逐一进行试验。每名被试者注视 L_{20} 模拟灯箱（提前把灯箱亮度调到 2500～5500cd/m² 之间的随机值，如 3200cd/m²、4500cd/m²、5340cd/m² 等），L_{20} 模拟灯箱的光源为色温为 6879K、显色指数为 87 的 LED 和荧光灯组合，这与色温 6269K、显色指数接近 100 的天然光比较接近；打开公路隧道照明视觉功效试验装置，稳定一定适应时间之后（20～30s），关闭 L_{20} 模拟灯箱的光源，与此同时打开模拟入口段照明的光源，使隧道 L_{th} 分别为 5cd/m²、10cd/m²、20cd/m²、40cd/m²、60cd/m²、80cd/m²、100cd/m²、120cd/m²、140cd/m²、160cd/m²、180cd/m²、200cd/m² 的定值，该光源的色温有三种，分别为 2829K、3814K 和 5257K（分别代表低、中和高色温光源），显色指数分别为 75.2、72.7 和 75.3，光源为从灯具公司选取的 LED 隧道灯；同时在视觉功效测试装置内的小目标物位置联动弹出小目标物，为保证测试目标出现的客观性，小目标物（尺寸 1cm×1cm）会在 3 个（−10°、0°、10°）位置随机出现，见图 4.11。小目标物与反应时间测试仪器联动，此时仪器开始计时；让佩戴眼动仪的被试者在发现小目标物（小目标物）的第一时间按下反应时间按钮，从释放小目标物到按下按钮之间的时间差即为反应时间。从被试者佩戴的 iView-X 眼动仪中观测和记录瞳孔和场景的变化，通过截取时间段来看瞳孔的变化及稳定状况，从而得出入口段瞳孔恢复的时间。与此同时，反应时间记录仪的记录反应时间数值显示在液晶屏幕上。

(4) 数据处理。被试者的个体间的差异对反应时间数据影响很大，不同被试者的反应时间数据之间可比性较差。为此，找出每个被试者在其他试验参数不变，仅 L_{th} 变化时反应时间的最小值。图 5.2 为模拟洞外色温为 2829K、L_{20} 为 5092cd/m²，L_{th} 从 5cd/m² 变化到 200cd/m² 时某被试者（hyx）的反应时间数据变化情况。

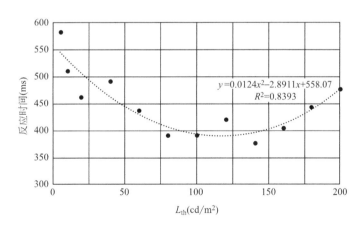

图 5.2 （2829K LED）L_{20} 为 5092cd/m² 时某被试者反应时间数据

从图 5.2 可以看出，反应时间和 L_{th} 的关系较好符合二次线的形式，此时的复相关系数（R^2）为 0.8393，说明二者的关系相关性较强。此时得出的反应时间最小值为 377ms，对应的 L_{th} 为 140cd/m²，意义也就是在 L_{20} 为 5092cd/m² 的前提下，在入口段 LED 光源色温为 2829K 时对应最安全的 L_{th} 为 140cd/m²。根据统计，有 92% 的被试者数据较好地符合二次线关系，但是有些被试者的复相关系数比本被试者稍低，如图 5.3 所示复相关系数为 0.5664。其他在不同 L_{20} 下各种色温的 LED 光源对应的最安全 L_{th} 值也采用上述分析取值方法获取，详细结果见试验结果分析部分。

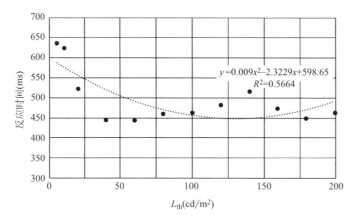

图5.3 （2829K LED）L_{20}为2638cd/m² 时某被试者反应时间数据

试验数据处理方法创新：根据试验心理学知识，反应时间数据的处理方法包含集中趋势的方法（含截点、数据转换和中数）、整体分布等。通过大量预试验及数据的预处理发现，不同被试者之间的反应时间数据（由于不同被试者心理、生理状态的不同）相差非常大，不存在可比性，给数据分析带来很大的困扰。如：试验中发现，部分被试者在各次试验中反应时间均大于600ms，而有的被试者则均小于300ms，如果采用传统均值、中数、截点等方法将明显失之偏颇。这与被试者个体差异以及速度与准确度的权衡有关，也就是有的被试者认为的发现目标与其他被试者不同，必须看得很清楚才会按下反应时间按钮。考虑每位被试者自身的数据显著可比且根据研究目的要求，在每位被试者的反应时间数据中取出最小值，用最小值对应出希望获取的试验参数值，事实证明这种方法是可行的。根据研究目的采用取极值的方法对试验心理学中反应时间数据的处理方法是有力补充。

5.1.3 试验结果

1. 低色温（2829K）LED时的试验数据

当模拟隧道入口段光源为色温2829K的LED时，得到13位试验者在不同L_{20}下对应的L_{th}数据17组，得出的基础数据见表5.2。由于试验过程的数据量较大，详细请见本书附录D。

当光源为2829K的LED时L_{20}和L_{th}的数据　　　　表5.2

被试者	性别	年龄(岁)	L_{20}(cd/m²)	L_{th}(cd/m²)	最快反应时间(ms)
（1）	女	30	2632	80	560
（2）	男	20	2780	60	253
（3）	女	26	2900	100	254
（4）	男	26	3100	100	289
（5）	女	20	3150	80	377
（6）	男	22	3238	80	412
（7）	男	24	3326	120	390

续表

被试者	性别	年龄(岁)	$L_{20}(\text{cd}/\text{m}^2)$	$L_{th}(\text{cd}/\text{m}^2)$	最快反应时间(ms)
(8)	男	21	3670	140	373
(9)	女	26	3995	160	192
(10)	男	26	4005	160	271
(11)	女	24	4260	180	286
(12)	女	26	4995	140	197
(13)	男	26	5005	160	269
(14)	男	24	5092	140	377
(15)	女	29	5180	140	406
(16)	女	20	5390	180	315
(17)	男	21	5500	160	345

17 组数据的被试者性别分布为：男 9 女 8，几乎各占一半；年龄分布都在 20 岁到 30 岁之间。从反应时间数据来看，除去前已述及的每位被试者的反应时间平均值有较大差异外，即使是每个被试者的最快反应时间之间，差距也非常大，从 192~560ms 不等，二者相差 2.92 倍。L_{20} 和 L_{th} 数据大小的分布相对随机，需要进一步通过图表和数据拟合进行相关分析。

下面对表 5.2 中的数据进行关系拟合，得到图 5.4。

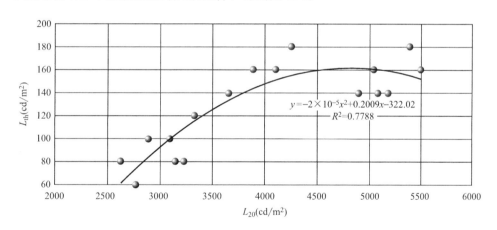

图 5.4　2829K LED 光源下 L_{20} 和 L_{th} 的关系（折减系数）

拟合得出关系式为式（5.1）：
$$L_{th} = -2 \times 10^{-5} L_{20}^2 + 0.2009 L_{20} - 322.02 \tag{5.1}$$

式中，L_{th} 为公路隧道入口段亮度；L_{20} 为公路隧道洞外（接近段）亮度。

数据拟合结果较好符合二次线关系，此时的 R^2 值，也就是复相关系数值为 0.7788，二者存在较强相关关系。

拟合图分析：

1) 在入口段光源为低色温 LED（2829K）的时候，当 L_{20} 为 2500~4800cd/m² 时随着 L_{20} 的增加 L_{th} 呈现递增趋势，而 L_{20} 在 4800~5500cd/m² 时则开始呈现缓慢递减趋势，

二者较好符合二次线的关系。

2）误差分析：误差的出现可能是由于被试者个体原因，也就是随机误差。另外，由于仪器中的自制部分精度不够高，所以也存在着系统误差。通过对偏差较大点的分析（如 L_{20} 为 3238cd/m² 时对应 L_{th} 80cd/m² 和 L_{20} 为 4260cd/m² 时对应 L_{th} 180cd/m²），排查到有一名被试者试验时的精神状态（略有焦虑）对反应时间数据有一定的影响，而且由于试验设备的精度很高（ms），导致结果产生一定偏差，但在误差允许范围内，所以在这里没有进行剔除处理。

2. 中间色温（3814K）LED 时的试验数据

当模拟隧道内入口段光源为色温 3814K 的 LED 时，得到 17 组数据（其中有效数据 16 组，无效数据 1 组），见表 5.3 和图 5.5。

无效数据分析：有一名被试者在试验的前一天由于某些原因熬夜，所以试验当天特别疲惫，导致试验数据出现明显的不准确，故进行了剔除处理，最终有效数据为 16 组。

当光源为 3814K 的 LED 时 L_{20} 和 L_{th} 的数据　　　　　表 5.3

被试者	性别	年龄(岁)	L_{20}(cd/m²)	L_{th}(cd/m²)	最快反应时间(ms)
（1）	女	20	2550	100	334
（2）	男	24	2765	80	358
（3）	女	26	2995	100	211
（4）	男	26	3005	120	356
（5）	女	20	3600	100	312
（6）	男	22	3870	160	281
（7）	女	26	3995	140	201
（8）	男	26	4005	140	291
（9）	女	24	4260	160	264
（10）	女	26	4995	120	175
（11）	男	26	5005	160	281
（12）	男	20	4500	140	275
（13）	男	30	4250	160	589
（14）	男	30	4400	160	643
（15）	女	30	4800	160	489
（16）	女	30	5180	180	365

16 组数据的被试者性别分布为：男 8 女 8，各占一半；年龄分布都在 20 岁到 30 岁之间。从反应时间数据来看，每个被试者的最快反应时间之间差距非常大，从 175～643ms 不等，二者相差 3.67 倍。L_{20} 和 L_{th} 数据大小的分布相对随机，需要进一步通过图表和数据拟合进行相关分析。

下面对表 5.3 中的数据进行关系拟合，得到图 5.5。

拟合得出关系式为式（5.2）：

$$L_{th} = -2 \times 10^{-6} L_{20}^2 + 0.0456 L_{20} - 14.089 \tag{5.2}$$

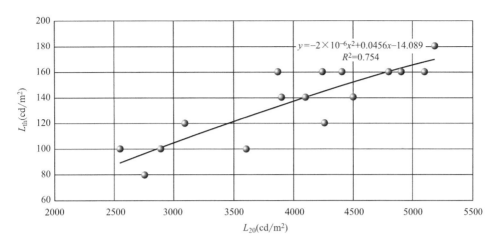

图 5.5 3814K LED 光源下 L_{20} 和 L_{th} 的关系（折减系数）

式中，L_{th} 为公路隧道入口段亮度；L_{20} 为公路隧道洞外（接近段）亮度。

数据分布符合二次线关系，此时的 R^2 值，即复相关系数为 0.754，二者具有中度相关关系。

拟合图分析：

（1）在入口段光源为中间色温 LED（3814K）时，L_{20} 和 L_{th} 之间总体呈现正相关的关系，随着 L_{20} 的增加，L_{th} 呈现递增趋势，二者关系符合二次线的关系。

（2）误差分析：除去上述特别疲惫的被试者数据明显偏慢导致数据（L_{20} 为 5120cd/m² 时对应 L_{th} 为 76cd/m²）被剔除之外，还发现了如下偏差较大的点。通过对该点（L_{20} 为 3600cd/m² 时对应 L_{th} 为 100cd/m² 和 L_{20} 为 4260cd/m² 时对应 L_{th} 为 120cd/m²）的分析，排查出有一名被试者当时的心理状态（略微紧张）对反应时间数据有一定的影响，由于试验仪器的精度很高才显示出有些偏差，但是偏差在允许误差范围，故没有做剔除处理。

3. 高色温（5257K）LED 时的试验数据

当模拟隧道内入口段 LED 光源色温为 5257K 时，得到 17 组数据见表 5.4 和图 5.6。

当光源为 5257K 的 LED 时 L_{20} 和 L_{th} 的数据　　　　　表 5.4

被试者	性别	年龄(a)	L_{20}(cd/m²)	L_{th}(cd/m²)	最快反应时间(ms)
（1）	男	24	2638	60	443
（2）	男	20	2780	60	273
（3）	女	26	2995	100	173
（4）	男	26	3005	120	316
（5）	女	20	3150	80	351
（6）	男	21	3670	140	389
（7）	女	30	3800	120	586
（8）	女	26	3995	160	198
（9）	男	26	4005	160	321

续表

被试者	性别	年龄(a)	L_{20}(cd/m²)	L_{th}(cd/m²)	最快反应时间(ms)
(10)	女	24	4260	140	292
(11)	男	20	4500	160	350
(12)	男	30	4900	140	673
(13)	女	26	4995	120	185
(14)	男	26	5005	160	321
(15)	女	29	5180	200	427
(16)	男	24	5342	180	473
(17)	女	20	5500	180	321

17组数据的被试者性别分布为：男9女8，几乎各占一半；年龄分布都在20岁到30岁之间。从反应时间数据来看，每个被试者的最快反应时间之间差距非常大，从173～673ms不等，二者相差3.89倍。L_{20} 和 L_{th} 数据大小的分布相对随机，需要进一步通过图表和数据拟合进行相关分析。下面对表5.4中的数据进行关系拟合，得到图5.6。

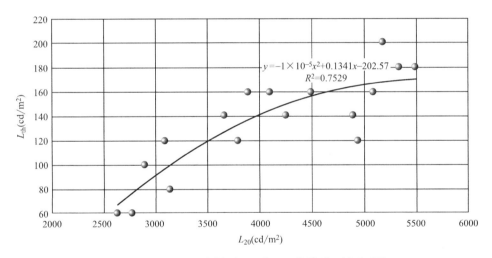

图5.6　5257K LED 光源下 L_{20} 和 L_{th} 的关系（折减系数）

拟合得出关系式为式（5.3）：

$$L_{th} = -1\times10^{-5}L_{20}^2 + 0.1341L_{20} - 202.57 \tag{5.3}$$

式中，L_{th} 为公路隧道入口段亮度；L_{20} 为公路隧道洞外（接近段）亮度。

数据分布更加符合二次线关系，也就是复相关系数（R^2）值为0.7529，拟合情况良好，相关性较高。

拟合图分析：

(1) 在入口段光源为中间色温LED（5257K）时，L_{20} 和 L_{th} 之间总体呈现正相关的关系，随着 L_{20} 的增加，L_{th} 呈现递增趋势，二者更加符合二次线的关系。

(2) 误差分析：误差的出现可能是由于被试者个体原因，也就是随机误差。另外，由于仪器中的自制部分精度不够高，所以也存在着系统误差。通过对偏差较大点（如 L_{20} 为

4950cd/m² 时对应 L_{th} 为 120cd/m² 和 L_{20} 为 5180cd/m² 时对应 L_{th} 为 200cd/m²)的分析，排查出有一名被试者当时的状态（略微着急）对反应时间数据会有一定的影响，由于试验仪器的精度很高，才导致显示出一定的偏差，但偏差在允许误差范围内，故没有对该数据进行剔除处理。

5.1.4 结果分析

1. 不同色温下的折减系数比对

为了进行对比分析，将三种色温下 L_{20} 和 L_{th} 的关系，即折减系数进行对照，见图 5.7。

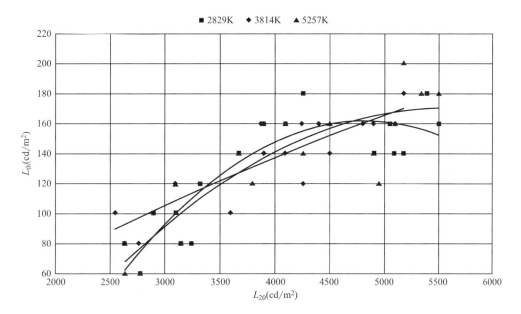

图 5.7 不同色温 LED 下的折减系数对照

从图 5.7 可以看出：

（1）三者反映出的 L_{20} 和 L_{th} 之间的折减系数关系均属于变动趋势不同的二次线关系的曲线。

（2）当 LED 色温为 2829K 时，折减系数曲率最大，L_{20} 在 3400~4700cd/m² 范围时 L_{th} 取值高于中、高色温的情况，而在低和高亮度时则相反。

（3）当 LED 色温为 3814K 时，折减系数曲率最小，与 2829K LED 时的规律有所区别，L_{20} 在亮度 3600~4800cd/m² 范围内时，L_{th} 低于色温为 2829K 和 5257K 的情况，而在这一范围外的时候则相反。

（4）LED 色温为 5257K 时折减系数曲率居中，规律是 L_{th} 取值在任何亮度下总体都偏小，但是 L_{20} 在 3600~4600cd/m² 范围之间时高于 LED 色温为 3814K 的情况，L_{th} 取值在 L_{20} 高于 4600cd/m² 范围时高于 LED 色温为 5257K 的情况。

（5）从不同色温下折减系数的对比可以得出，总体而言，从光效和能耗角度，最低的是2829K（低色温），而3814K（中间色温）情形和5257K（高色温）情形下各有优势，总体的综合光效最高、能耗最低的是5257K（高色温）情形。

2. 机理分析

经过分析，造成以上3条曲线之间变动规律有所区别的原因，主要是以下3点：

(1) 现有规范所规定的 k 值法中的变动趋势是线性的，这与中间色温即3814K情况下折减系数呈现的规律相类似，以前公路隧道主要光源常采用HPS，而且HPS的色温多在2500~4000K；

(2) 低色温高亮度的情况下，人一般会有视觉上燥热的感觉，舒适度较低，会产生不自在的感觉，此时的光效也相对较低，对应2829K和 L_{th} 大于160cd/m² 的情形；

(3) 高色温低亮度的情况下，人一般会感觉有忧郁的感觉，也会有不自在的感觉，此时的光效也相对较低，对应5257K和 L_{th} 小于80cd/m² 的情形。

3. 数据对照

为了进一步与现行的 k 值法进行对照，在此查得CIE和中国对 k 值的规定值见表5.5。

公路隧道入口段亮度折减系数（k）　　　　表5.5

规范	CIE	中国
折减系数 k	0.060	0.035

假设行驶速度80km/h，停车视距100m和对称照明情形下，根据CIE 88：1990指南，典型的 k 值取0.060；同样假设下我国公路隧道JTG/T D70/2—01—2014中 k 值取值为0.035。

根据现行 k 值法做出 L_{20} 和 L_{th} 的关系见表5.6，其中 L_{20} 的取值按照规范规定确定。

现行 k 值法计算结果（$k=0.060$ 和 0.035）　　　　表5.6

L_{20}(cd/m²)	2500	3000	3500	4000	4500	5000	5500
L_{th}(cd/m²)(CIE)	150	180	210	240	270	300	330
L_{th}(cd/m²)(中国)	87.5	105	122.5	140	157.5	175	192.5

把不同色温下的LED所反映的折减系数图和根据传统 k 值法计算得出的图对照，得到图5.8。

由图5.8可以看出：

(1) 无论何种形式的LED光源，曲线都是在CIE 88：1990规定的 k 值法直线之下的，而且差别非常大，说明相对于CIE 88：1990的指南规定而言，在同样的 L_{20} 情况下根据研究结果所得到的 L_{th} 要比CIE 88：1990所得到的低很多。也就是说，CIE规定本身的规定值偏高，这也是与指南制定时光源多为HPS有关，随着公路隧道照明光源的发展，尤其是LED光源的应用，照明效率有了明显提升，节约了能源。

(2) 相对于中国的公路隧道照明设计细则而言，研究结论中不同色温LED光源的关系曲线与根据现行 k 值法得出直线之间存在相互交叉的关系。色温为2829K的LED光源跟该直线相交；而色温为3814K的LED光源在低亮度部分高于现行 k 值法直线，在高亮

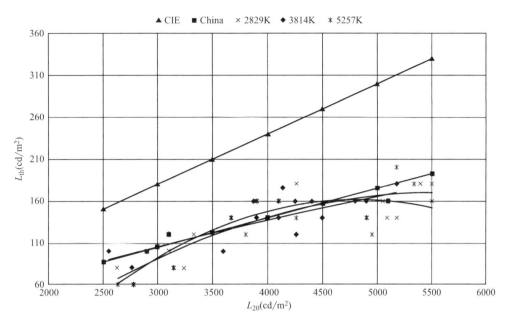

图 5.8 不同色温 LED 下的折减系数与现行 k 值对比图

度部分则低于现行 k 值法直线;色温为 5257K 的 LED 光源情况下则是基本全部低于现行 k 值法的直线;体现出了中高色温 LED 光源的高光效和低能耗。

5.1.5 结论

针对公路隧道折减系数规定中存在的问题,利用模拟的公路隧道照明试验装置进行了试验室试验,采用视觉功效法,利用反应时间为工具,对 L_{20} 和 L_{th} 的关系进行了相关试验,探求二者之间的关系,也就是不同色温下的动态折减系数规律,得出如下结论:

① 在不同色温下 L_{20} 和 L_{th} 的关系式即折减系数规律都是二次线关系,不同色温下有所区别,具体关系式见式(5.1)~式(5.3)。

② 通过不同色温 LED 光源的折减系数规律图对照发现:色温 2829K 的情况下总体光效较低;色温 3814K 情况下变动规律是在低亮度部分高于现行 k 值法直线,而在高亮度部分则低于现行 k 值法直线,基本低于中国公路隧道照明设计细则 JTG/T D70/2—01—2014;色温 5257K 情况下的 LED 光效最高、能耗最低。

③ 经过不同色温 LED 下的折减系数曲线同 CIE 88:1990 和中国公路隧道照明规范得出直线的对照分析得出:无论哪种色温的 LED,相较于 CIE 88:1990 规定同等 L_{20} 下的 L_{th} 都是低得多的,而相较于 JTG/T D70/2—01—2014 则是相互有交叉的。

④ 本书针对公路隧道限速为 80km/h 的典型情况,后续会扩大限速范围,针对 40km/h、60km/h、100km/h 和 120km/h 等情况继续进行试验,以满足更多驾驶场景。该结论还需要进一步现场试验的支持。

⑤ 本节试验结论为最终视觉适应曲线的洞内外亮度部分提供了基础,如图 5.9 中圆圈所示。

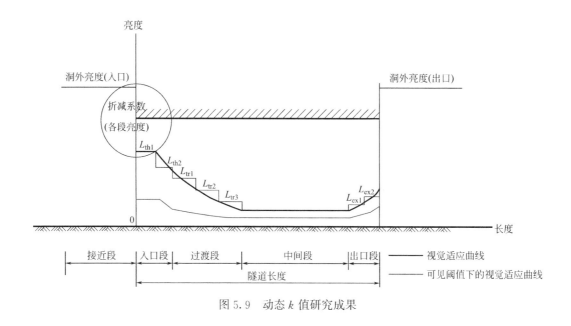

图 5.9 动态 k 值研究成果

5.2 入口加强照明段暗适应时间

视觉适应包含明适应和暗适应，其中昼间驾车驶出隧道对应明适应，适应时间较短。昼间从洞外驶入隧道对应暗适应，适应时间较长，适应的程度与驾驶安全密切相关。在明暗变化较多的公路隧道照明中应将降低暗适应时间为主要目标，通过设置加强照明来满足眼睛视觉适应性的要求。本部分将可以满足公路隧道驾驶视觉认知和驾驶安全保障的洞外接近段到洞内中间段的适应状态定义为公路隧道有效暗适应，这种情况下的入口加强照明段的暗适应时间对公路隧道驾驶安全更有应用价值。

5.2.1 试验目的和思路

（1）试验目的：主要利用视觉功效法中的反应时间和瞳孔变化指标，研究洞外亮度到洞内中间段亮度的适应过程，实现非完全适应状态下入口加强照明段整体暗适应，计算满足安全和舒适双重条件下的暗适应时间。该时间与车速结合，即可以得出在光滑渐变视觉适应曲线下入口加强照明段的总体长度，试验结论组成修正视觉适应曲线的横坐标（长度）。

（2）试验思路：采用视觉功效法，在试验室模拟和再现公路隧道驾驶的光环境状况，做关于瞳孔变化和反应时间的试验，其中瞳孔变化关联驾驶的安全性和舒适度，而反应时间关系到驾驶安全。明暗适应时间的长短与亮度值变化的比例、变化前后亮度值的绝对大小有关，还因人的生理因素不同而有所区别。一般而言，明适应所需时间为几到几分钟，而暗适应约需要十几秒到半小时。通过综合瞳孔变化曲线（当眼睛适应时，瞳孔趋于稳定，不适应时，瞳孔尺寸不断变化，趋势明显）和反应时间长短（当眼睛适应时，反应时间最短）两种数值来共同推导出有效暗适应时间。

5.2.2 试验过程

1. 瞳孔变化试验

1) 基本设定

各照明段亮度选择依据 CIE 88：2004 指南规定，洞外亮度和中间段亮度之间为平滑渐变。L_{20} 的取值参考隧道洞外亮度的典型值取 4000cd/m²，而 L_{in} 选择为 2cd/m²。所采用的光源为 LED，它在公路隧道照明中应用普遍，具有易于调光、光效高、寿命长、光色丰富等优点，色温为 5257K（正白光），显色指数 Ra 为 75.3。

试验的平、立面图见图 5.10。

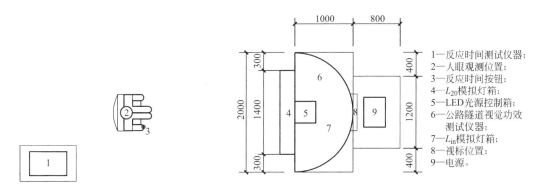

(a) 公路隧道视觉功效试验平面图(适应时间)

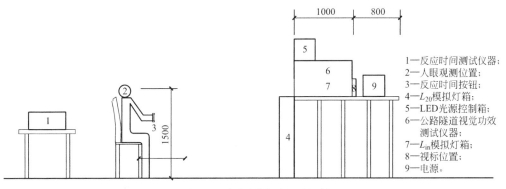

(b) 公路隧道视觉功效试验立面图(适应时间)

图 5.10 公路隧道视觉功效试验平、立面图（适应时间）

在此对 13 位被试者进行了视觉功效方面的测试，其中男性 7 人（占 54%），女性 6 人（占 46%），年龄在 20~30 岁之间，被试者裸眼视力均大于 0.7（小数记录视力表），均无色盲和色弱情况。测试现场见图 5.11、图 5.12。

2) 试验步骤

试验由被试者依次进行。首先，被试者佩戴 iView-X 眼动仪注视外环境的亮度，充分适应之后注视隧道洞外亮度（L_{20}）模拟灯箱（提前把灯箱亮度调到 4000cd/m²）；其次，

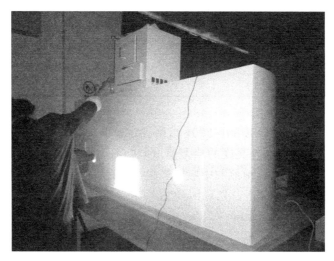

图 5.11　公路隧道照明视觉功效试验装置

图 5.12　测量过程情况

同样在充分适应之后,关闭该灯箱的同时打开模拟中间段亮度(L_{in})的灯箱(亮度调到 2cd/m²)并在模拟隧道内弹出小目标物(尺寸为 10cm×10cm),被试者在中间段亮度的背景下进行小目标物的搜索和确认工作;最后,眼动仪配合记录此过程中瞳孔和场景的变化数据。

2. 反应时间试验

(1) 反应时间试验选用同样的 13 位被试者。试验的设定和仪器设备同瞳孔变化试验。

(2) 试验步骤有所区别:试验由被试者逐个依次进行。首先,被试者手持反应时间仪器的按钮注视室外环境的亮度,充分适应后注视隧道洞外亮度(L_{20})模拟灯箱(提前把灯箱亮度调到 4000cd/m²);其次,在充分适应了该亮度之后,等待不同的适应时间(5s、10s、15s、20s、25s、30s、35s、40s、45s、50s)开启亮度为 2cd/m² 的灯箱(模拟 L_{in}),并且在模拟隧道内弹出小目标物,弹出小目标物的同时开始计时;最后,被试者在发现小目标物的第一时间按下反应时间测试按钮,从弹出小目标物到按下按钮之间的时间被反应时间记录仪器记录下来,试验场景见图 5.13。

图 5.13　反应时间试验场景

5.2.3　试验结果

试验通过综合瞳孔变化和反应时间两个方面数据共同确定公路隧道有效暗适应时间。其中,瞳孔变化曲线的判别依据为:当眼睛适应时瞳孔直径趋于稳定,不适应时反之;反应时间的判别依据为:当人眼越适应时,反应时间越短。

对 13 位被试者进行了多组的试验,最终得出试验结果如下:

1. 瞳孔变化数据

通过 iView-X 眼动仪观测得到的数据较多,每 50ms 为一帧,每秒有 20 帧的数据,在此选取典型的数据列出如图 5.14～图 5.18。

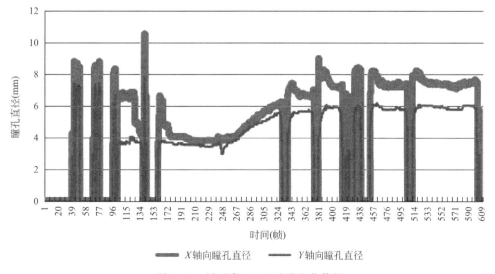

图 5.14　被试者 HYX 瞳孔变化数据

图 5.14 中水平轴的数据为时间 t，单位为帧，垂直轴的数据为瞳孔直径长度 D，单位为 mm，其中蓝色数据为 X 轴向瞳孔大小数据，红色数据为 Y 轴向瞳孔大小数据。为更好地进行数据分析，将 Y 轴向瞳孔大小的数据进行了滤波处理，得出的结果如图 5.15 所示。图 5.15 中横坐标为试验进行的时间，单位为 s，纵坐标为被试者 HYX 右眼 X 轴向的直径数据，单位为 mm。

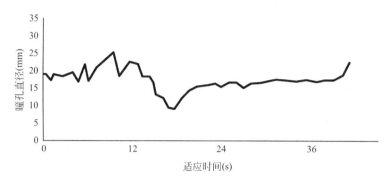

图 5.15 滤波之后的被试者 HYX 瞳孔数据图

从图 5.14～图 5.15 中可以看出，在适应过程中瞳孔不断变化。当人眼适应到一定程度，也就是由于光线突然变弱，导致人眼的瞳孔为了增加进光量而不断增大到一定程度时，瞳孔直径的变化呈现出一定的规律。而从 4000cd/m^2 变化到 2cd/m^2 的过程中，瞳孔数据逐渐变大，从 801 帧（Y 轴的直径数据 3.2726mm）到 1201 帧（瞳孔 Y 轴的直径数据 5.8609mm），一共用 400 帧（时长为 20.0s）实现了此过程，即实现了昼间驶入公路隧道暗适应的视看任务。

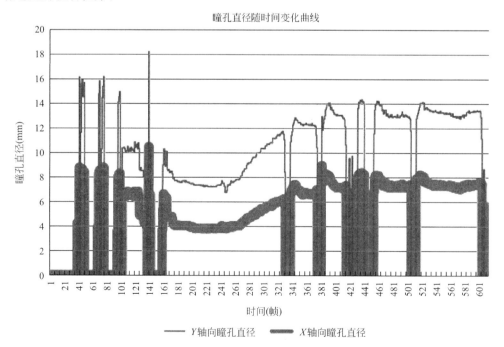

图 5.16 被试者 HYX 瞳孔变化数据放大图

第 5 章 不同色温下隧道照明视觉适应试验

从图 5.16 中可以更好地看出该适应过程。瞳孔数据显示，从 4000cd/m² 变化到 2cd/m² 的过程中，从 159 帧（对应图 5.14 中的 801 帧）（瞳孔 Y 轴的直径数据 3.2726mm）一直到 559 帧（对应图 5.14 中的 1201 帧）（瞳孔 Y 轴的直径数据 5.8609mm），一共用了 400 帧实现了此过程，即一共用时 20.0s 实现暗适应过程。

按照同样的方法对所有试验中可以得出明确结果的被试者瞳孔变化数据进行整理，其中有效数据 8 组，得出有效暗适应时间见表 5.7。

由瞳孔变化得出的被试者暗适应时间 　　　　　　　　　　　　表 5.7

被试者	HYX	JHW	TSQ	DFF	QQL	WJJ	WLF	ZJL
性别	男	男	女	女	女	女	男	男
年龄(a)	24	21	21	30	26	30	22	26
暗适应时间(s)	19.9	20.2	22.1	19.2	18.7	18.8	19.1	18.8

对有效暗适应时间的数据进行统计，得出结果如表 5.8 所示。

有效暗适应时间数据统计 　　　　　　　　　　　　　　　　　表 5.8

平均值(s)	标准差(s)	观测数(个)	置信度(95%)
19.6	1.16	8	0.97

对有效暗适应时间进行数据处理，得出所有被试者的有效平均暗适应时长为 19.6s。

2. 反应时间数据

试验对象为有效暗适应时间，更快的反应时间意味着更安全的驾驶，该反应时间值对应的适应时间即为适宜值。所以，寻找最快的反应时间就是找到对应有效适应时间的基础。

选取有代表性的数据见表 5.9 和图 5.17。

被试者 ZYX 的适应时间和反应时间数据 　　　　　　　　　　表 5.9

适应时间(s)	5	10	15	20	25	30	40
反应时间(ms)	458	443	432	302	347	364	457

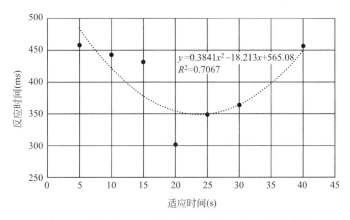

图 5.17　被试者 ZYX 的反应时间和适应时间关系图

从图 5.17 中可以看出,对该被试者的反应时间和适应时间进行数据拟合的结果总体的趋势为:随着适应时间的增加,反应时间先降低后升高。拟合关系最符合二次项的关系,此时 R^2 值,即复相关系数为 0.7067。从被试者 ZYX 的数据可以看出,最快反应时间为 302ms,对应的适应时间为 20s。

从 13 个被试者中选取 11 组适应时间有效数据进行了分析,得出总体的数据见表 5.10。

根据反应时间数据得出的被试者有效暗适应时间数据　　表 5.10

试验被试者	DFF	CXY	QQL	ZJL	WJJ	WLF	HYX	JHW	ZYX	TSQ	LY
反应时间平均值(ms)	577	510	345	310	461	336	393	270	404	414	309
最快反应时间(ms)	384	410	293	275	416	361	309	286	302	375	481
有效暗适应时间(s)	25	10	25	15	30	35	25	30	20	40	15

下面对数据进行分析,依据数据分布,将所有被试者的有效暗适应时间和最快反应时间均值计算得出表 5.11 和图 5.18。

不同被试者有效暗适应时间和最快反应时间关系　　表 5.11

有效暗适应时间(s)	10	15	20	25	30	35	40
最快反应时间(ms)	420	386	295	310	350	360	375

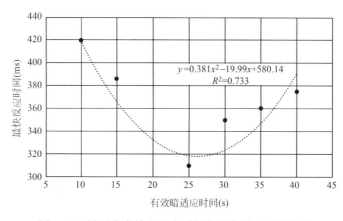

图 5.18　被试者有效暗适应时间和最快反应时间关系

通过对表 5.11 和图 5.18 的分析可知,对于多个被试者的数据集合,有效暗适应时间和最快反应时间之间符合二次项的关系,二者的复相关系数 R^2 为 0.7601,说明在适应 20s 的情况下,最快反应时间最短为 295ms,有效暗适应时间在 20s 时反应时间最短,故取有效暗适应时间为 20s。

5.2.4　结果分析

1. 数据对照

综合两种试验方法得到的结论,有效暗适应时间分别为 19.6s 和 20s。结论见表 5.12。

两种方法获得的有效暗适应时间对照　　　　　　　　　　　　　表 5.12

视觉功效法	瞳孔变化	反应时间
有效暗适应时间(s)	19.6	20

综合分析，根据两种方法得到的数据非常接近，说明瞳孔变化和有效暗适应之间存在着相关的关系。在此对二者取算数平均值处理，得到有效暗适应时间为 19.8s。

2. 长度分析

有效暗适应时间对应的即为 CIE 88：2004 指南中适应曲线中入口加强照明段（包括入口段和过渡段）的长度，采用公式 $D = v \times t$，可以得出：

$$D = \frac{80}{3.6} \times 19.8 = 440 \text{ (m)}$$

将所得到的结论与 CIE 以及世界各国的公路隧道照明规范对入口加强照明段行驶时间和长度进行比较，得到表 5.13。其中，为了相互比较，将车速统一设定为 80km/h。

研究结论与 CIE 及世界各国规范对入口加强照明段长度对照　　　　表 5.13

规范名称	行驶时间(s)	长度(m)	差别(%)
CIE 88:1990、CIE 88:2004	16.5	367	16.7
CR 14380:2003	16	355	19.2
BS 5489-2:2016	17.4	387	12.1
ANSI/IES RP-22-11	15.3	340.3	22.7
JTJ 026.1—1999、JTG/TD70/2—01—2014	17	378.2	14.1
JIS Z 9116-1990	13.3	295	32.8
试验结论	19.8	440	—

通过表 5.13 所示的对照，发现相对 CIE 以及世界各国的规范规定而言，试验结论得出的行驶时间和长度都更大，但是相对英国规范相差仅为 12.8%，相差最大的是日本的规范为 33.6%。需要说明的是，日本的规范在入口加强照明段划分上跟 CIE 及其他国家不同。结论说明，为了实现有效的暗适应时间，也为了最大限度地保证驾驶安全，CIE 以及各国规定的入口加强照明段的长度应当适度增加。

3. 机理分析

试验现象与一般意义上认为的适应时间越长，反应时间越短的规律有区别的原因在于：

（1）人眼的视觉比较复杂，除视觉细胞产生明视觉和暗视觉外，还存在着中间视觉和非视觉效应的作用，从而导致二者的关系对个体而言并不是线性关系。

（2）在试验的过程中发现，在适应时间比较短的情况下，因人眼未完全适应导致反应时间长，而在适应时间达到一定的长度之后，从瞳孔变化可以看出人眼会出现一定程度的疲劳，导致反应时间也变长并出现二次线的规律。

5.2.5 结论

本书引入视觉功效法,利用瞳孔变化数据和反应时间指标,对有效暗适应时间进行了试验室试验,综合两种试验结果,得出了如下结论:

① 完全适应虽然重要,但是对公路隧道驾驶而言,该适应时间太长,缺少实际意义。试验发现,人眼即使没有完全适应,仍然可以完成昼间驾车进入隧道的视觉作业工作,本书称之为公路隧道有效暗适应时间,这是本书的出发点。

② 试验采用了视觉功效法进行研究,采用的指标有两种,一是瞳孔数据,二是反应时间数据,这两种方式各有各的优点和不足,二者互为印证和补充;采用瞳孔数据进行试验得出的结论是:所有被试者在亮度从 $4000cd/m^2$ 到 $2cd/m^2$ 时的有效暗适应时间为 19.6s;对反应时间数据进行分析得出的结论是:从数据的总体分布来看,符合二次线的规律,最快反应时间对应的有效适应时间是 20s,说明亮度从 $4000cd/m^2$ 到 $2cd/m^2$ 的有效暗适应时间为 20s。综合二者,鉴于二者差距较小以及应用的需要,取有效暗适应时间为 19.8s。

③ 通过有效暗适应时间与 CIE 88:2004 视觉适应曲线入口加强照明段长度的对照,得出入口加强照明段的长度为 440m。通过与 CIE 以及各国的规范对该长度的规定对比得出,为了最大限度地保证驾驶安全,CIE 以及各国入口加强照明段的长度应当适度增加。

④ 人眼的视觉机理和视觉疲劳导致两种试验方法所得出的适应时间与前面的试验所说完全适应状态下的适应时间(30min)数据差距巨大,印证了试验的必要性和重要性。

⑤ 本书所采用的亮度变化是针对公路隧道洞外到中间段部分,亮度变化取值为代表性的 $4000cd/m^2$ 变化到 $2cd/m^2$,车速取 80km/h。后续试验会在此试验基础上研究更多洞外亮度和车速下的有效暗适应时间,对此试验进行完善和补充。本节试验完成视觉适应曲线的如图 5.19 中所示暗适应长度部分。

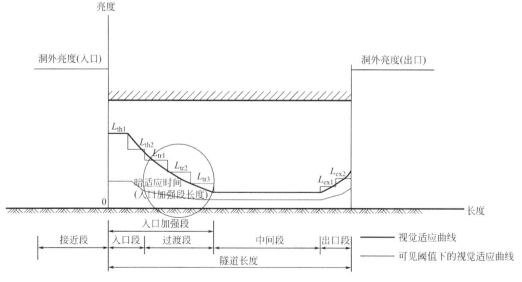

图 5.19 适应时间研究成果

5.3 入口加强照明段各阶梯动态长度

由于行驶速度和各照明段长度不同,驾驶员在公路隧道驶过各照明段时经历不同的适应过程,大多处于非完全适应状态。本书采用同一光源,光源为光效高、光色好、易调光的 LED 光源。参照 CIE 和各国规范规定的亮度阶梯,根据非完全适应的状况,引入视觉功效法中的反应时间指标,对隧道入口加强照明每一阶梯进行不同适应时间(即前一阶梯的行驶时间)下的反应时间测试,根据更快反应时间对应更安全的驾驶行为,以期最终得出公路隧道入口各加强照明段合适的动态长度。

5.3.1 试验目的和思路

1. 试验目的

在公路隧道内照明划分照明阶梯的前提下,通过更加精细的路面亮度阶梯变化下的视觉功效来获取适应时间长度,通过适应时间长度与车速相结合得到各个照明阶梯长度,而各个照明阶梯长度的集合即为入口加强照明段的总长度,各照明段长度组合构成修正视觉适应曲线的横坐标(长度)。

2. 思路来源

根据 CIE 88:1990 和 CIE 88:2004 和我国 JTJ 026.1—1999 以及 JTG/T D70/2—01—2014 的规定,分析公路隧道每一照明段的行驶时间,整理得出如下结果(隧道行车速度按照公路隧道常用限速 80km/h),见表 5.14。

隧道照明各照明段典型持续(适应)时间(单位:s) 表 5.14

对应规范	接近段	入口段 1	入口段 2	过渡段 1	过渡段 2	过渡段 3	中间段	出口段 1	出口段 2
CIE 88:1990/2004	4.50	4.50		5.00	5.00	5.00	$L_{in}/22.22$	2.7	
JTJ 026.1—1999	4.50	3.78	3.24	4.01	5.99		$L_{in}/22.22$	2.7	
JTG/T D70/2—01—2014	4.50	2	2	3.24	4.01	5.99	$L_{in}/22.22$	1.35	1.35

从表 5.14 可以看出:根据上述规范规定,公路隧道驾驶的过程中,各段的长度对应 80km/h 行驶速度下的行驶时间并不长,也就是说眼睛不是在充分适应的情况下就驶入下一照明段,而且行驶时间都在 1~6s(不含长隧道的中间段)之间,考虑了其他参数(如行驶车辆数目,单向还是双向交通等)的不同之后,试验在此将适应时间扩大至 1~10s。

3. 具体思路

(1) CIE 及各国规范对公路隧道入口加强照明段长度规定和规定依据相差很大,本书计划从统一的适应时间(行驶时间)角度去解决该问题。

(2) 考虑到驾驶员在驶过公路隧道各照明段时要连续经历不同的适应过程,结合行驶速度和各照明段长度,参考 CIE 技术报告关于各照明段亮度阶梯分段建议和中国相关规范规定的亮度阶梯和行驶长度,推求出各段的行驶时间都不足以实现完全的适应,在该种不完全适应的状态下可以也必须完成安全驾驶任务,也就是说存在着合理、安全的照明阶梯长度。根据不完全适应的状况，对隧道入口加强照明每一阶梯进行不同适应时间下的反应时间和瞳孔变化测试，根据更快的反应时间对应更安全的驾驶行为，明确反应时间以及瞳孔变化和各段行驶时间（适应时间）之间的关系，最终结合行驶速度得出公路隧道各段合适的动态长度。

（3）选取各照明段之间的适应时间范围在 1~10s 之内，采用视觉功效法，用试验室的反应时间测量系统和公路隧道照明视觉功效试验装置，主要针对 1~10s 的适应时间来做针对不同色温 LED 灯具测试被试者的视觉功效数据。通过反应时间结合瞳孔变化，利用计算机软件和数据处理工具得出各个物理量之间的相互关系，最终得出合适的每一段适应时间长度，反推得出每一段合适的行驶距离；为此，改进仪器的亮度变化部分，紧密结合实际的公路隧道行驶过程。亮度变化分别选取 JTG/T D70/2—01—2014 中的典型取值，采用实际的 $140cd/m^2$、$70cd/m^2$、$21cd/m^2$、$7cd/m^2$、$2.8cd/m^2$、$2.0cd/m^2$。伴随着试验的深入，进而研究 L_{20} 和 L_{th} 之间的关系，找到更加合适的 L_{th} 数据。

5.3.2 试验过程

利用视觉功效法，采用试验室视觉功效试验装置模拟和再现公路隧道光环境场景。试验仪器主要包括：公路隧道照明视觉功效试验装置、强光模拟灯箱、弱光模拟灯箱、反应时间测试仪器等，结合其他仪器，如 iView-X 眼动仪、BM-5A 亮度计、CS-2000 分光辐射亮度计等。研究针对 22 名被试者，其中男女各 11 人，各占 50%，年龄在 20~30 岁之间，被试者裸眼视力均大于 0.7（小数记录视力表），均无色盲和色弱情况。该试验的平、立面图见图 5.20，主要改进的仪器在于亮度不断调整所用的灯箱（可与图 4.10 对比）。

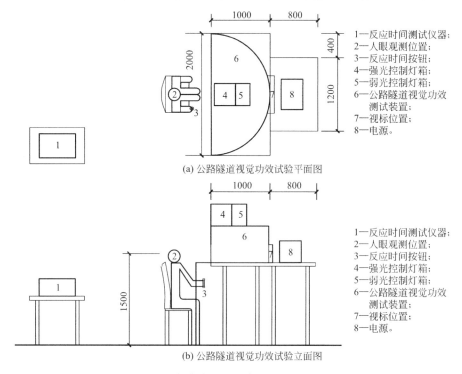

图 5.20 公路隧道视觉功效试验装置平、立面图

1. 试验参数设定

按照CIE的规定，当对公路隧道照明进行阶梯分段时，入口段和过渡段的适应时间在1.9~6.0s之间，考虑到为获取具体数值采用的车速限制，实际试验设定中扩大了适应时间范围，设定范围为1.0~8.0s。适应亮度变化的阶梯都是按照CIE 88：2004的不超过3：1来设定的，亮度阶梯的取值参考JTG/T D70/2—01—2014的规定。根据本书第5.1节的研究成果，此次LED光源的色温为5257K，显色指数Ra为75.3。选择其中一种工况来进行研究，140cd/m^{2}到70cd/m^{2}对应的是入口段1到入口段2；而后面依次为70cd/m^{2}到21cd/m^{2}对应入口段2到过渡段1；21cd/m^{2}到7cd/m^{2}对应过渡段1到过渡段2；7cd/m^{2}到2.8cd/m^{2}对应过渡段2到过渡段3；2.8cd/m^{2}到2cd/m^{2}对应过渡段3到中间段，详见表5.15。

照明工况对应表　　　　　　　　　　　　　　　表5.15

照明段变化	入1→入2	入2→过1	过1→过2	过2→过3	过3→中
适应亮度变化(cd/m^2)	140→70	70→21	21→7	7→2.8	2.8→2

2. 试验过程

(1) 被试者依次参加试验。首先，一名被试者注视强光模拟灯箱控制下的公路隧道照明视觉功效试验装置内漫反射面（提前把强光灯箱亮度调到140cd/m^2、70cd/m^2、21cd/m^2、7cd/m^{2}和2.8cd/m^{2}的定值）。

(2) 其次，被试者适应一定时间之后（1.0~8.0s），关闭强光模拟灯箱，与此同时打开弱光模拟灯箱，设定亮度分别为70cd/m^2、21cd/m^2、7cd/m^2、2.8cd/m^2、2cd/m^{2}的定值（与上述强光灯箱的5个亮度值对应）；同时在视觉功效测试装置内的小目标物位置联动弹出小目标物。为保证测试目标出现的客观性，小目标物（尺寸0.01m×0.01m）会在3个（$-10°$、$0°$、$10°$）位置随机出现。小目标物与反应时间测试仪器联动，在弹出时反应时间仪器开始计时。

(3) 最后，被试者在发现小目标物时第一时间按下反应时间按钮，从释放小目标物到按下按钮之间的时间差即为反应时间数值。

对某被试者测试的试验过程和结果如表5.16所示。

某被试者的视觉功效试验结果（被试者：MZL）　　　表5.16

	照明段变化	入1→入2	入2→过1	过1→过2	过2→过3	过3→中
	适应亮度变化(cd/m^2)	140→70	70→21	21→7	7→2.8	2.8→2
反应时间(ms)	适应1s	372	344	328	313	449
	适应2s	259	418	400	315	375
	适应3s	335	349	320	365	444
	适应4s	332	410	323	326	455
	适应5s	296	336	398	335	320
	适应6s	364	303	328	410	294
	适应7s	305	428	391	317	412
	适应8s	380	438	401	420	427

表 5.16 所示为在入口各加强照明段亮度阶梯变化过程中在不同适应时间（不同适应状态）下的反应时间数据，将反应时间数据相对于适应时间的变化规律进行曲线拟合。拟合的结果证明，数据间的关系更加符合二次线关系，反应时间与适应时间之间的复相关系数 R^2 在 0.07～0.3 之间，是不相关或者弱相关的关系，而且规律也不尽相同，故未按照数据的二次项分布来取值。在此，考虑到数据间的这种关系，按照更短反应时间体现更安全驾驶行为的原则，通过取该被试者多组反应时间数据的最小值进行分析，并通过最小反应时间对应出适应时间，得到表 5.17。

被试者 MZL 最短反应时间和适应时间数据整理结果　　　　　　　　　　表 5.17

照明段变化	入1→入2	入2→过1	过1→过2	过2→过3	过3→中
亮度阶梯(cd/m^2)	140→70	70→21	21→7	7→2.8	2.8→2
最短反应时间(ms)	259	303	320	313	294
适应时间(s)	2	6	3	1	6

5.3.3　试验结果

对被试者的反应时间和适应时间之间的关系作如下分析。采用如表 5.17 所示方法，将 22 个被试者的试验数据进行统计和综合，得到表 5.18，表格展示的是不同被试者最短反应时间和对应适应时间数据。详见附录 E。

被试者在不同照明阶梯最短反应时间和对应适应时间数据　　　　　　　　表 5.18

被试者代号	亮度阶梯									
	140→70 (cd/m^2)		70→21 (cd/m^2)		21→7 (cd/m^2)		7→2.8 (cd/m^2)		2.8→2 (cd/m^2)	
	反应时间(ms)	适应时间(s)	反应时间(ms)	适应时间(s)	反应时间(ms)	适应时间(s)	反应时间(ms)	适应时间(s)	反应时间(ms)	适应时间(s)
GQY	418	6	331	2	330	5	353	4	366	5
GLZ	377	1	423	3	430	3	484	2	528	4
PL	321	3	259	6	243	7	299	4	289	7
CXY	380	2	375	5	439	3	437	4	455	5
DFF	387	2	357	2	375	3	476	4	451	8
MZL	262	2	303	6	320	3	313	1	294	6
FT	273	3	239	1	275	6	259	6	339	4
TSQ	469	5	459	3	530	4	518	2	439	1
JHW	246	2	251	2	369	2	337	3	349	5
ZYX	346	3	389	4	427	3	430	5	466	7
MJH	477	4	424	2	461	7	503	5	387	4
WY	318	2	314	2	320	2	342	8	353	6
TLC	380	1	455	1	375	2	395	6	371	8
ZJL	232	2	187	2	196	5	182	5	213	7

续表

被试者代号	亮度阶梯									
	140→70 (cd/m²)		70→21 (cd/m²)		21→7 (cd/m²)		7→2.8 (cd/m²)		2.8→2 (cd/m²)	
	反应时间 (ms)	适应时间 (s)	反应时间 (ms)	适应时间 (s)	反应时间 (ms)	适应时间 (s)	反应时间 (ms)	适应时间 (s)	反应时间 (ms)	适应时间 (s)
WYF	283	6	271	4	297	2	330	5	346	2
CQQ	397	3	459	3	460	4	434	2	340	4
JH	380	5	391	8	412	6	374	5	330	2
LY	308	5	320	4	298	7	307	1	312	5
ZD	362	5	288	3	344	2	405	8	400	5
HYX	335	4	354	2	325	2	376	4	365	2
YL	232	3	232	1	291	6	253	5	383	3
HXL	268	3	384	2	387	2	505	5	499	3

5.3.4 结果分析

1. 根据适应时间得到的各段长度

将表 5.18 中不同被试者的适应时间数据进行统计，按照不同照明阶梯之间的亮度差得出结论如表 5.19 所示。

公路隧道入口各加强照明阶梯适应时间数据统计结果　　　　表 5.19

亮度阶梯(cd/m²)	140→70	70→21	21→7	7→2.8	2.8→2
平均(s)	3.3	3.1	4.0	4.3	4.7
标准差(s)	1.52	1.82	1.84	1.91	2.01
置信度(95.0%)	0.67	0.81	0.81	0.84	0.89

得出公路隧道入口各加强照明阶梯的长度之后，针对本书第 3.3.2 节中的公路隧道入口加强照明段适应状态和适应时间的表述，得出表 5.20。

公路隧道不同适应状态对应的适应时间长度　　　　表 5.20

适应状态	适用照明段	适应时间(s)
未适应	公路隧道接近段到入口段；出口段到离开段	瞬间
基本未适应	公路隧道照明入口段1到入口段2	3.3
	公路隧道照明入口段2到过渡段1	3.1
	公路隧道照明过渡段1到过渡段2	4.0
	公路隧道照明过渡段2到过渡段3	4.3
接近适应	公路隧道照明过渡段3中间段	4.7
基本适应	一般隧道的中间段	$D/v (\leqslant 30\text{m})$
完全适应	超长隧道的中间段(无实际案例)	$D/v (\geqslant 30\text{m})$

由统计数据分析得出，在入口段 1 亮度为 140cd/m²，入口段 2 亮度为 70cd/m²，过渡段 1 亮度为 21cd/m²，过渡段 2 亮度为 7cd/m²，过渡段 3 亮度为 2.8cd/m² 的工况下，入口段 1 的适应时间为 3.3s，入口段 2 的适应时间为 3.1s，过渡段 1 的适应时间为 4.0s，过渡段 2 的适应时间为 4.3s，过渡段 3 的适应时间为 4.7s。得出入口段的总适应时间为 6.4s，过渡段的总适应时间为 13s，而入口加强照明段的总适应时间为 19.4s。在此将试验结果与 CIE 88：2004 以及 JTG/T D70/2—01—2014 的规定进行对照，见表 5.21。

公路隧道照明各照明段的适应时间与规范规定对照　　　表 5.21

照明段	入口段 1	入口段 2	过渡段 1	过渡段 2	过渡段 3	合计
适应时间(s)(中国)	2	2	3	4	6	17
适应时间(s)(CIE)	2.3	2.3	4	4	4	16.6
本书结论(s)	3.3	3.1	4.0	4.3	4.7	19.4

将试验结论与 CIE 88：2004 以及 JTG/T D70/2—01—2014 进行对照，得到图 5.21。

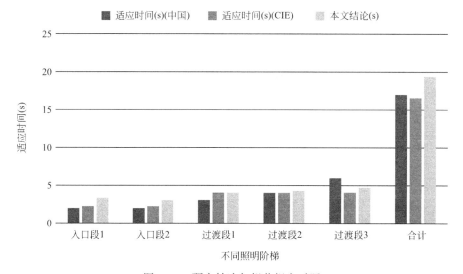

图 5.21　研究结论与规范规定对照

通过对照得出，利用最短反应时间指标得到的适应时间在入口段 1 和入口段 2 部分相对规范要略长一些，而在过渡段 1 部分与 CIE 相同，高于 JTG/T D70/2—01—2014 规定，过渡段 2 部分略高于规范规定，过渡段 3 部分高于 CIE 而低于 JTG/T D70/2—01—2014 规定。考虑到规范规定的入口段亮度较高，在结论得出该段长度也较长的前提下，意味着该段的照明需求相应较大。其次，如果采用可调光的 LED 光源以及照明段长度动态控制之后，照明能耗也会相应降低。

将得到的适应时间（t）与实时监测所得的公路隧道即时行驶速度（v）相乘，就得到了入口各加强照明段的适宜长度（D）：$D=v \times t$。根据隧道内车辆不同行驶速度得出各段的长度数据见表 5.22。

公路隧道入口各加强照明段的长度（单位：m）　　　　表 5.22

照明段	速度				
	对应 40km/h	对应 60km/h	对应 80km/h	对应 100km/h	对应 120km/h
入口段 1	37	55	73	91	110
入口段 2	34	52	69	86	103
过渡段 1	44	67	89	111	133
过渡段 2	48	72	96	120	143
过渡段 3	52	78	104	130	157
合计	216	324	431	539	647

为了更加清楚地显示各个照明阶梯的长度和总长度数值关系，将表 5.22 转化为图 5.22 进行表达。

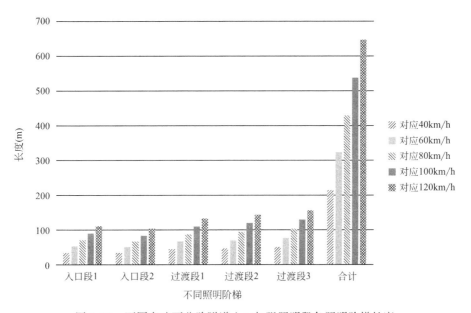

图 5.22　不同车速下公路隧道入口加强照明段各照明阶梯长度

为了更加清晰地显示不同车速下入口加强照明段的总长度，将数值绘制为图 5.23。

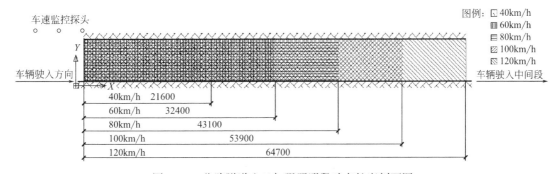

图 5.23　公路隧道入口加强照明段动态长度剖面图

2. 各段适应时间与亮度之间的关系

试验选择入口段初始亮度（即入口段 1 的亮度）为 $140cd/m^2$ 的工况，设定的前提为入口各加强照明段亮度阶梯的比值分别为按照 CIE 88：2004 的适应曲线阶梯分段得到的 2∶1 和 3∶1 的关系。在此设定的前提下将所得入口各加强照明段（在该段内适应）适应时间与亮度之间的关系进行拟合，得出二次式的关系最为符合，此时的 R^2 值，也就是复相关系数为 0.9814，二者的拟合情况非常好。得出二者的关系式见式（5.4），拟合图见图 5.24。

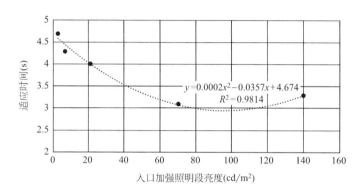

图 5.24　适应时间与入口加强照明段亮度关系图

$$AT = 0.0002L_{the}^2 - 0.0357L_{the} + 4.674 \tag{5.4}$$

式中，AT 为适应时间；L_{the} 为入口加强照明段亮度。

图 5.24 说明了适应时间与入口加强照明段亮度的关系，此时只要明确入口各加强照明段的亮度，就可以通过图 5.24 得到对应的适应时间（驾驶时间），结合设计的行车速度，即可得到各段的适宜长度。

5.3.5　结论

试验从 CIE 及世界各国的公路隧道照明规范对入口各加强照明段长度规定相差较大、规定依据各不相同入手，引入视觉功效法，采用其中的反应时间指标为评价依据，根据更短反应时间获得更安全驾驶行为的原则，对应得到各照明段的适应时间（行驶时间），综合以上分析，得出如下结论：

① 得到了入口段和过渡段照明各阶梯的适应时间，入口各加强照明阶梯的适应时间依次为 3.3s、3.1s、4.0s、4.3s 和 4.7s，入口段的适应时间为 6.4s，过渡段的适应时间为 13s，而入口加强照明段总的适应时间为 19.4s，这一点与本书第 5.2 节研究结论 19.8s 较为接近。

② 与 CIE 88：2004 和 JTG/T D70/2—01—2014 相比，试验得到的入口段适应时间（行驶时间）更长，过渡段相差不大。由于入口段和过渡段都属于加强段，所以相对能耗较大，安全性更强。

③ 针对试验设定的工况，考虑不同驾驶车速进一步推导出入口加强照明段及各照明阶梯的行驶长度，该长度可以作为公路隧道入口各加强段长度设计的参考。当实时监测得到公路隧道行驶车辆的车速处于特定区间时，依据试验结论，利用灯具的无级调光来实现

各照明段长度的动态调整,也就是调整灯具沿隧道长度方向的动态亮度分布。

④ 通过对适应时间和入口各加强照明阶梯亮度变化的拟合,得到了各段适应时间与亮度之间的关系式,利用该关系式可以得到不同入口各加强照明阶梯亮度下对应的适应时间数值。

⑤ 本节所列为特定设定之下的长度,此时的动态长度仅与车速有关,当洞内外各照明阶梯的亮度发生变化的时候,可以采用类似的方法进行试验,获取与色温、亮度相结合的动态长度变化。本部分解决修正视觉适应曲线的横轴长度部分,见图5.25。

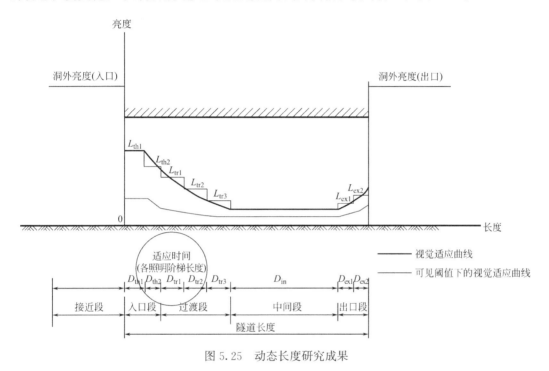

图 5.25 动态长度研究成果

5.4 入口段亮度安全可见阈值

入口段亮度安全可见阈值指隧道照明经过了 L_{20} 的高亮度之后,在突然变化到 L_{th} 并保证安全的前提下,人眼刚刚可以看到小目标物时的亮度。衡量"刚刚看到"这一状态的标准是视觉功效法中的反应时间指标,试验认定被试者在规定的时间内没有做出合适的反应(按下按钮),即为刚刚看不到的临界状态;亮度再大一些,在安全允许的时间内能够看到小目标,此时的临界亮度值即为入口段亮度安全可见阈值。在实际的隧道驾驶过程中,这意味着驾驶员能够在必要的规定时间内做出制动、躲避危险等应有的反应。视觉功效试验中,随着注视时间的增加,人眼能够看清亮度差别更大的目标,即相同亮度下,适应时间延长能够发现更暗的目标,但并不保证安全。

该试验的意义在于满足在特殊情况下,如电力明显不足、隧道刚刚建成时照明负荷不完善的情况或应急照明的情况下,满足基本驾驶安全的最低阈值,保证在必要的时间内看到目标,作为公路隧道照明设计短期特殊情况下的补充。该方面的研究在CIE指南和其他规范的规定中还存在着欠缺,显示了本部分试验的意义和价值。

5.4.1 试验目的和思路

(1) 试验目的:在昼间从接近段到入口段的亮度变化最大,暗适应问题最为明显。本部分试验在洞外亮度变化的情况下,获取洞内入口段在应急照明或者备用照明情况下保证基本安全的最低路面亮度值,也就是刚刚看到小目标物的安全亮度阈值;最终结合本书第5.1节～第5.3节的研究成果,组成保证最低安全的修正视觉适应曲线。

(2) 试验思路:根据CIE 88:2004在技术报告中指出的要点,指南目前重点推荐研究昼间和夜间照明问题,以及为适应这种内外部光线波动引起的问题而采取的措施,还考虑了内部电源供应失效时的情况,也就是应急照明和紧急照明情况。试验思路参照第5.1节中入口段亮度动态折减系数试验部分,试验设定和过程相似,主要是判别依据不同,结果取值也有所差别。

5.4.2 试验过程

本书采用视觉功效法,在试验室模拟和再现公路隧道驾驶的光环境状况,完成反应时间的试验。在此对8位被试者进行了视觉功效方面的测试,其中男性4人(占50%),女性4人(占50%),年龄在20～30岁之间,被试者裸眼视力均大于0.7(小数记录视力表),均无色盲和色弱情况,身体健康。

1. 试验设备

公路隧道视觉功效试验装置、隧道洞外亮度(L_{20})模拟灯箱、入口段亮度(L_{th})模拟灯箱、反应时间测试装置、LED光源控制箱、BM-5A亮度计、iView-X眼动仪、分光辐射亮度计等。该试验的平、立面图见图4.13,现场测试图片见图5.26。试验选用的灯具:L_{20}为模拟太阳光的LED灯带和荧光灯(灯具型号为T5灯管,色温为6500K)的结

图5.26 测试过程图片(安全阈值)

合，其中荧光灯为不可调光源，提供基础亮度，LED为可调两种光源的综合色温为5758～6879K（实际色温与两种光源混合的程度有关，每次试验均经过现场实测得出实际色温值），显色指数75～87；而L_{th}为色温分别为2829K，3814K和5257K的LED光源，显色指数均为75.2。

2. 试验步骤

（1）试验由被试者按照顺序逐个完成。首先，被试者视看窗外的亮度，在充分适应之后视看隧道照明视觉功效试验仪器外的L_{20}模拟灯箱。亮度为2500～5500cd/m²之间的随机值。对应的行驶速度为典型速度80km/h。

（2）其次，在公路隧道照明试验仪器内部（模拟隧道入口段）调出色温2829K、3814K和5257K左右的背景亮度L_{th}，该亮度从0cd/m²开始逐渐增加，如0.5cd/m²、1.0cd/m²、5.0cd/m²、10cd/m²、20cd/m²、40cd/m²、6cd/m²、80cd/m²、100cd/m²、120cd/m²、140cd/m²、160cd/m²、180cd/m²、200cd/m²。L_{th}亮度在参考CIE技术报告和各国规范的基础上采用更高的亮度值，目的是扩大被试者的数量。试验的基本目的在于明确三个阈值，分别是安全可见阈值（按照交通工程学），舒适阈值（基于瞳孔变化，该阈值在本书第5.1节中有类似试验）和最低可见阈值（基于反应时间有确定数值），其中并非每个阈值都会出现，试验的重点在于从安全角度考虑的安全可见阈值。

（3）在注视隧道洞外亮度L_{20}一定时间之后，使被试者注视的背景亮度变为仪器内的亮度L_{th}，同时联动释放小目标物，眼动仪联动进行录制工作，随后被试者根据看到小目标物的情况，利用手中的按钮确定看到的时间（即反应时间）。通过瞳孔变化获取视觉恢复时间，通过反应时间测试仪器数据获取反应时间。最终分析数据，获得L_{20}和L_{th}之间的关系。

（4）如果出现没看到小目标物的情形，则记下刚可以看到时的亮度值L_{th1}，进一步记下小于0.7s反应时间时所对应的L_{th2}，通过瞳孔的变化情况查找舒适阈值L_{th3}。试验认定被试者在规定的时间内没有做出合适的反应（按下按钮），即为刚看不到。最后，如亮度确保刚刚可以在规定时间内做出反应，则此时的临界亮度值即为L_{th}安全可见阈值。为说明取值依据，列出试验所得的一个表格进行说明，见表5.23。

亮度对应取值试验典型被试者数据表格　　　　表5.23

L_{20}到L_{th}亮度变化(cd/m²)	5342→1			5342→5			5342→10			5342→20			5342→40		
小目标物角度°	−10	10	0	−10	10	0	0	10	−10	−10	0	10	−10	10	
反应时间(ms)	—	—	—	1062	879	1788	637	649	594	729	515	500	510	1306	466
均值(ms)	—			1243			761			627			581		

根据交通工程学的规定，此反应时间要求小于0.7s。其中驾驶员开始制动前最少需要0.4s的知觉反应时间，产生制动效果需0.3s的时间，共计0.7s。

从表5.22可以看出，当模拟L_{20}为5342cd/m²的前提下，L_{th}的取值为1cd/m²时，没有发现小目标物；而当取值为5cd/m²和10cd/m²时，发现小目标物的时间长于700ms；只有到了20cd/m²时，反应时间短于700ms；所以该L_{20}下L_{th1}最低可见阈值为5cd/m²，

而安全可见阈值 L_{th2} 则确定为 $20cd/m^2$。

5.4.3 结果分析

通过试验获取的数据见表 5.24～表 5.26。

(1) L_{th} 色温为 2829K 的前提下:

被试者在 L_{th2} 色温为 2829K 的前提下的指标　　　　表 5.24

被试者	性别	年龄(a)	$L_{20}(cd/m^2)$	L_{th2} 安全可见阈值(cd/m^2)	反应时间(ms)
WJJ	女	30	2632	20	660
MJH	男	20	2780	10	389
TSQ	女	20	3150	20	483
WLF	男	22	3238	20	547
JHW	男	21	3670	5	555
CXY	女	29	5180	20	660
ZYX	女	20	5390	20	441
JHW	男	21	5500	5	662

从表 5.24 所示的数据可以看出，当 L_{th2} 光源色温为 2829K 的前提下，安全可见阈值与被试者的性别关系不大，与年龄相关，即年龄越大，L_{th2} 安全可见阈值越大。最终得出了当 L_{th2} 的色温为 2829K 的前提下，L_{th2} 安全可见阈值的平均值为 $15cd/m^2$。

(2) L_{th2} 色温为 3814K 的前提下:

被试者在 L_{th} 色温为 3814K 的前提下的指标　　　　表 5.25

被试者	性别	年龄(a)	$L_{20}(cd/m^2)$	L_{th2} 安全可见阈值(cd/m^2)	反应时间(ms)
ZYX	女	20	2550	5	685
WLF	男	22	3870	5	448
MJ	男	30	4250	20	672
MJ	男	30	4400	60	667
MJH	男	20	4500	10	660
DFF	女	30	4800	20	587
DFF	女	30	5180	20	508

从表 5.25 所示的数据可以看出，类似地，L_{th2} 安全可见阈值与被试者的性别关系不大，与年龄相关，即年龄越大 L_{th2} 安全可见阈值越大，最终得出了当 L_{th2} 的色温为 3814K 的前提下，L_{th2} 安全可见阈值的平均值取 $20cd/m^2$。

(3) 在 L_{th2} 色温为 5257K 的前提下:

被试者在 L_{th2} 色温为 5257K 的前提下的指标　　　　　表 5.26

被试者	性别	年龄(a)	$L_{20}(cd/m^2)$	L_{th2} 安全可见阈值(cd/m^2)	反应时间(ms)
MJH	男	20	2780	10	394
TSQ	女	20	3150	20	416
JHW	男	21	3670	5	532
WJJ	女	30	3800	80	690
LY	女	24	4260	5	574
MJH	男	20	4500	10	548
MJ	男	30	4900	20	645
CXY	女	29	5180	10	554
HYX	男	24	5342	10	627
TSQ	女	20	5500	19	612

从表 5.26 所示数据可以看出，L_{th2} 安全可见阈值同样与被试者的性别关系不大，与年龄相关，即年龄越大 L_{th2} 安全可见阈值越大。最终得出了当 L_{th2} 的色温为 5257K 的前提下，L_{th2} 安全可见阈值的平均值取 $19cd/m^2$。

将每种色温下的 L_{th2} 安全可见阈值综合起来的结果见表 5.27。

不同色温下的 L_{th2} 安全可见阈值　　　　　表 5.27

色温(K)	2829	3814	5257
L_{th2} 安全可见阈值(cd/m^2)	15	20	19

从表中可以看出，在不同色温下 L_{th2} 安全可见阈值之间有一定差别，但是相差不大，基本都在 $15\sim20cd/m^2$ 之间。为使表达更加清楚，用图 5.27 进一步表示。

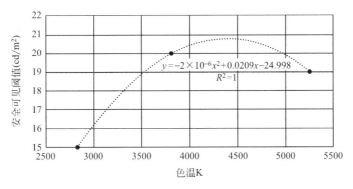

图 5.27 　L_{th2} 色温和安全可见阈值关系图

通过对三种不同色温（2829K、3814K 和 5257K）的安全可见阈值 L_{th} 测试数据的分析，将色温和安全可见阈值进行拟合，得出二次线时二者的复相关系数（R^2）最大。L_{th2}

亮度安全可见阈值与色温（T）的关系式见式（5.5）。

$$L_{th2} = -2 \times 10^{-6} \cdot T^2 + 0.0209T - 24.998 \tag{5.5}$$

最终得出结论，公路隧道 L_{th2} 安全可见阈值为 $15\sim20\mathrm{cd/m^2}$（不同色温下有所区别），具体值可根据式（5.5）计算得到。

5.4.4 结论

试验基于视觉功效法，采用其中的反应时间和瞳孔变化作为指标，通过模拟昼间驾驶车辆进入公路隧道入口段的试验，最终经过对试验数据的分析，得出了以下结论：

（1）提出了 L_{th} 安全可见阈值的概念，即公路隧道在昼间从洞外到洞内这一暗适应最明显、眼睛最难以适应的过程中，低于该阈值的情况下无法在规定的时间内完成驾驶安全中小目标识别任务，容易发生交通事故；但是该种情况并非最安全的情况，只是在特殊的情况（如采用应急照明）下隧道入口段采取的一种保证最低安全需要的路面亮度值。

（2）通过分析得出，该阈值的大小与性别关联不大，与年龄有一定的关联，随着年龄的增加（在 20～30 岁之间），该阈值会有所增加。

（3）L_{th} 安全可见阈值跟色温（T）的关系是二次项关系，关系式为式（5.5）。另外，得出了数值上的明确结论，L_{th} 安全可见阈值在 $15\sim20\mathrm{cd/m^2}$ 之间［不同色温下按照式（5.5）取值］。

（4）根据隧道照明亮度安全可见阈值的试验，结合前述的视觉适应曲线，可以综合得出应急照明或者电能不足等情况下的视觉适应曲线，用以指导特殊状态下的公路隧道照明实践。

本部分试验完成了修正视觉适应曲线中的如下圆圈中的部分，详见图 5.28。

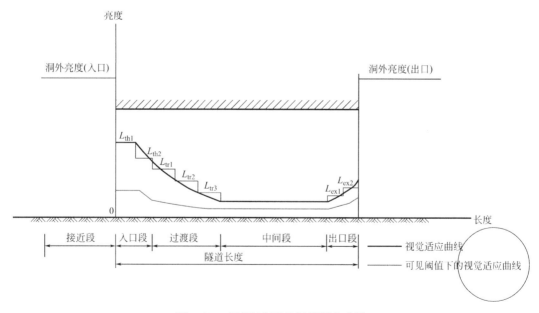

图 5.28 亮度安全可见阈值研究成果

5.5 本章小结

本章内容是试验室试验研究的主体部分,针对试验目标,也就是修正视觉适应曲线,根据试验设定和目的展开了依据视觉功效法的 4 项主体试验,最终得出如下结论:

(1) 对接近段到入口段亮度动态折减系数进行具体的视觉功效试验,并对试验结果进行分析和讨论,最终得出考虑了色温之后的接近段亮度和入口段亮度之间的动态折减关系,为最终得出视觉适应曲线做出纵坐标(亮度)方面的数据支持,详见式 (5.1)～式 (5.3) 以及图 5.7。

(2) 对入口加强照明段暗适应时间进行包含瞳孔变化和反应时间两个方面的试验,通过对试验结果的分析,得出在视觉适应曲线光滑渐变的情况下,从接近段到中间段之间(入口加强照明段)的暗适应时间综合(满足安全和舒适)为 19.8s。为最终得出修正视觉适应曲线做出横坐标(长度)方面提供支持。详见表 5.12。

(3) 对入口加强照明段各亮度阶梯的长度进行针对性试验,并对试验结果进行分析,得出各段在不同车速下的长度变化,符合了各国在实际执行视觉适应曲线时的阶梯分段,其总和对应暗适应时间的长度,为最终的视觉适应曲线得出横坐标(分阶梯)情况下的数据支持,具体研究成果见表 5.22 和图 5.23。

(4) 按照 CIE 指南规定,对公路隧道入口段昼间照明下的安全可见阈值进行了具体的试验,得出了入口段亮度安全可见阈值为 $15\sim20\mathrm{cd/m^2}$,针对不同的色温,按照式 (5.5) 取值。该试验成果结合修正的视觉适应曲线,可以为特殊情况下的隧道照明提供支持。

综上,本章是公路隧道照明视觉适应曲线的重要组成部分,该章结论为最终试验成果的得出奠定了的基础。最终的视觉适应曲线详见本书第 7.2 节成果展示部分。

第 6 章
公路隧道照明能耗分析

6.1　公路隧道照明全生命周期能耗
6.2　典型案例能耗分析

本书第 5 章通过视觉功效试验得到了修正后的公路隧道视觉适应曲线，保证了照明的安全和舒适。在此基础上，隧道照明能耗节约也非常重要。本章为补充公路隧道照明能耗问题，拟从以下 3 个方面进行能耗对照：①结合实际案例在改变传统 HPS 光源为 LED 光源的情况下进行能耗对照；②同样采用 LED 光源在既有规范规定和修正后视觉适应曲线下进行能耗对照；③结合洞外亮度变化和动态调光，对 LED 光源在既有规范规定和修正后的视觉适应曲线下进行能耗对照。

6.1 公路隧道照明全生命周期能耗

随着公路隧道数量及里程的快速增长以及长、大隧道和隧道群数量的持续攀升，隧道通风、照明设施的规模及数量也随之大幅增加，运营及维护成本也越来越高。特别是由于隧道需要 24h 不间断照明，照明能耗占整个运营能耗中的比例越来越大，据统计，照明费用占隧道整个机电工程的 30% 左右[70]。就重庆地区的隧道而言，仅 2016 年一年，用于隧道照明的电费就达到了 3 亿元。后期高昂的运营成本已使不少隧道出现了"建得起，养不起"的现实问题。隧道行车安全与照明能耗之间日益突出的矛盾，使得公路隧道照明能耗问题越来越受到政府和人民的关注与重视。因此，迫切希望能有新的照明设计方法，在满足行车安全、舒适的条件下进一步降低隧道照明能耗，实现高速公路建设的可持续发展。充分关注光源变化、照明分段变化以及动态照明后的隧道照明能耗，以及引入全生命周期概念，进行能耗比较分析，是本部分内容的主要关注点。

1. 公路隧道照明能耗

伴随着 LED 光源的快速发展，众多科研人员在进行公路隧道照明经济性对照时选用 LED 光源与传统隧道灯（如 HPS、MH 等）。例如刘相华在试验中分析了高速公路隧道照明节能改造方法并进行了实例分析。他指出，与改造前相比，G15 沈海高速公路温州段隧道改造后的照明用电总功率平均下降了 45%。根据运营管理单位的统计分析，8 座隧道每月平均可节约电费 25.7 万元，全年可节约电费 308.4 万元。改造的经济效益非常可观[71]。王玉田对金丽温高速公路金华段由改造前的普通 HPS 改装为高亮度 LED 隧道灯进行案例分析。每盏 LED 灯功率为 70W，改造前的 HPS 每盏为 250W，改造后的 LED 灯具比普通的 HPS 能耗节约 60% 以上，使用寿命比传统的 HPS 提高了 5 倍以上，且视觉效果好，可以明显提高司机行车的反应灵敏度。改造后的耗电量明显降低，照明亮度却明显增加[72]。

2. 全生命周期能耗

全生命周期设计的概念指在设计阶段就考虑到产品生命历程的所有环节，将所有相关因素在产品设计阶段进行综合规划和优化的一种设计理论。全生命周期设计意味着，设计产品不仅是设计产品的功能和结构，而且要考虑产品的规划、设计、生产、营销、运行、使用、维修保养、直到回收再用处置的全生命周期过程。很多的产品在初期投入的时候价格比较高，但是在全生命周期，或是经历若干年之后可以收回成本，甚至有一些项目在短短的几年内就可以成功收回成本，回收的时间（年限）一般被称投资回收期。这种理论可以在很大程度上规避排除潜在最优方案的短视行为。

6.2 典型案例能耗分析

6.2.1 典型案例现场测试试验

现场试验的主要目的是进行能耗分析,与试验室试验之间是相互补充和验证的关系。现场试验的思路是通过对现场参数的测试进行试验室研究结论修正以及能耗分析。现场试验步骤是通过表4.4所示的照度计、亮度计和光谱分析仪等仪器测试隧道的路面亮度、照度、灯具的光谱等参数,测量和调研各照明段设计亮度、亮度均匀度、各照明段的长度、灯具的类型和功率等参数,二者结合,进行能耗对照和分析。下面针对实际现场测试案例来进行能耗方面的分析。

1. 从莞深高速公路照明设计项目能耗分析

试验小组与广东省从莞深高速公路设计项目进行了合作。该试验依托工程为从莞深高速公路东莞段。主线全长41.7km,设计车速100km/h,双向六车道。清溪支线全长15.5km,设计车速100km/h,双向四车道。全线设置道路照明,共有7条隧道需设置隧道照明,隧道总长约8km。试验小组进行了洞外景物亮度的测试工作,并对隧道各照明段亮度进行仿真工作(本次选择其中有代表性的走马岗隧道左线),走马岗隧道各照明阶梯参数见表6.1。

走马岗隧道各照明阶梯参数　　　　　表6.1

照明阶梯	入口段1	入口段2	过渡段1	过渡段2	中间段	出口段1	出口段2
设计标准(cd/m^2)	180	90	27	9	5.5	16.5	27.5
长度(m)	80	80	104	112	2696	30	30
布灯方式(对称)	双排	双排	单排	单排	单排	单排	单排
布灯间距(m)	1.6	1.6	2.0	4	8	2	2
灯具型号(W)	150	90	65	65	65	65	90
数量(盏)	182	180	98	42	784	24	22
功率(kW)	27.3	16.2	6.37	2.73	50.96	1.56	1.98
总功率(kW)	107.1						

赴现场测试工作图片如表6.2中所列,其中包含了现场踏勘、仪器准备、洞外景物亮度测试等工作。

2. 山西省黎城(冀晋界)至长治公路长邯线照明设计项目能耗分析

试验小组与山西省长治市长治公路照明设计项目进行了合作。该试验依托工程为长治

走马岗隧道现场测试工作图 表 6.2

PR920 亮度测试

仪器准备

记录数据

LM-3 亮度测试

现场踏勘

洞外亮度

公路长邯段。各隧道均处于山岭重丘地段，日照较充分，昼间洞口野外亮度较大，隧道洞口亮度按照山西省地方标准《公路隧道照明设计规范》DB14/T 722—2012 设计，削竹式洞门按 3000cd/m^2，端墙式洞门按 3500cd/m^2 考虑。洞内设计车速为 80km/h，洞内路面为沥青混凝土路面。本书针对东阳关隧道，该隧道位于山西省黎城县东阳关镇小口村、东阳关村，总里程为 3360m，为特长隧道。

现场测试图如表 6.3 中的图片所示。

该设计遵循山西省地方标准《公路隧道照明设计规范》DB14/T 722—2012 要求，标准相较于国家的实施细则低很多。而且如前文所述，采用端墙式洞口，洞外亮度按照 3500cd/m^2 来设计，参数取值也相对低。该隧道照明的实测参数见表 6.4

东阳关隧道现场测试工作图　　　　　　　　表 6.3

隧道内

隧道外

隧道照明参数测试(1)

实车试验

隧道照明参数测试(2)

隧道照明参数测试(3)

东阳关隧道照明参数实测值　　　　　　　　表 6.4

照明阶梯	入口段1	入口段2	过渡段1	过渡段2	中间段	出口段1	出口段2
设计标准(cd/m^2)	90.6	13.3	8.1	4.2	1.7	7.5	10.5
长度(m)	45	45	90	72	3048	30	30

隧道所采用的照明情况如下：隧道照明共分为隧道主洞、救援通道、行人（车）横洞和引道照明四部分。由于 HPS 具有透雾能力强、光效高、寿命长、技术上较成熟的优点，设计作为隧道主洞加强照明光源。考虑到救援通道灯具不经常使用，但需要即开即亮，为节省项目照明成本，救援通道采用 LED 光源。考虑到行人（车）横洞照明要求显色性高，

须即开即亮,采用 LED 灯光源。另外,主洞照明的基本和应急照明采用 LED 隧道灯,LED 隧道灯具有节能、环保、寿命长、便于维护的特点。其中光源的参数见表 6.5~表 6.7。

1) HPS 光源及灯具参数

东阳关隧道 HPS 参数　　　　表 6.5

灯泡功率(W)	输出光通量(lm)	寿命(h)
100	9000	28000
150	16000	28000
250	28000	28000
400	48000	28000

灯具额定工作电压：220V；额定频率：50Hz；额定功率：100W、150W、250W、400W；防触电保护等级：Ⅰ类；防护等级：IP65。

2) LED 光源及灯具参数

(1) LED 光源基本参数见表 6.6。

东阳关隧道 LED 光源基本参数　　　　表 6.6

序号	产品型号	LED 数量	防护等级	绝缘等级	工作温度(℃)	重量(kg)
1	GY296SD30(1)/220AC	32 颗	IP66	CLASS Ⅰ	−40~55	2.7
2	GY296SD60(2)/220AC	64 颗				3.7

(2) LED 光源光学参数见表 6.7。

东阳关隧道 LED 光源光学参数　　　　表 6.7

序号	产品型号	显色指数	色温(K)	光效(lm/W)	光通量(lm)
1	GY296SD30(1)/220AC	70/80	3000/4000/5000/5700	100~110	3000~3300
2	GY296SD60(2)/220AC	70/80	3000/4000/5000/5700	100~110	6000~6600

3) 灯具配置

(1) 隧道入口段、过渡段、出口段设置了相应的加强照明,设计采用了 400W、250W、150W、100WHPS 混合配光照明。两侧对称布置,安装高度 5.5m。

(2) 隧道全线设置了基本照明,光源采用 30WLED 灯,灯具采用两侧交错布置,安装高度 5.5m。此照明方式除作为昼间隧道基本照明外,同时作为隧道夜间照明。

灯具布置方案如图 6.1 所示。

由于灯具的类型和布置方式都比较多,所以用表 6.8 进行详细说明。

由于基本照明采用 LED 光源,所以能耗有较大的降低。希望以后可以更多地采用 LED 光源,减少对光效较低、耗能较大、色温偏高、显色性一般的 HPS 的采用。在光源性能研究方面,希望今后能够加强 LED 透雾性能的试验研究。

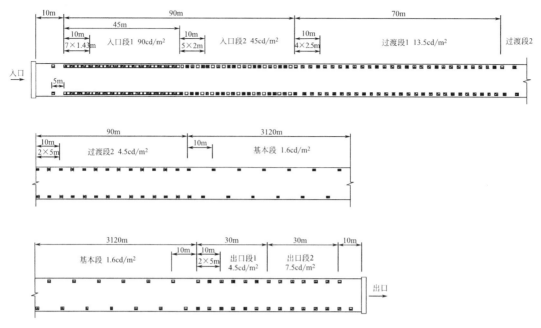

图 6.1 东阳关隧道灯具布置图表

东阳关隧道灯具类型图　　　　　　　　表 6.8

名称	30W LED	100W 高压钠	150W 高压钠	250W 高压钠	400W 高压钠
入口段 1	11	—	18	—	37
入口段 2	9	18	—	—	18
过渡段 1	14	16	27	—	—
过渡段 2	15	18	—	—	—
出口段	14	6	—	7	—
中间段	629				
合计	692	58	45	7	55

6.2.2　典型案例仿真及能耗分析

从莞深高速项目照明在现场试验时处于设计阶段，尚未安装灯具。具体情况如下：公路隧道土建建设基本完工，照明还处在设计阶段，试验小组负责的工作主要是该段所有公路隧道的照明设计。在此采用了仿真模拟的方式。从莞高速项目走马岗隧道左线仿真情况如下。

1. 选择光环境模拟仿真方式

建筑光环境模拟的工具有很多，包括 Radiance、Ecotect、AGI32、Dialux、Daysim、IES、Energy Plus 和 DOE-2 等。

针对该项目，对各种模拟仿真方式进行了横向比较，见表 6.9。

光环境模拟软件横向比较　　　　　　　　　　　　　　表 6.9

软件	模拟类型	界面易用性	模型兼容性	扩展性	光照模型	计算精度	图像生成
Radiance	静态光环境模拟	很低	较高	很高	光线跟踪	很高	可以
Desktop Radiance	静态光环境模拟	中等	较高	中等	光线跟踪	很高	可以
Ecotect	建筑性能/静态光环境模拟	很高	很高	较高	光线跟踪	很高	可以
AGI32	静态光环境模拟	很高	较高	较高	光线传递	较高	可以
Dialux	静态光环境模拟	较高	很高	较高	光能传递	较高	不可以
Daysim	动态光环境模拟	中等	中等	很高	光线追踪	较高	不可以
IES<VE>	综合能耗/静态光环境模拟	中等	较低	较低	光线跟踪	较高	可以
EnergyPlus	综合能耗模拟	很低	很高	很高	几何计算	较低	不可以
DOE-2	综合能耗模拟	很低	较低	中等	几何计算	较低	不可以

经过对照，由于 Dialux 软件界面具有易用性较高、模型兼容性很高、扩展性较高、计算精度较高、可以生成伪色图像（更直观）等诸多优点，所以决定采用 Dialux 软件进行本次的模拟仿真工作。

Dialux 是德国 DIAL 公司开发的光环境模拟软件，采用光能传递模型，主要应用于室内外照明模拟。特点是使用简单，兼容性强，厂商支持度高。其开放性的云之光（elicht）灯具库，为厂商以及企业提供了广泛的灯具参数支持平台。缺点是对于室外天然光的模拟稍微弱一些。目前 Dialux 软件分为 Dialux 4.13 和 Dialux evo，本试验计划采用前者来进行仿真工作，其在照明模拟方面更加专业和方便。而改进版 Dialux evo 对天然采光部分有所改进和加强，与本次试验关系不大[73]。

2. 模拟结果

在设计方案中，对传统的 HPS 进行了 LED 光源的替换，目标在于符合我国 JTG/T D70/2—01—2014 实施细则的规定。且入口段亮度采用了项目组试验成果，采用辐射-照度转化法来计算洞外景物亮度，通过洞外不同景物亮度来推导洞外亮度和隧道各照明段亮度[74]。最终走马岗左线模拟仿真情况见图 6.2。

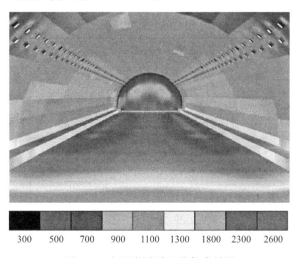

图 6.2　走马岗隧道左线仿真结果

经过 Dialux 软件的模拟仿真，对数据进行整理得到的模拟结果如表 6.10 所示。

走马岗隧道左线仿真数据　　　　　　　　　　　　　　　　　　　表 6.10

照明阶梯	平均亮度(cd/m^2)	最小亮度(cd/m^2)	最大亮度(cd/m^2)
入口段 1	192	100	221
入口段 2	102	62	115
过渡段 1	31	20	34
过渡段 2	16	11	17
中间段	7.88	5.60	8.53
出口段 1	26	15	32
出口段 2	34	18	42

最终对全线隧道照明系统全生命周期投资对比（5 年），计算的结果如表 6.11 所示。

全线隧道照明系统全生命周期能耗情况　　　　　　　　　　　　　表 6.11

比较项目	原设计方案	研究成果方案	节约量	节约率
照明总功率	1209.10kW	635.19kW	573.91kW	47.5%
初始投资	4579 万元	4126 万元	453 万元	9.9%
电费	2626.95 万元	1170.30 万元	1456.65 万元	55.5%
合计	7205.95 万元	5296.30 万元	1909.65 万元	26.5%

由试验的结果可以得出，LED 光源下的亮度感觉比色温较低的 HPS 要更亮，也就是说视觉功效更高。在本项目中，按照同等视觉功效考虑的前提下，对照 LED 替换 HPS 的情况，能耗节约率效果如下：5 年可以节约电费 1456.65 万元，能耗节约率高达 55.5%；考虑了资金时间价值（5 年）之后综合照明总功率和初始投资后，总计节约 1909.65 万元，能耗节约率达到了 26.5%，能耗节约量和节约率相当可观。

如前文所述，LED 隧道灯与 HPS 隧道灯之间的差距很大，无论是从灯具特性还是能耗方面都是如此。表 6.12 为两种光源技术经济性和能耗的对照，二者的差异显而易见。

LED 和 HPS 经济技术性比较　　　　　　　　　　　　　　　　　表 6.12

	项目	LED 隧道灯	HPS 隧道灯
光学参数	能耗	光效:90~160lm/W 功耗:低	光效:70~120lm/W 功耗:高
	显色性	>80,好	23,差
	色温	3000~7000K,可选	2000~3000K
实际应用	电源效率	高,90%以上	低,70%
	寿命	长,50000h	短,20000h
	维护	免维护	维护频繁
其他	启动时间	瞬间启动	气体放电灯启动延时
	环保	绿色环保	汞污染
	调光	10%~100%连续调光	不能调光

在此对两种公路隧道光源生命周期能耗进行对照分析,结果如表 6.13 所示。

LED 和 HPS 能耗比较(90WLED 灯工作 3 年) 表 6.13

	项目	HPS(150W)	LED 隧道灯(90W)	备注
	色温范围(K)	2000~3000	3000~7000	
	实际消耗功率(W)	160	100	220V 额定电压
	光通量(lm)	9000	12000	
	发光效率(lm/W)	75	120	
电量	每天总功耗(W)	3840	2400	按每天 24h 算
	一个月总功耗(kW·h)	115.2	72	按每月 30d 算
	每年耗电量(度)	1401.6	876	按每年 365d 计算
电费	一年总电费(元)	1401.6	876	按商业用电 1 元/度
	三年总电费(元)	4204.8	2628	LED 隧道灯 3 年节约电费 6324 元
维护成本	更换次数(次)	1	0	三年后钠灯成本和 LED 成本基本相同
	灯具单价(元)	1500	3500	—
	更换总费用(元)	1500	0	三年后钠灯成本和 LED 成本基本相同
结论	每套 150W HPS3 年费用(元)	4204.8(电费)+1500(维护费)=7204.8		—
	每套 90W LED 灯 3 年费用(元)	2628(电费)+3500(灯具费)=6128		—
对比	如用 1000 套 150W HPS3 年的费用(元)	7204.8×1000=7204800		—
	如用 1000 套 90W LED 灯 3 年的费用(元)	6128×1000=6128000		—
	用 LED 隧道灯 3 年共节省的费用(元)	1076800		即 100 多万元

根据以上试验结果,采用等亮度替换的方式,用 90W LED 隧道灯代替 150W HPS,能耗成本降低 300 多万元,相对于采用 HPS 而言降低 17.9%。且应用时间越长,能耗降低效果越明显。

6.2.3 本书方案与原方案能耗(静态)对照

以上试验大多利用 LED 灯具替换 HPS 进行能耗对照,该类试验已经比较多。而本书希望进一步对照同为 LED 光源但适应曲线不同的情况,即对本书试验成果与我国实施细则 JTG/T D70/2—01—2014 进行能耗比较。

本部分将在同为 LED 光源的前提下,将原有方案(针对我国实施细则)和本书方案在能耗方面进行对照。

首先，主要前提是根据本书的视觉适应曲线成果，依据视觉功效法，在充分保证隧道驾驶安全、舒适的基础上进行能耗计算，与根据指南和我国规范曲线规定下的能耗相对照；其次，通过算例来校核按照本书结论计算得到的公路隧道照明的能耗大小。需要指出的是，此次对照为静态照明情况下，灯具未按照洞外亮度进行相应动态调光。

以下为公路隧道照明实例对照设计的前提条件：

试验针对我国公路隧道照明的典型情况，驾驶速度选择高速公路隧道最常用的 80km/h，L_{20} 选择天空面积百分比 35%～50%的南洞口，亮度取值选择 5000cd/m²。k 值选取双向交通，交通量为≥650 辆/（h·线）的情况。

依据我国现行的公路隧道照明设计实施细则 JTG/T D70/2—01—2014 的规定，k 值选择 0.035。后续入口段 1 的亮度 L_{th1} 通过计算选择为：5000×0.035=175cd/m²。以下根据实施细则规定依次为 L_{th2} 为 88cd/m²，L_{tr1} 为 27cd/m²，L_{tr2} 为 9cd/m²，L_{tr3} 为 3.5cd/m²，L_{in} 为 2cd/m²。入口段光源色温按照本书结论选择光效最高的 5257K。

需要说明的是，由于隧道长度不同，导致中间段长度和亮度规定有区别，隧道中间段长度和中间段亮度的规定如表 6.14 所示。

JTG/T D70/2—01—2014 中间段长度和亮度规定 表 6.14

照明阶梯	长度(m)	亮度(cd/m²)	适用条件
中间段第一照明阶梯	设计速度下 30s 距离	L_{in}	—
中间段第二照明阶梯	余下的中间段长度	80% L_{in}，且不低于 1.0	
		50% L_{in}，且不低于 1.0	采用连续光带布灯或壁面反射系数≥0.7

也就是说，中间段亮度为：第一照明阶梯 3.5cd/m²，第二照明阶梯分别为 2.7cd/m² 和 1.8cd/m²。为避免数据太多而不统一，中间段亮度统一设置为 2.5cd/m²（表 6.15）。

依据 JTG/T D70/2—01—2014 的公路隧道各段亮度 表 6.15

照明阶梯变化	入1→入2	入2→过1	过1→过2	过2→过3	过3→中
适应亮度变化(cd/m²)	175→88	88→27	27→9	9→3.5	3.5→2.5

根据本书的结论，该 LED 光源的色温为 5257K，显色指数 Ra 为 75.3 时，L_{20} 和 L_{th} 的关系（折减系数）如图 5.6 所示。

与以上规定相同的情况下，根据图 5.6 取值和拟合结果式（5.3）计算得到，L_{th1} 的取值为 166cd/m²，此时的入口段 1 的值低于按照设计实施细则 JTG/T D70/2—01—2014 的规定，如果仅仅按照亮度来进行光源功率选择的话，能耗节约（175－166）/175＝5.14%。下面给出各照明阶梯的数据见表 6.16。

依据本书研究结论公路隧道各段亮度 表 6.16

照明阶梯变化	入1→入2	入2→过1	过1→过2	过2→过3	过3→中
适应亮度变化(cd/m²)	166→83	83→25	25→8	8→3	3→2.5

同样，中间段的亮度取值为 $2.5\mathrm{cd/m^2}$。

根据前文关于公路隧道各照明阶梯长度的试验结论（表 5.19），得到公路隧道入口加强照明阶梯的长度见表 6.17。

公路隧道入口加强照明阶梯的长度（单位：m）　　　　　表 6.17

照明阶梯	对应 60km/h	对应 80km/h	对应 100km/h
入口段 1	55	73	91
入口段 2	52	69	86
过渡段 1	67	89	111
过渡段 2	72	96	120
过渡段 3	78	104	130
合计	324	431	539

在此，将计算结果与其他规范（包括 JTG/T D70/2—01—2014 和 CIE 88：2004）的规定进行对照，得到表 6.18。

公路隧道照明各照明阶梯的适应时间与规范规定对照　　　　　表 6.18

照明阶梯	入口段 1	入口段 2	过渡段 1	过渡段 2	过渡段 3	合计
适应时间(s)(中国)	2	2	3	4	6	17
适应长度(m)(中国)	44.44	44.44	66.66	88.88	133.32	377.74
适应时间(s)(CIE)	2.3	2.3	4	4	4	16.6
适应长度(m)(CIE)	51.11	51.11	88.88	88.88	88.88	368.85
研究结论(s)	3.3	3.1	4	4.3	4.7	19.4
适应长度(m)(试验结论)	73.33	68.88	88.88	95.55	104.43	431.07
试验结论长度增加率(比中国)	65%	55%	33%	8%	−22%	14%
试验结论长度增加率(比 CIE)	43%	35%	0	8%	18%	17%

能耗会随着照明长度的增加而增长。从各照明阶梯长度方面来说，CIE 规范规定的入口段的长度大于我国的 JTG/T D70/2—01—2014，而本书结论则大于 CIE 规范，仅仅在过渡段 3 中，试验结论和 CIE 规范对于长度规定都低于 JTG/T D70/2—01—2014 细则规定。从安全和舒适的角度，试验结论更加合理。公路隧道照明中安全性和舒适性相对于节能性更加重要。

考虑 LED 光源的色温 5257K，长度和亮度统一进行两种方案下的权衡，以期得出最终的结论。下面以算例进行能耗计算，其中的原方案依据为我国规范，新方案依据为本书结论。

入口段 1：原亮度 $175\mathrm{cd/m^2}$，新亮度 $166\mathrm{cd/m^2}$，原长度 44.44m，新长度 73.33m。

由于已经假设采用同一种 LED 光源，所以可以按照亮度来进行照明功率的选择。根据一般情况下的换算关系，LED 灯具与传统灯具的亮度和能耗情况如下：

1W（LED）=15W（白炽灯）=3W CFL（节能灯）；

3W LED=8W CFL=25W 白炽灯；

4W LED=11W CFL=40W 白炽灯；

8W LED=15W CFL=75W 白炽灯；

12W LED=20W CFL=100W 白炽灯。

为了方便计算，假设 1cd/m² 亮度下对应的光源功率为 1W（基准）。由于所有计算基础都统一界定，所以该换算不影响最终的能耗计算结果。

入口段 2：原亮度 88cd/m²，新亮度 83cd/m²；原长度 44.44m，新长度 68.88m。

过渡段 1：原亮度 27cd/m²，新亮度 25cd/m²；原长度 66.66m，新长度 88.88m。

过渡段 2：原亮度 9cd/m²，新亮度 8cd/m²；原长度 88.88m，新长度 95.55m。

过渡段 3：原亮度 3.5cd/m²，新亮度 3cd/m²；原长度 88.88m，新长度 104.43m。

为了更清楚地说明问题，现列表 6.19 进行表示：

新算例中各照明阶梯长度对照 表 6.19

照明阶梯	入口段 1	入口段 2	过渡段 1	过渡段 2	过渡段 3	总和
原亮度(cd/m²)/W	175	88	27	9	3.5	—
新亮度(cd/m²)/W	166	83	25	8	3	—
原长度(m)	44.44	44.44	66.66	88.88	88.88	333.30
新长度(m)	73.33	68.88	88.88	95.55	104.43	431.07

从表 6.19 来看，照明功率有所降低，而照明阶梯长度则有所增加，总长度增加的幅度，为 29.3%。下面对实际的能耗节约（节电）情况进行计算。除了前面亮度和功率的换算假设之外，还假设按照隧道长度方向在各照明阶梯内均匀布灯。

入口段 1：$166 \times 73.33 - 175 \times 44.44 = 4395.78$（由于均含假设，所以在此指标是数量关系，无单位，下同）

比原方案增加比例：56.52%

入口段 2：$83 \times 68.88 - 88 \times 44.44 = 1806.32$

比原方案增加比例：46.19%

过渡段 1：$25 \times 88.88 - 27 \times 66.66 = 422.18$

比原方案增加比例：23.46%

过渡段 2：$8 \times 95.55 - 9 \times 88.88 = -35.52$

比原方案增加比例：-4.44%

过渡段 3：$3 \times 104.43 - 3.5 \times 88.88 = 2.21$

比原方案增加比例：0.71%

将上述计算结果列表 6.20 进行表示。

新算例隧道照明系统入口加强照明阶梯全生命周期能耗情况 表 6.20

照明阶梯	入口段 1	入口段 2	过渡段 1	过渡段 2	过渡段 3
原方案能耗	7777	3910.72	1799.82	799.92	311.08
新方案能耗	12172.78	5717.04	2222	764.4	313.29
差值(新减原)	4395.78	1806.32	422.18	-35.52	2.21
比例(%)	56.52	46.19	23.46	-4.44	0.71

从表 6.20 中结果可以看出，新方案相对于旧方案在满足驾驶安全和舒适的基础上，且在光源同为 LED 的情况下，各照明阶梯能源消耗基本都有所增加，仅在过渡段 2 有所减少，在过渡段 3 基本持平。增加的比例分别为：入口段 1：56.52%；入口段 2：46.19%；过渡段 1：23.46%。由于在此未考虑受隧道总长度制约的中间段的影响，而长隧道出口段长度根据规定为 30m×2＝60m。故在长度超过 431.07＋60＝491.07m（加入部分中间段定义为 500m）的长隧道中，入口加强照明阶梯的照明能耗是确定的，旧方案总能耗为 14598.54，新方案总能耗为 21189.51，增加量为旧方案的 45.15%。

从整体试验而言，增加的耗电量相对于驾驶的安全和舒适而言是物有所值的。需要指出的是，在光源采用高色温 LED（静态照明）的前提下，此结果是基于本书修正视觉适应曲线和 JTG/T D70/2—01—2014 实施细则之间的比较。

伴随着新能源，如太阳能、核能、风能的充分利用，能源供应总量日趋增加，以前"高速公路基本不采用路灯照明"的观点也逐步被改变，如我国广东省早已对高速公路逐步全面推广采用夜间路灯照明，虽然会耗费一定的能源，但是为了驾驶的安全和舒适是值得的，这也与目前本书的结论相一致。

6.2.4 本书方案与原方案能耗（动态）对照

传统的静态照明中，洞内各照明阶梯亮度一旦按照典型状态下的洞外亮度计算之后，就不再逐时进行调节，而本书结论考虑的是通过亮度监控设备进行光度和色温参数的即时调节。考虑到本书结论强调动态照明，也就是说，洞内亮度（灯具功率）和洞内的各照明阶梯长度会随着洞外亮度的变化进行相应的调整（如按照相关研究结论分时段或逐时控制），也就与现有的静态照明有明显差异。

下面同样以上述实例为例来进行说明，图 6.3 为许景峰博士研究得出的重庆市某南向公路隧道一天内的光谱辐射照度情况。

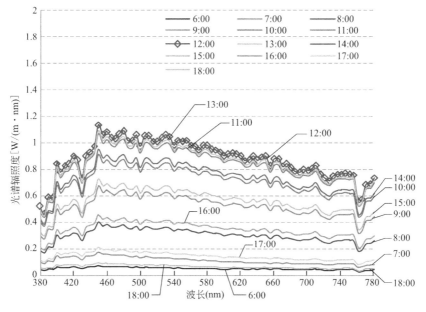

图 6.3 重庆市某南向隧道一天内的光谱辐射照度情况

受限于篇幅，在此只引用此一例，只要输入不同的洞外亮度变化，洞内都可以按照此程序进行对照。图6.3中的数据为重庆市某南向隧道一天之内的光谱辐射照度情况，根据辐射照度可以通过换算求得洞外亮度值，从而得出亮度变化规律，为了能耗计算的方便，将其进行分时间段的简化。根据图6.3，6：00—8：00和16：00—18：00为0.3个亮度单位（反映为灯具功率），9：00—11：00和13：00—15：00为0.6个亮度单位，11：00—13：00为1个亮度单位。

动态视觉适应曲线方案下的能耗计算（举例）：
$$12172.78 \times (0.3 \times 2 + 0.6 \times 2 + 1)/5 = 6817W$$

根据与上述计算类似的系统性计算，得出各照明阶梯能耗情况对照，如表6.21所示。

动态照明下各照明阶梯能耗情况对照 表6.21

照明阶梯	入口段1	入口段2	过渡段1	过渡段2	过渡段3
原方案能耗	7777.00	3910.72	1799.82	799.92	311.08
新方案能耗	6816.76	3201.54	1244.32	428.06	175.44
差值（原减新）	960.24	709.18	555.50	371.86	135.64
比例(%)	12.35	18.13	30.86	46.49	43.60

通过上述的动态亮度设计方案能耗计算结果对照可以得出，每个照明阶梯的能耗相对原有方案能耗都有减少，其中入口段1减少12.35%，入口段2减少18.13%，过渡段1减少30.86%，过渡段2减少46.49%，过渡段3减少43.60%。也就是说，综合比原方案能耗减少（根据具体各照明阶梯长度有所不同）。最终能耗降低计算公式为：

$$(12.35\% \times D_{th1} + 18.13\% \times D_{th2} + 30.86\% \times D_{tr1} + 46.49\% \times D_{tr2} + 43.60\% \times D_{tr3})/(D_{th1} + D_{th2} + D_{tr1} + D_{tr2} + D_{tr3}) \times 100\% \quad (6.1)$$

以典型的80km/h的车速（各加强照明段长度按照表6.17取值）为例，能耗降低计算过程如下：

$$(12.35\% \times 73 + 18.13\% \times 69 + 30.86\% \times 89 + 46.49\% \times 96 + 43.60\% \times 104)/(73 + 69 + 89 + 96 + 104) \times 100\% = 32.2\%。$$

6.2.5 试验总结

根据现场测试、仿真工作以及结合算例的实际情况，结合本书方案的视觉适应曲线结论，分析得出，若希望充分考虑公路隧道照明安全、舒适，则能耗相比传统规范规定可能有所增加。

（1）从灯具替换的角度来看，用LED隧道灯替换钠灯可以显著降低能耗，模拟的实例中能耗节约率可以达到55.45%，考虑了初始投资和全生命周期因素后可以节约能耗26.5%。

（2）从各照明阶梯静态照明的角度考虑，试验成果中各照明阶梯的节能性比CIE 88：2004指南和我国公路隧道照明实施细则JTG/T D70/2—01—2014都差。其中最差的是入口段1，其次是入口段2，而过渡段2与CIE相比是持平的。仅仅在过渡段3中试验成果的长度较短。算例中的能耗总体增加45.15%。

（3）根据本书的结论，考虑各照明阶梯动态照明之后，洞内亮度根据洞外亮度进行动态调光之后，总体能耗节约效果显著，具体按照公式计算结果为准。

6.3 本章小结

本章对公路隧道照明的主要目的之一——公路隧道照明的能耗进行了分析。试验不仅针对光源类型改变前后的情况，也对同为 LED 光源，考虑采用静态照明和动态照明的情况进行了分析，得出了如下的结论：

（1）界定试验对象及对照的情形，明确相关概念，如能耗分析、全生命周期等，对能耗巨大的公路隧道照明起到节能的作用，对国民经济的发展和国民能耗的降低具有重要价值。

（2）对实际参与的隧道案例进行了模拟、仿真分析，通过分析得到在更换低色温的 HPS（2000K）为高色温的 LED（5000K 左右，共计四种色温）之后，仅走马岗隧道 5 年可以节约电费 1456.65 万元，能耗节约率高达 55.45%；考虑了资金时间价值（5 年）并综合照明总功率和初始投资之后，总计节约 1909.65 万元，能耗节约率达到 26.5%。

（3）在充分满足驾驶安全和舒适的基础上，对我国隧道照明设计实施细则 JTG/T D70/2—01—2014 规定以及试验结论进行对照分析。分析的结果是：入口段 1 能耗增加最大，其次依次为入口段 2 和过渡段 1，过渡段 2 按照研究结论能耗更低，而过渡段 3 几乎持平。在静态照明的前提下，为保证驾驶的安全和舒适，能耗总计会增加 45.15%。

（4）在考虑了根据洞外的亮度进行洞内动态调光后，入口段 1 能耗降低 12.35%，入口段 2 能耗降低 18.13%，过渡段 1 能耗降低 30.86%，过渡段 2 能耗降低 46.49%，过渡段 3 能耗降低 43.60%，总体能耗降低约 30%，详见式（6.1）。

第 7 章

本书总结

7.1 试验结论

7.2 试验成果

7.3 试验展望

7.1 试验结论

利用视觉功效法，本书对公路隧道照明不同视觉适应状态下的安全、舒适与节能性进行分析，通过多个试验室试验、现场试验以及能耗分析，最终得出如下研究结论：

（1）对试验对象背景、目的意义、方法内容、技术路线、关键问题和创新点等进行了论述和分析，从文献研究得出目前公路隧道照明中存在的问题；有针对性地进行问卷调研及现场调研工作，从调研工作中发现目前公路隧道照明设计规定和实践中存在如下问题：缺少对光源色温的考量，缺少对动态调光的关注以及缺少对隧道洞外天然光状况和色温的关注，公路隧道照明视觉适应曲线缺少对安全性、舒适性和节能性的统筹。

（2）总结公路隧道照明基本视觉现象，明确公路隧道照明基本特征，提出利用视觉功效评价视觉适应的试验方法；分析得到视觉适应曲线的两个研究要素（亮度和长度）由4个方面的内容组成：入口段亮度折减系数、入口加强照明段暗适应时间、各照明阶梯动态长度及入口段亮度安全可见阈值；建构了本书的理论研究框架如图2.12所示。

（3）研究视觉功效随视觉适应的变化规律，为试验研究提供理论基础；多方面进行视觉功效试验的设定和建立，包括试验用光源色温的选择、试验设备和仪器以及试验参数的设定。在试验用光源色温方面，隧道外考虑采用接近天然光色温和显色指数的可调光源组合，隧道内考虑采用低、中、高三种色温的LED可调光源。通过对视觉功效中反应时间在试验心理学中的影响因素总结以及反应时间影响因素试验，指导后续基于视觉适应的视觉功效试验参数选择。

（4）得出新型光源、新视觉适应理论下公路隧道入口段亮度动态折减系数规律，为入口段路面亮度设计及智能照明中参数的选取给出数值参考，见图5.7及式（5.1）～式（5.3）；推导出公路隧道入口加强照明段总体的暗适应时间，提出数值上的依据，总时长为19.8s；推导出公路隧道加强照明段各照明阶梯随车速不同的长度，见图5.22；提出公路隧道入口段照明安全可见阈值概念，补充了CIE隧道照明指南中提出的不足之处，结论为L_{th}安全可见阈值在15～20cd/m^{2}之间，为公路隧道在特殊状态下的照明进行补充。

（5）综合进行能耗分析，得出在公路隧道光源选择方面LED能耗较低，如果采用替换低色温的HPS为高色温的LED的方式，案例中能耗节约率可以达到55.45%；在考虑安全和舒适性，且在静态照明环境的前提下，各照明阶梯长度能耗更大，能耗会增加45.15%；而按照本书视觉适应曲线结论，在考虑了根据洞外的亮度进行隧道内动态调光之后，入口段1能耗降低12.35%，入口段2能耗降低18.13%，过渡段1能耗降低30.86%，过渡段2能耗降低46.49%，过渡段3能耗降低43.60%，总体能耗降低约30%。

（6）最终将以上试验成果综合并进行了相关的编程工作，得出可供参考和使用的公路隧道照明修正视觉适应曲线，用以指导公路隧道照明设计实践；且得出公路隧道入口段照明安全可见阈值，对公路隧道在特殊条件下的照明规范和标准进行补充。

7.2 试验成果

7.2.1 静态试验成果

通过以上试验结论，提出可供实际应用的公路隧道视觉适应通用图（图7.1），作为行业标准《公路隧道照明设计细则》JTG/T D70/2—01—2014 的补充，实际公路隧道设计可参照此图。

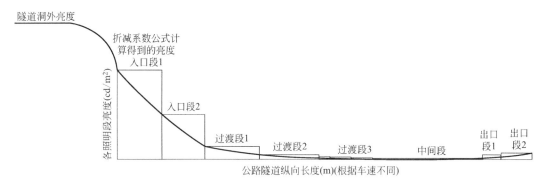

图7.1 公路隧道照明视觉适应曲线通用图

针对我国公路隧道照明的典型情况，驾驶速度选择高速公路隧道最常用的 80km/h，L_{20} 选择天空面积百分比 35%～50% 的南洞口，取值选择 4000cd/m²。此工况下绘出视觉适应图如图7.2所示，为考虑修正后视觉适应曲线结论后的结果。

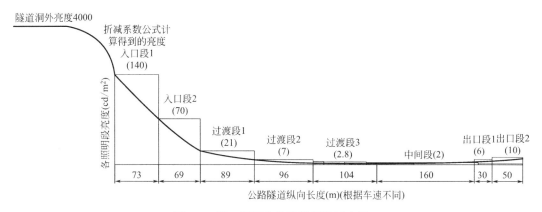

图7.2 某工况下公路隧道视觉适应图

7.2.2 动态试验成果

由于洞外的亮度逐时变化，洞外的色温也在不断变化，根据本书中动态照明的结论，公路隧道其他工况下的视觉适应曲线可根据相应的试验结果进行推导得出。最终，公路隧道照明应实现根据洞外亮度、色温变化进行相应逐时调整，隧道内根据本书中的视觉适应曲线进行相关照明设计以及智能照明的参数取值。

为更好地表现动态的视觉适应曲线效果，研究最终进行了编程的工作，编程对研究的结论进行动态的表达。具体编程数据见附录F。

最终得出的结果截图见图7.3~图7.5。

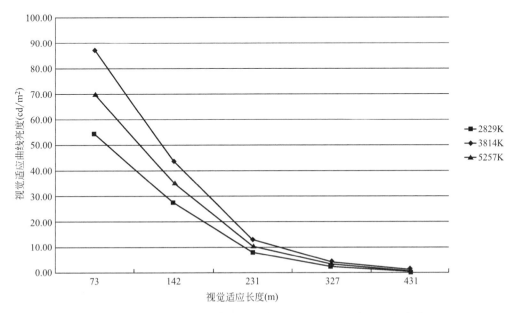

图7.3 L_{20}为2500cd/m² 时洞内各照明阶梯在不同色温下的亮度

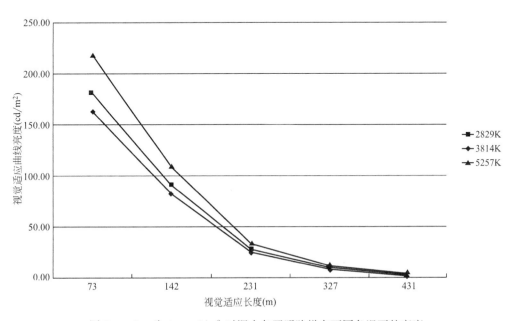

图7.4 L_{20}为4000cd/m² 时洞内各照明阶梯在不同色温下的亮度

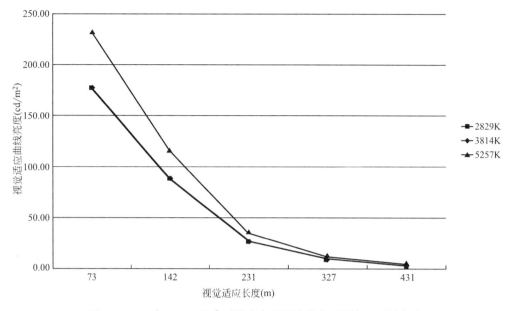

图 7.5 L_{20} 为 5500cd/m² 时洞内各照明阶梯在不同色温下的亮度

该程序被命名为修正后公路隧道照明动态视觉适应曲线，其中纵坐标为各照明阶梯的动态亮度，横坐标为各照明阶梯的动态长度，只要输入洞外的亮度值，就可以针对洞内不同色温的光源得出洞内各照明阶梯亮度以及长度取值，能够方便地进行智能照明的控制并指导公路隧道照明设计。在图 7.3～图 7.5 中给出的是洞外亮度为 2500cd/m²、4000cd/m² 和 5500cd/m² 时的曲线，属于特定亮度下的视觉功效曲线截图。

从图中的变化可以看出，在洞外天然光亮度在 2500～5500cd/m² 的范围内时，在 3 种不同光源色温的 LED 光源下，各照明段视觉功效曲线存在相互交叉。从动态变化过程中，可以看到如下变化趋势：洞外亮度从低到高变化（2500～5500cd/m² 范围内）的过程中，在低亮度时低色温 LED 光源的光效最高，逐渐随着亮度的增加，高色温 LED 逐渐体现出高光效（拐点为 2900cd/m²），随后中间色温 LED 光效显示最高（拐点为 3100cd/m²），最后低、中色温的光源光效逐步明显（拐点为 5200cd/m²）。通过动态调光，可以实现上述色温和亮度的切换，该规律是对本书第 5 章试验结论的有力补充。

7.3 试验展望

7.3.1 试验存在的不足

（1）鉴于试验室器材尺寸及功能的限制，试验所采取的车速限值多为特定值，试验段存在缺失（如加强照明段长度研究中缺乏出口段）；由于时间和试验仪器布置等原因，试验室试验的工作量还有待进一步增加（包含各照明阶梯亮度和长度）。

(2) 对洞外天然光色温和亮度的日变化、月变化及年变化数据还缺少系统、完整的整理，需要更多的试验来完成；最终也没有能够将洞外的色温与洞内的色温更好地联系在一起。

(3) 鉴于客观条件限制，如有的公路隧道路段封路困难，现场做长时间试验的条件难以具备，所以现场试验的量以及现场试验与试验室试验的结合存在不足。

(4) 对于公路隧道入口段亮度安全可见阈值分析的重要性缺少关注度和认可度；另外，安全阈值试验设置的精度还有待进一步增加；动态折减系数分析方面还需要增加其他色温的光源和其他行驶限速的工况。

(5) 公路隧道加强照明阶梯暗适应时间分析应进一步加入出口段的分析，更加着重加强对眼动仪以及其他生理参数，如心电、脑电数据的分析和利用；公路隧道加强照明段照明阶梯长度的分析同样缺少出口段的分析。

希望在以后的试验中，能够通过更完善的试验室设置以及更全面的现场隧道试验条件，完成更丰富的试验内容，将现有的不足合理解决，为公路隧道照明视觉适应曲线的完善作出进一步贡献。

7.3.2 试验努力方向

(1) 鉴于折减系数法所考虑的因素相对于等效光幕亮度法要小，全面性较差，所以CIE和各国规范也在研究采用等效光幕亮度法；但目前，等效光幕亮度法的研究还有待完善，有很多细节问题亟待解决。在此需要指出的是，等效光幕亮度法也存在折减系数，这个系数就是$1/(6C-1)$，其中C为对比显示系数；即本书方法同样适用于研究等效光幕亮度法。目前，由于仪器的限制，相对于折减系数法的20°视角情况下的洞外亮度模拟灯箱尺寸过大，试验室无法容纳，故此次试验主要针对的是20°视角情况下的折减系数（k值）变化规律，今后可以进一步开展该方面的研究。

(2) 根据试验室试验得到的工况，加强研究中未考虑到的试验工况分析，增加试验的被试者数量，推广到更多的试验室试验工况（含车速、亮度变化，光源变化，动态长度变化等）。

(3) 后续试验考虑增加试验室驾驶模拟机试验，将试验室数据导入驾驶模拟仪器，得出更多实际动态工况下的试验数据。

(4) 在有条件的情况下增加现场试验的工作量，在有条件封路情况下针对性选择刚刚建成的公路隧道，做更有针对性的现场试验，并与试验室得到的基本成果进行对照分析；利用更多的现场试验，使试验室研究的结论更加具有实践价值。

(5) 增加公路隧道洞外天然光光色对洞内色温影响的分析，进一步对视觉适应曲线进行修正。

附录 A：公路隧道照明状况调查问卷（节选）

A.1　公路隧道照明状况调查问卷（样卷）

姓名：_____（可用代号）　　性别：_____　　年龄：_____
视力（含矫正）：_____　　驾龄：_____　　驾照类型：_____

1. 你驾车穿过隧道的频率怎样？（　　）
   A. 每天　　　　B. 每周　　　　C. 每半个月　　　D. 每个月
2. 你觉得驾车走隧道方便吗？（　　）
   A. 很方便　　　B. 比较方便　　C. 不太方便　　　D. 不方便
3. 你觉得与一般道路驾驶相比，隧道驾驶的安全性（　　）。
   A. 高很多　　　B. 略高　　　　C. 略低　　　　　D. 低很多
4. 你对隧道行驶的总体感觉是（　　）。
   A. 舒适、轻松愉快　　　　　　　B. 比较舒适
   C. 不舒适　　　　　　　　　　　D. 恐怖、可怕
5. 你感觉隧道驾驶中令人害怕和不安主要因为（　　）。（多选，可补充）
   A. 光线昏暗　　B. 环境封闭　　C. 车道较少　　　D. 通风不良
   E. 事故逃生难
6. 你觉得公路隧道照明费用高吗？（　　）
   A. 很高　　　　B. 比较高　　　C. 一般　　　　　D. 比较低
   E. 很低
7. 你觉得进隧道之前的天然光对驾驶有影响吗？（　　）
   A. 显著影响　　B. 有点影响　　C. 影响很小　　　D. 没影响
8. 你觉得出隧道之后的天然光对驾驶有影响吗？（　　）
   A. 显著影响　　B. 有点影响　　C. 影响很小　　　D. 没影响
9. 你觉得以下哪个时间段在进隧道和出隧道时影响最大？（　　）
   A. 早上　　　　B. 上午　　　　C. 中午前后　　　D. 下午
   E. 晚上
10. 你感觉多数公路隧道内的光环境舒服吗？（　　）
    A. 很舒服　　　B. 比较舒服　　C. 一般　　　　　D. 比较不舒服
    E. 不舒服
11. 如果觉得光环境不舒服，那你觉得原因是（　　）。
    A. 光线太暗　　　　　　　　　　B. 光线可但看不清
    C. 光线刺眼　　　　　　　　　　D. 导向性不好

附录A：公路隧道照明状况调查问卷（节选）

12. 以下 3 幅图片中哪种照明情况下感觉公路隧道更舒适？（　　）

    A   B   C

13. 你认为隧道（　　）够亮。
 A. 全部   B. 大部分   C. 基本上   D. 小部分
 E. 都不

14. 对你而言隧道哪个部分亮度更重要？（　　）
 A. 地面   B. 低处墙面   C. 高处墙面   D. 顶棚
 E. 旁边检修道路

15. 你认为隧道照明均匀吗？（　　）
 A. 很均匀   B. 基本均匀   C. 一般   D. 基本不均匀
 E. 很不均匀

16. 你认为隧道的明暗交接明显吗？（　　）
 A. 很明显   B. 比较明显   C. 一般   D. 比较不明显
 E. 没有明暗交接

17. 你觉得公路隧道哪个部分的光线相对更舒适？（　　）
 A. 刚进隧道   B. 进隧道一小段   C. 进隧道很久后   D. 快出隧道处

18. 你觉得刚进隧道处的光线需要（　　）。
 A. 明显加强   B. 略微加强   C. 略微减弱   D. 明显减弱

19. 你觉得进隧道一小段处的光线需要（　　）。
 A. 明显加强   B. 略微加强   C. 略微减弱   D. 明显减弱

20. 你觉得进隧道很久后的光线需要（　　）。
 A. 明显加强   B. 略微加强   C. 略微减弱   D. 明显减弱

21. 你觉得快出隧道处的光线需要（　　）。
 A. 明显加强   B. 略微加强   C. 略微减弱   D. 明显减弱

22. 进隧道后多久才会觉得眼睛比较舒服？（　　）
 A. 几秒钟   B. 几分钟   C. 半小时   D. 几小时

23. 你觉得隧道各照明段的长度设置舒服吗？（　　）
 A. 舒服   B. 比较舒服   C. 一般   D. 比较不舒服
 E. 不舒服

24. 有没有碰到过刚刚开通不久设施不够完备的隧道，或者电力不足导致亮度不够的隧道？（　　）
 A. 有   B. 没有

25. 如果有碰到 24 条中的情况，感觉最大的问题是（　　）。
 A. 亮度不足   B. 灯光不稳定   C. 通风不畅   D. 指示牌不准

177

26. 你理想中的公路隧道照明光环境状况是怎样的？
_____
_____

A.2　公路隧道照明状况调查问卷（被试者CBX）

姓名：____CBX____（可用代号）　　性别：____女____　　年龄：____45____
视力（含矫正）：____1.2____　　驾龄：____6____　　驾照类型：____C____

1. 你驾车穿过隧道的频率怎样？（　D　）
   A. 每天　　　　　B. 每周　　　　　C. 每半个月　　　D. 每个月
2. 你觉得驾车走隧道方便吗？（　B　）
   A. 很方便　　　　B. 比较方便　　　C. 不太方便　　　D. 不方便
3. 你觉得与一般道路驾驶相比，隧道驾驶的安全性（　C　）。
   A. 高很多　　　　B. 略高　　　　　C. 略低　　　　　D. 低很多
4. 你对隧道行驶的总体感觉是：（　C　）。
   A. 舒适、轻松愉快　　　　　　　　B. 比较舒适
   C. 不舒适　　　　　　　　　　　　D. 恐怖、可怕
5. 你感觉隧道驾驶中令人害怕和不安主要因为（　ABD　）。（多选，可补充）
   A. 光线昏暗　　　B. 环境封闭　　　C. 车道较少　　　D. 通风不良
   E. 事故逃生难
6. 你觉得公路隧道照明费用高吗？（　B　）
   A. 很高　　　　　B. 比较高　　　　C. 一般　　　　　D. 比较低
   E. 很低
7. 你觉得进隧道之前的天然光对驾驶有影响吗？（　A　）
   A. 显著影响　　　B. 有点影响　　　C. 影响很小　　　D. 没影响
8. 你觉得出隧道之后的天然光对驾驶有影响吗？（　A　）
   A. 显著影响　　　B. 有点影响　　　C. 影响很小　　　D. 没影响
9. 你觉得以下哪个时间段在进隧道和出隧道时影响最大？（　C　）
   A. 早上　　　　　B. 上午　　　　　C. 中午前后　　　D. 下午
   E. 晚上
10. 你感觉多数公路隧道内的光环境舒服吗？（　C　）
    A. 很舒服　　　　B. 比较舒服　　　C. 一般　　　　　D. 比较不舒服
    E. 不舒服
11. 如果觉得光环境不舒服，那你觉得原因是（　B　）。
    A. 光线太暗　　　　　　　　　　　B. 光线可但看不清
    C. 光线刺眼　　　　　　　　　　　D. 导向性不好
12. 以下 3 幅图片中哪种照明情况下感觉公路隧道更舒适？（　A　）

附录A: 公路隧道照明状况调查问卷（节选）

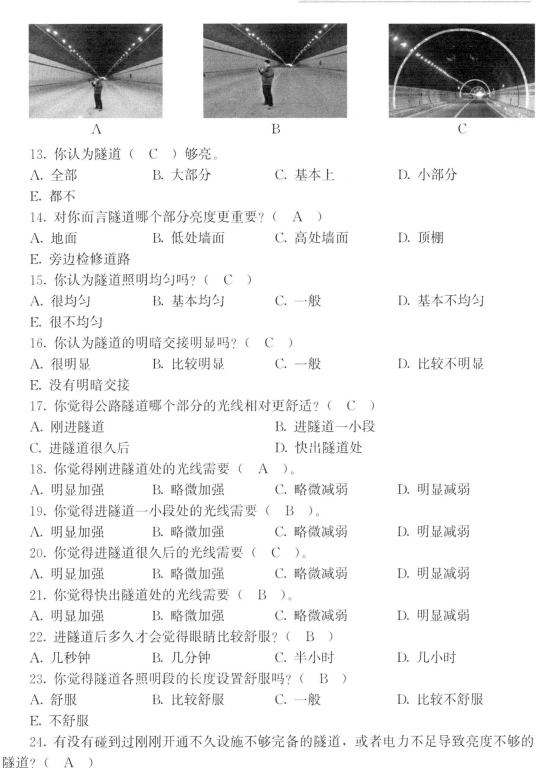

    A   B   C

13. 你认为隧道（ C ）够亮。
   A. 全部　　　　B. 大部分　　　　C. 基本上　　　　D. 小部分
   E. 都不
14. 对你而言隧道哪个部分亮度更重要？（ A ）
   A. 地面　　　　B. 低处墙面　　　C. 高处墙面　　　D. 顶棚
   E. 旁边检修道路
15. 你认为隧道照明均匀吗？（ C ）
   A. 很均匀　　　B. 基本均匀　　　C. 一般　　　　　D. 基本不均匀
   E. 很不均匀
16. 你认为隧道的明暗交接明显吗？（ C ）
   A. 很明显　　　B. 比较明显　　　C. 一般　　　　　D. 比较不明显
   E. 没有明暗交接
17. 你觉得公路隧道哪个部分的光线相对更舒适？（ C ）
   A. 刚进隧道　　　　　　　　　B. 进隧道一小段
   C. 进隧道很久后　　　　　　　D. 快出隧道处
18. 你觉得刚进隧道处的光线需要（ A ）。
   A. 明显加强　　B. 略微加强　　　C. 略微减弱　　　D. 明显减弱
19. 你觉得进隧道一小段处的光线需要（ B ）。
   A. 明显加强　　B. 略微加强　　　C. 略微减弱　　　D. 明显减弱
20. 你觉得进隧道很久后的光线需要（ C ）。
   A. 明显加强　　B. 略微加强　　　C. 略微减弱　　　D. 明显减弱
21. 你觉得快出隧道处的光线需要（ B ）。
   A. 明显加强　　B. 略微加强　　　C. 略微减弱　　　D. 明显减弱
22. 进隧道后多久才会觉得眼睛比较舒服？（ B ）
   A. 几秒钟　　　B. 几分钟　　　　C. 半小时　　　　D. 几小时
23. 你觉得隧道各照明段的长度设置舒服吗？（ B ）
   A. 舒服　　　　B. 比较舒服　　　C. 一般　　　　　D. 比较不舒服
   E. 不舒服
24. 有没有碰到过刚刚开通不久设施不够完备的隧道，或者电力不足导致亮度不够的隧道？（ A ）
   A. 有　　　　　B. 没有
25. 如果有碰到24条中的情况，感觉最大的问题是（ A ）。
   A. 亮度不足　　B. 灯光不稳定　　C. 通风不畅　　　D. 指示牌不准

179

26. 你理想中的公路隧道照明光环境状况是怎样的？
减少眼睛的不舒服感觉，亮度更足。

附录B：太阳光光谱测试（节选）

表B 太阳光光谱测试结果节选

序号	1	2	3	4	5	6	7	8
测试时间	2015/12/29 17:22	2015/12/29 17:23	2015/12/29 17:23	2015/12/29 17:24	2015/12/31 12:12	2015/12/31 12:12	2015/12/31 12:12	2015/12/31 12:13
序列号	10001514	10001514	10001514	10001514	10001514	10001514	10001514	10001514
E_v	1177.7	1166.8	1161.1	1144.2	15153.9	15024.0	14887.7	14820.0
x	0.3171	0.3169	0.3167	0.3165	0.3324	0.3323	0.3321	0.3321
y	0.3320	0.3319	0.3318	0.3315	0.3451	0.3450	0.3450	0.3449
Tcp(JIS)	6257	6270	6280	6292	5506	5510	5517	5517
duv(JIS)	+0.0026	+0.0026	+0.0026	+0.0026	+0.0021	+0.0021	+0.0021	+0.0021
峰值波长	478	478	478	478	478	478	478	478
360nm	8.359E-03	8.118E-03	8.155E-03	8.133E-03	8.668E-02	8.617E-02	8.449E-02	8.517E-02
361nm	8.789E-03	8.520E-03	8.497E-03	8.426E-03	9.068E-02	9.023E-02	8.859E-02	8.913E-02
362nm	9.202E-03	8.926E-03	8.844E-03	8.716E-03	9.461E-02	9.422E-02	9.260E-02	9.301E-02
363nm	9.261E-03	9.037E-03	8.979E-03	8.807E-03	9.565E-02	9.527E-02	9.368E-02	9.411E-02
364nm	9.230E-03	9.076E-03	9.057E-03	8.848E-03	9.596E-02	9.557E-02	9.401E-02	9.449E-02
365nm	9.162E-03	9.080E-03	9.102E-03	8.862E-03	9.592E-02	9.550E-02	9.398E-02	9.449E-02
366nm	9.089E-03	9.070E-03	9.126E-03	8.864E-03	9.576E-02	9.530E-02	9.382E-02	9.435E-02
367nm	9.160E-03	9.142E-03	9.179E-03	8.920E-03	9.654E-02	9.598E-02	9.459E-02	9.499E-02
368nm	9.256E-03	9.220E-03	9.222E-03	8.977E-03	9.741E-02	9.676E-02	9.546E-02	9.569E-02
369nm	9.348E-03	9.284E-03	9.249E-03	9.024E-03	9.819E-02	9.745E-02	9.623E-02	9.630E-02
370nm	9.419E-03	9.325E-03	9.255E-03	9.055E-03	9.877E-02	9.797E-02	9.681E-02	9.674E-02
371nm	9.364E-03	9.255E-03	9.190E-03	9.012E-03	9.838E-02	9.761E-02	9.642E-02	9.636E-02
372nm	9.277E-03	9.159E-03	9.108E-03	8.951E-03	9.774E-02	9.702E-02	9.578E-02	9.578E-02

续表

序号	1	2	3	4	5	6	7	8
373nm	9.184E-03	9.067E-03	9.031E-03	8.894E-03	9.708E-02	9.643E-02	9.514E-02	9.520E-02
374nm	9.107E-03	8.999E-03	8.973E-03	8.853E-03	9.655E-02	9.598E-02	9.465E-02	9.477E-02
375nm	9.153E-03	9.092E-03	9.032E-03	8.921E-03	9.712E-02	9.660E-02	9.532E-02	9.540E-02
376nm	9.230E-03	9.223E-03	9.122E-03	9.016E-03	9.794E-02	9.747E-02	9.627E-02	9.628E-02
377nm	9.307E-03	9.348E-03	9.210E-03	9.105E-03	9.873E-02	9.828E-02	9.718E-02	9.710E-02
378nm	9.364E-03	9.439E-03	9.276E-03	9.169E-03	9.927E-02	9.885E-02	9.784E-02	9.767E-02
379nm	9.302E-03	9.346E-03	9.215E-03	9.099E-03	9.855E-02	9.814E-02	9.716E-02	9.695E-02
380nm	9.200E-03	9.187E-03	9.109E-03	8.983E-03	9.740E-02	9.698E-02	9.601E-02	9.578E-02
381nm	9.084E-03	9.009E-03	8.988E-03	8.853E-03	9.614E-02	9.571E-02	9.474E-02	9.450E-02
382nm	8.972E-03	8.838E-03	8.869E-03	8.728E-03	9.498E-02	9.452E-02	9.355E-02	9.331E-02
383nm	8.919E-03	8.764E-03	8.812E-03	8.679E-03	9.464E-02	9.413E-02	9.316E-02	9.296E-02
384nm	8.894E-03	8.735E-03	8.782E-03	8.663E-03	9.466E-02	9.409E-02	9.312E-02	9.297E-02
385nm	8.886E-03	8.734E-03	8.771E-03	8.666E-03	9.489E-02	9.426E-02	9.329E-02	9.320E-02
386nm	8.894E-03	8.756E-03	8.774E-03	8.681E-03	9.526E-02	9.459E-02	9.361E-02	9.357E-02
387nm	8.902E-03	8.782E-03	8.774E-03	8.678E-03	9.545E-02	9.476E-02	9.378E-02	9.376E-02
388nm	8.923E-03	8.823E-03	8.788E-03	8.682E-03	9.570E-02	9.504E-02	9.404E-02	9.403E-02
389nm	8.965E-03	8.886E-03	8.823E-03	8.707E-03	9.617E-02	9.552E-02	9.451E-02	9.449E-02
390nm	9.030E-03	8.970E-03	8.884E-03	8.758E-03	9.690E-02	9.629E-02	9.526E-02	9.521E-02

附录C：三种试验用光源光谱（节选）

表C 三种试验用光源光谱测试结果（节选）

序号	1	2	3
测试时间	2015/12/25 16:27	2015/12/25 16:31	2015/12/25 16:33
序列号	10001514	10001514	10001514
E_v	1733.7	487.1	538.3
x	0.3267	0.4700	0.4181
y	0.3496	0.4238	0.4135
Tcp(JIS)	5257	2829	3814
duv(JIS)	+0.0069	+0.0047	+0.0069
峰值波长	544	603	591
360	0.000E+00	0.000E+00	0.000E+00
361	0.000E+00	0.000E+00	0.000E+00
362	0.000E+00	0.000E+00	6.807E-07
363	0.000E+00	0.000E+00	0.000E+00
364	0.000E+00	0.000E+00	0.000E+00
365	0.000E+00	0.000E+00	0.000E+00
366	0.000E+00	0.000E+00	0.000E+00
367	0.000E+00	0.000E+00	0.000E+00
368	0.000E+00	0.000E+00	0.000E+00
369	0.000E+00	0.000E+00	0.000E+00
370	0.000E+00	0.000E+00	0.000E+00
371	0.000E+00	0.000E+00	0.000E+00
372	0.000E+00	0.000E+00	0.000E+00
373	0.000E+00	0.000E+00	0.000E+00
374	0.000E+00	0.000E+00	6.224E-07
375	0.000E+00	0.000E+00	0.000E+00
376	0.000E+00	0.000E+00	0.000E+00

续表

序号	1	2	3
377	0.000E+00	0.000E+00	0.000E+00
378	1.075E-05	0.000E+00	0.000E+00
379	1.359E-05	0.000E+00	0.000E+00
380	0.000E+00	0.000E+00	0.000E+00
381	0.000E+00	0.000E+00	0.000E+00
382	0.000E+00	0.000E+00	0.000E+00
383	0.000E+00	0.000E+00	0.000E+00
384	0.000E+00	0.000E+00	0.000E+00
385	0.000E+00	0.000E+00	0.000E+00
386	0.000E+00	0.000E+00	0.000E+00
387	0.000E+00	0.000E+00	0.000E+00
388	0.000E+00	0.000E+00	6.586E-07
389	0.000E+00	0.000E+00	4.348E-06
390	0.000E+00	0.000E+00	7.864E-06
391	0.000E+00	0.000E+00	1.017E-05
392	0.000E+00	0.000E+00	1.171E-05
393	0.000E+00	0.000E+00	1.265E-05
394	1.085E-05	0.000E+00	1.299E-05
395	8.696E-06	1.251E-06	1.181E-05
396	0.000E+00	8.116E-07	1.010E-05
397	0.000E+00	0.000E+00	8.573E-06
398	0.000E+00	0.000E+00	7.680E-06
399	2.295E-05	0.000E+00	9.197E-06
400	6.876E-05	0.000E+00	1.217E-05
401	1.206E-04	1.863E-06	1.593E-05
402	1.742E-04	3.957E-06	2.024E-05
403	2.065E-04	5.138E-06	2.321E-05
404	2.326E-04	6.133E-06	2.629E-05
405	2.657E-04	7.568E-06	3.073E-05
406	3.119E-04	9.737E-06	3.717E-05

附录 D：隧道接近段到入口段瞳孔暗适应时间以及反应时间试验数据（节选）

表 D.1 隧道接近段到入口段瞳孔暗适应时间以及反应时间试验表（1）

试验人姓名：__QQL__ 性别：__m__ 年龄：__26__ 视力:左眼__1.2__ 右眼__1.2__ 测试员：__杜峰，蔡贤云__
小目标物对比度：__-0.2__ 色温：__2829K__ 显色指数：__75.2__ 等待时间：__15～20s__ 日期：__2016.01.09__ 时间段：__16:00—16:30__

亮度变化(cd/m²)	接近段3000到入口段亮度100			3000～110			3000～120			3000～130		
小目标物角度(随机)	10	10	-10	0	-10	-10	10	-10	-10	0	10	0
反应时间(ms)	324	233	303	235	302	248	243	322	261	310	479	258
	287			262			275			349		
亮度变化(cd/m²)	3000～140			3000～150			3000～160			3000～170		
小目标物角度(随机)	0	-10	0	10	0	-10	10	-10	-10	0	0	10
反应时间(ms)	350	430	343	397	298	287	336	278	253	202	273	286
	374			327			289			254		

表 D.2 隧道接近段到入口段瞳孔暗适应时间以及反应时间试验表（2）

试验人姓名：__QQL__ 性别：__m__ 年龄：__26__ 视力:左眼__1.2__ 右眼__1.2__ 测试员：__杜峰，蔡贤云__
小目标物对比度：__-0.2__ 色温：__3814K__ 显色指数：__75.2__ 等待时间：__15～20s__ 日期：__2016.01.09__ 时间段：__19:40—20:10__

亮度变化(cd/m²)	3000～100			3000～110			3000～120			3000～130		
小目标物角度(随机)	-10	10	0	10	-10	0	0	10	-10	-10	0	10
反应时间(ms)	270	257	248	278	265	216	259	224	192	271	278	257
	258			253			225			269		
亮度变化(cd/m²)	3000～140			3000～150			3000～160			3000～170		
小目标物角度(随机)	10	-10	10	0	10	0	-10	0	10	10	-10	10
反应时间(ms)	269	233	204	256	228	223	176	201	257	186	314	245
	235			236			211			248		

表 D.3 隧道接近段到入口段瞳孔暗适应时间以及反应时间试验表（3）

试验人姓名： QQL 性别： m 年龄： 26 视力：左眼 1.2 右眼 1.2 测试员： 杜峰、蔡贤云

小目标物对比度：—0.2 色温：5257K 显色指数：75.2 等待时间：15~20s 日期：2016.01.09 时间段：20:27—20:42

亮度变化(cd/m²)	3000~100			3000~110			3000~120			3000~130		
小目标物角度(随机)	—10	0	0	10	—10	0	10	—10	10	0	—10	10
反应时间(ms)	187	200	178	150	191	189	197	263	194	151	198	169
	188			177			218			173		
亮度变化(cd/m²)	3000~140			3000~150			3000~160			3000~170		
小目标物角度(随机)	—10	0	0	10	—10	—10	0	—10	10	0	10	0
反应时间(ms)	261	251	191	206	226	239	271	280	193	185	269	248
	234			224			248			234		

表 D.4 隧道接近段到入口段瞳孔暗适应时间以及反应时间试验表（4）

试验人姓名： QQL 性别： m 年龄： 26 视力：左眼 1.2 右眼 1.2 测试员： 杜峰、蔡贤云

小目标物对比度：—0.2 色温：2829K 显色指数：75.2 等待时间：15~20s 日期：2016.01.09 时间段：19:50—20:10

亮度变化(cd/m²)	4000~100			4000~110			4000~120			4000~130		
小目标物角度(随机)	10	—10	—10	0	—10	10	0	—10	0	0	10	10
反应时间(ms)	322	260	273	251	224	272	213	259	229	240	207	254
	285			249			234			234		
亮度变化(cd/m²)	4000~140			4000~150			4000~160			4000~170		
小目标物角度(随机)	—10	—10	0	—10	0	10	10	—10	10	0	10	10
反应时间(ms)	264	239	229	252	269	178	181	191	205	244	282	275
	244			233			192			267		

附录D：隧道接近段到入口段瞳孔暗适应时间以及反应时间试验数据（节选）

表 D.5 隧道接近段到入口段瞳孔暗适应时间以及反应时间试验表（5）

试验人姓名：__QQL__ 性别：__m__ 年龄：__26__ 视力:左眼__1.2__ 右眼__1.2__ 测试员：__杜峰.蔡贤云__
小目标物对比度：__−0.2__ 色温：__3814K__ 显色指数：__75.2__ 等待时间：__15～20s__ 日期：__2016.01.09__ 时间段：__19:17—19:37__

亮度变化(cd/m^2)	4000～100			4000～110			4000～120			4000～130		
小目标物角度(随机)	0	10	10	−10	10	−10	0	10	10	−10	0	−10
反应时间(ms)	207	185	358	216	215	443	180	406	254	256	242	276
	249			291			280			258		
亮度变化(cd/m^2)	4000～140			4000～150			4000～160			4000～170		
小目标物角度(随机)	0	10	10	0	−10	10	0	10	0	−10	0	10
反应时间(ms)	263	295	272	206	206	191	274	224	243	200	270	266
	277			201			247			45		

表 D.6 隧道接近段到入口段瞳孔暗适应时间以及反应时间试验表（6）

试验人姓名：__QQL__ 性别：__m__ 年龄：__26__ 视力:左眼__1.2__ 右眼__1.2__ 测试员：__杜峰.蔡贤云__
小目标物对比度：__−0.2__ 色温：__5257K__ 显色指数：__75.2__ 等待时间：__15～20s__ 日期：__2016.01.09__ 时间段：__20:45—21:10__

亮度变化(cd/m^2)	4000～100			4000～110			4000～120			4000～130		
小目标物角度(随机)	−10	10	0	0	−10	10	0	10	0	−10	0	−10
反应时间(ms)	206	214	228	278	274	187	224	250	203	313	281	325
	216			246			2260			306		
亮度变化(cd/m^2)	4000～140			4000～150			4000～160			4000～170		
小目标物角度(随机)	−10	0	10	−10	10	0	10	−10	10	0	−10	0
反应时间(ms)	301	220	210	214	204	238	182	312	181	201	190	203
	244			219			225			98		

附录 E：公路隧道各照明段动态长度视觉功效试验数据节选

表 E.1　确定公路隧道各照明段动态长度的视觉功效试验（1）

姓名：__GQY__　性别：__f__　年龄：__26__　视力:左眼__1.0__　右眼__1.0__　小目标物对比度：__-0.2__
色温：__5000K__　显色指数：__71__　日期：__2016.09.29__　时间段：__10:00—12:00__

适应亮度(cd/m²)		120			60			18			6			2.4		2
反应时间(ms)	适应1s	450	360	573	348	522	309	385	344	452	279	351	559	401	348	417
		461			393			394			396			389		
	适应2s	392	450	352	259	306	427	460	432	251	344	495	473	525	373	383
		398			331			381			437			427		
	适应3s	415	470	376	364	504	472	400	406	318	412	399	587	567	284	486
		420			447			375			466			446		
	适应4s	404	808	609	646	328	385	414	340	491	332	367	360	463	591	412
		607			453			415			353			489		
	适应5s	287	569	438	370	397	660	264	349	376	331	261	483	416	290	392
		431			476			330			358			366		
	适应6s	449	382	424	344	317	457	378	323	619	479	423	500	436	336	521
		418			373			440			467			431		
	适应7s	705	426	340	354	328	350	432	401	360	475	357	536	369	394	435
		490			344			398			456			413		
	适应8s	588	403	322	475	594	361	348	321	411	328	753	423	540	499	308
		438			477			360			491			449		
	对应照明段	入口段1			入口段2			过渡段1			过渡段2			过渡段3		

附录E：公路隧道各照明段动态长度视觉功效试验数据节选

表 E.2　确定公路隧道各照明段动态长度的视觉功效试验（2）

姓名：__GLZ__　性别：__m__　年龄：__35__　视力:左眼__1.2__　右眼__1.2__　小目标物对比度：__-0.2__
色温：__5000K__　显色指数：__71__　日期：__2016.10.07__　时间段：__10：00—13：00__

	适应亮度(cd/m²)	120			60			60			18			18			6			6			2.4			2.4			2
反应时间(ms)	适应1s	254	372	506	710	415	503	651	385	586	493	514	518	786	540	1307
		377			543			541			508			878		
	适应2s	261	555	479	454	463	393	416	738	811	535	415	503	594	644	940
		432			437			655			484			726		
	适应3s	449	495	400	463	427	379	433	405	452	440	448	608	861	719	994
		448			423			430			499			858		
	适应4s	501	408	551	625	538	557	724	482	655	531	949	750	567	556	461
		487			573			620			743			528		
	适应5s	495	451	741	383	504	462	559	454	439	584	465	462	522	745	679
		562			450			484			504			649		
	适应6s	340	597	531	573	657	583	639	644	497	384	545	592	752	884	912
		489			604			593			507			849		
	适应7s	570	377	347	397	605	590	466	387	539	637	566	490	712	460	655
		431			531			464			564			609		
	适应8s	467	477	643	660	654	510	509	667	747	508	527	472	652	886	728
		529			608			641			502			755		
	对应照明段	入口段1			入口段2			过渡段1			过渡段2			过渡段3		

表E.3 确定公路隧道各照明段动态长度的视觉功效试验（3）

姓名：__PL__ 性别：__m__ 年龄：__28__ 视力：左眼__1.0__ 右眼__1.0__ 小目标物对比度：__-0.2__
色温：__5000K__ 显色指数：__71__ 日期：__2016.10.08__ 时间段：__14:30—16:15__

	适应亮度(cd/m^2)	120			60			60			18			18			6			6			2.4			2.4		2
反应时间(ms)	适应1s	325	412	348	366	275	333	294	582	252	357	307	366	334	247	310												
			362			325			376			343			327													
	适应2s	344	598	397	349	286	303	297	361	298	263	366	308	316	283	267												
			446			313			319			312			289													
	适应3s	381	278	351	306	314	341	288	464	294	267	287	393	298	291	420												
			321			320			349			316			336													
	适应4s	381	278	351	265	381	314	318	373	181	352	282	263	359	264	306												
			337			320			291			299			310													
	适应5s	307	386	317	342	385	331	306	287	392	343	316	355	275	344	260												
			337			353			328			338			293													
	适应6s	408	636	430	267	238	273	266	321	295	405	425	401	283	430	258												
			491			259			294			410			324													
	适应7s	325	441	398	291	327	289	207	224	298	295	268	376	309	265	292												
			388			302			243			313			289													
	适应8s	456	284	608	212	396	291	270	354	292	285	368	333	267	293	335												
			449			300			305			329			298													
	对应照明段	入口段1			入口段2			过渡段1			过渡段2			过渡段3														

附录E: 公路隧道各照明段动态长度视觉功效试验数据节选

表E.4　确定公路隧道各照明段动态长度的视觉功效试验（4）

姓名：__CXY__　性别：__m__　年龄：__30__　视力：左眼__0.8__　右眼__0.8__　小目标物对比度：__-0.2__

色温：__5000K__　显色指数：__71__　日期：__2016.10.10__　时间段：__10:00—12:00__

适应亮度(cd/m²)		120			60			18			6			2.4		2
反应时间(ms)	适应1s	474	353	460	483	432	461	427	608	383	541	801	455	438	561	723
		429			459			473			599			574		
	适应2s	400	350	390	425	468	496	420	585	385	521	413	682	412	447	556
		380			463			463			539			574		
	适应3s	394	366	428	502	449	487	313	416	589	550	423	456	463	422	523
		396			479			439			476			469		
	适应4s	387	394	420	611	521	492	421	527	482	384	402	526	488	500	607
		400			541			477			437			532		
	适应5s	446	403	629	338	364	422	437	742	556	518	469	466	439	377	549
		493			375			578			484			455		
	适应6s	587	335	413	547	552	465	448	494	422	427	584	438	595	446	393
		445			521			455			483			478		
	适应7s	507	334	391	434	504	507	548	710	958	601	520	530	641	524	614
		411			482			739			550			593		
	适应8s	441	448	345	453	393	420	425	534	410	580	436	678	346	568	676
		411			422			456			565			530		
	对应照明段	入口段1			入口段2			过渡段1			过渡段2			过渡段3		

表 E.5　确定公路隧道各照明段动态长度的视觉功效试验（5）

姓名：__DFF__　性别：__m__　年龄：__36__　视力：左眼　__0.8__　右眼　__0.8__　小目标物对比度：__-0.2__
色温：__5000K__　显色指数：__71__　日期：__2016.10.12__　时间段：__9:00—10:30__

适应亮度(cd/m²)		120			60			60			18			18			6			6			2.4			2.4			2	
反应时间(ms)	适应1s	727	711	392	496	441	471	467	506	565	781	606	403	702	752	779
		610			469			513			97			744		
	适应2s	548	583	422	500	534	432	526	383	475	649	640	843	477	582	539
		518			489			461			711			533		
	适应3s	431	335	534	576	460	522	419	388	522	505	548	425	534	612	452
		433			519			443			493			533		
	适应4s	482	411	412	440	479	332	354	541	384	464	502	461	738	537	423
		435			417			426			476			566		
	适应5s	346	454	375	376	293	479	377	393	408	466	566	501	545	460	416
		392			383			393			511			474		
	适应6s	363	336	461	500	475	438	363	360	533	454	475	591	535	613	429
		387			471			419			507			526		
	适应7s	308	517	361	414	597	587	422	508	471	524	481	746	407	636	657
		395			533			467			584			567		
	适应8s	383	359	462	477	338	255	433	361	332	532	619	441	420	528	406
		401			357			375			531			451		
	对应照明段	入口段1			入口段2			过渡段1			过渡段2			过渡段3		

附录E：公路隧道各照明段动态长度视觉功效试验数据节选

表E.6 确定公路隧道各照明段动态长度的视觉功效试验（6）

姓名：__MZL__　性别：__m__　年龄：__24__　视力：左眼__1.0__　右眼__1.0__　小目标物对比度：__-0.2__
色温：__5000K__　显色指数：__71__　日期：__2016.10.19__　时间段：__14:50—16:15__

适应亮度(cd/m²)		120			60			60			18			18			6			6			2.4			2.4			2	
反应时间(ms)	适应1s	426	360	331	394	294	344	387	269	327	295	329	315	594	295	397
		372			344			328			313			429		
	适应2s	270	264	392	418	499	338	650	270	280	307	328	309	295	318	318
		309			418			400			315			310		
	适应3s	344	301	359	317	401	328	272	309	379	319	256	219	656	361	316
		335			349			320			265			444		
	适应4s	275	368	353	478	379	374	319	312	337	342	254	381	646	397	323
		332			410			323			326			455		
	适应5s	383	279	281	298	363	348	315	430	449	296	813	428	280	335	344
		314			336			398			512			320		
	适应6s	431	467	361	332	294	282	395	369	219	462	497	391	277	364	242
		364			303			328			450			294		
	适应7s	307	236	244	312	460	511	309	606	257	309	313	329	354	491	391
		262			428			391			317			412		
	适应8s	466	263	352	377	403	535	335	482	385	361	309	344	474	325	483
		360			438			401			338			427		
	对应照明段	入口段1			入口段2			过渡段1			过渡段2			过渡段3		

附录F：修正视觉适应曲线编程数据

表F 修正视觉适应曲线编程数据

D	L_{20}	T_c		
		2829K	3814K	5257K
73	2500	54.33	87.41	70.18
142		27.17	43.71	35.09
231		8.15	13.11	10.53
327		2.72	4.37	3.51
431		0.91	1.46	1.17
73	2600	64.22	90.95	78.49
142		32.11	45.48	39.25
231		9.63	13.64	11.77
327		3.21	4.55	3.92
431		1.07	1.52	1.31
73	2700	73.71	94.45	86.60
142		36.86	47.23	43.30
231		11.06	14.17	12.99
327		3.69	4.72	4.33
431		1.23	1.57	1.44
73	2800	82.80	97.91	94.51
142		41.40	48.96	47.26
231		12.42	14.69	14.18
327		4.14	4.90	4.73
431		1.38	1.63	1.58
73	2900	91.49	101.33	102.22
142		45.75	50.67	51.11
231		13.72	15.20	15.33
327		4.57	5.07	5.11
431		1.52	1.69	1.70
73	3000	99.78	104.71	109.73
142		49.89	52.36	54.87
231		14.97	15.71	16.46
327		4.99	5.24	5.49
431		1.66	1.75	1.83

附录F：修正视觉适应曲线编程数据

续表

D	L_{20}	T_c		
		2829K	3814K	5257K
73	3100	107.67	108.05	117.04
142		53.84	54.03	58.52
231		16.15	16.21	17.56
327		5.38	5.40	5.85
431		1.79	1.80	1.95
73	3200	115.16	111.35	124.15
142		57.58	55.68	62.08
231		17.27	16.70	18.62
327		5.76	5.57	6.21
431		1.92	1.86	2.07
73	3300	122.25	114.61	131.06
142		61.13	57.31	65.53
231		18.34	17.19	19.66
327		6.11	5.73	6.55
431		2.04	1.91	2.18
73	3400	128.94	117.83	137.77
142		64.47	58.92	68.89
231		19.34	17.67	20.67
327		6.45	5.89	6.89
431		2.15	1.96	2.30
73	3500	135.23	121.01	144.28
142		67.62	60.51	72.14
231		20.28	18.15	21.64
327		6.76	6.05	7.21
431		2.25	2.02	2.40
73	3600	141.12	124.15	150.59
142		70.56	62.08	75.30
231		21.17	18.62	22.59
327		7.06	6.21	7.53
431		2.35	2.07	2.51
73	3700	146.61	127.25	156.70
142		73.30	63.63	78.35
231		21.99	19.09	23.51
327		7.33	6.36	7.84
431		2.44	2.12	2.61

续表

D	L_{20}	T_c		
		2829K	3814K	5257K
73	3800	151.70	130.31	162.61
142		75.85	65.16	81.31
231		22.76	19.55	24.39
327		7.58	6.52	8.13
431		2.53	2.17	2.71
73	3900	156.39	133.33	168.32
142		78.20	66.67	84.16
231		23.46	20.00	25.25
327		7.82	6.67	8.42
431		2.61	2.22	2.81
73	4000	160.68	136.31	173.83
142		80.34	68.16	86.92
231		24.10	20.45	26.07
327		8.03	6.82	8.69
431		2.68	2.27	2.90
73	4100	164.57	139.25	179.14
142		82.29	69.63	89.57
231		24.69	20.89	26.87
327		8.23	6.96	8.96
431		2.74	2.32	2.99
73	4200	168.06	142.15	184.25
142		84.03	71.08	92.13
231		25.21	21.32	27.64
327		8.40	7.11	9.21
431		2.80	2.37	3.07
73	4300	171.15	145.01	189.16
142		85.58	72.51	94.58
231		25.67	21.75	28.37
327		8.56	7.25	9.46
431		2.85	2.42	3.15
73	4400	173.84	147.83	193.87
142		86.92	73.92	96.94
231		26.08	22.17	29.08
327		8.69	7.39	9.69
431		2.90	2.46	3.23

附录F：修正视觉适应曲线编程数据

续表

D	L_{20}	T_c		
		2829K	3814K	5257K
73	4500	176.13	150.61	198.38
142		88.06	75.31	99.19
231		26.42	22.59	29.76
327		8.81	7.53	9.92
431		2.94	2.51	3.31
73	4600	178.02	153.35	202.69
142		89.01	76.68	101.35
231		26.70	23.00	30.40
327		8.90	7.67	10.13
431		2.97	2.56	3.38
73	4700	179.51	156.05	206.80
142		89.76	78.03	103.40
231		26.93	23.41	31.02
327		8.98	7.80	10.34
431		2.99	2.60	3.45
73	4800	180.60	158.71	210.71
142		90.30	79.36	105.36
231		27.09	23.81	31.61
327		9.03	7.94	10.54
431		3.01	2.65	3.51
73	4900	181.29	161.33	214.42
142		90.65	80.67	107.21
231		27.19	24.20	32.16
327		9.06	8.07	10.72
431		3.02	2.69	3.57
73	5000	181.58	163.91	217.93
142		90.79	81.96	108.97
231		27.24	24.59	32.69
327		9.08	8.20	10.90
431		3.03	2.73	3.63
73	5100	181.47	166.45	221.24
142		90.73	83.23	110.62
231		27.22	24.97	33.19
327		9.07	8.32	11.06
431		3.02	2.77	3.69

197

续表

D	L_{20}	T_c		
		2829K	3814K	5257K
73	5200	180.96	168.95	224.35
142		90.48	84.48	112.18
231		27.14	25.34	33.65
327		9.05	8.45	11.22
431		3.02	2.82	3.74
73	5300	180.05	171.41	227.26
142		90.02	85.71	113.63
231		27.01	25.71	34.09
327		9.00	8.57	11.36
431		3.00	2.86	3.79
73	5400	178.74	173.83	229.97
142		89.37	86.92	114.99
231		26.81	26.07	34.50
327		8.94	8.69	11.50
431		2.98	2.90	3.83
73	5500	177.03	176.21	232.48
142		88.52	88.11	116.24
231		26.55	26.43	34.87
327		8.85	8.81	11.62
431		2.95	2.94	3.87

参考文献

[1] Peeling J, Matthew W, Mocanu I, et al. Energy efficient tunnel solutions. Transportation Research Procedia 2016 (14): 1472-1481.

[2] Wegman F. The future of road safety: A worldwide perspective. IATSS Research 2017, 40 (2): 66-71.

[3] Mashimo H. State of the road tunnel safety technology in Japan. Tunnelling and Underground Space Technology, 2002, 17 (2): 145-152.

[4] 《中国公路学报》编辑部. 中国隧道工程学术研究综述·2015 [J]. 中国公路学报, 2015.28 (5): 1-65.

[5] 交通运输部. 2022 年交通运输行业发展统计公报 [R/OL]. (2023-06-21) [2023-07-16]. https://www.gov.cn/lianbo/buwen/202306/content_ 6887539.htm.

[6] 国务院陕西安康京昆高速 "8·10" 特别重大道路交通事故调查组. 国务院陕西安康京昆高速 "8·10" 特别重大道路交通事故调查报告 [R/OL]. (2018.03.31) [2019-07-16]. http://mem.gov.cn/gk/sgcc/tbzdsgdcbg/2018/201801/P020190415522216470646.pdf.

[7] Commission Internationale de L'Eclairage. Guide for the lighting of road tunnels and underpasses: CIE 088: 1990 [S].

[8] Commission Internationale de L'Eclairage. Guide for the lighting of road tunnels and underpasses: CIE 088: 2004 [S/OL]. 2nd ed. [2022-04-24]. https://cie.co.at/publications/ guide-lighting-road-tunnels-and-underpasses-2nd-ed.

[9] The British Standards Institution. Code of practice for the design of road lighting. Lighting of tunnels: BS 5489-2: 2016 [S/OL]. [2022-04-26]. https://standardsdevelopment.bsigroup.com/ projects/ 2014-00019♯/section.

[10] American National Standards Institute. American national standard practice for tunnel lighting: ANSI/IES RP-22-11 [S]. New York: Illuminating Engineering Society of North America, 2011.

[11] Japanese Standards Association. Lighting of Tunnels for Motorized Traffic: JIS Z 9116-1990 [S].

[12] 交通部. 公路隧道通风照明设计规范: JTJ 026.1—1999 [S]. 北京: 人民交通出版社, 1999.

[13] 交通部. 公路隧道设计规范: JTG D70—2004 [S]. 北京: 人民交通出版社, 2004.

[14] National Standards Authority of Ireland. Lighting applications-Tunnel lighting: CR 14380: 2003 [S].

[15] 交通运输部. 公路隧道照明设计细则: JTG/T D70/2—01—2014 [S]. 北京: 人民交通出版社, 2014.

[16] Jian S Y, Wong Y D. The effect of road tunnel environment on car following behavior [J]. Accident Analysis and Prevention. 2014 (70): 100-109.

[17] Bassan S. Overview of traffic safety aspects and design in road tunnels [J]. IATSS Research. 2016, 40 (1): 35-46.

[18] Nakamichi F, Narisada, Yoshikawa K. Experiment on the visibility of tunnel entrance lighting [J]. Journal of the Illuminating Engineering Institute of Japan, 1967, 51 (10): 566-581.

[19] Kircher K, Ahlstorm C. The impact of tunnel design and lighting on the performance of attentive and

visually distracted drivers [J]. Accident Analysis and Prevention. 2012 (47)：153-161.

[20] Kirytopoulos K，Kazaras K，Papapavlous P，et al. Exploring driving habits and safety critical behavioral intentions among road tunnel users：A questionnaire survey in Greece [J]. Tunneling and Underground Space Technology. 2017 (63)：244-251.

[21] Sinfield V J，Einstein H H. Evaluation of tunneling technology using the "decision aids for tunneling" [J]. Tunnelling and Underground Space Technology，1996，11 (4)：491-504.

[22] Narisada K，Yoseoikawa K. Tunnel entrance lighting-effect of fixation point and other factors on the determination of requirements [J]. Lighting Research and Technology，1974，6 (1)：9-18.

[23] Blaser P，Dudli H. Tunnel lighting：Method of calculating luminance of access zone L_{20} [J]. Lighting Research and Technology，1993，25 (1)：25-30.

[24] Adrian W K. Adaptation luminance when approaching a tunnel in daytime [J]. Lighting Research and Technology，1987，19 (3)：73-79.

[25] Adrian W K. Investigations on the required luminance in tunnel entrances [J]. Lighting Research and Technology，1980. 14 (3)：151-159.

[26] Peña-García A，López J C，Grindlay A L. Decrease of energy demands of lighting installations in road tunnels based in the forestation of portal surroundings with climbing plants [J]. Tunnelling and Underground Space Technology. 2015 (46)：111-115.

[27] Peña-García A，Gil-Martín L M，Hernández-Montes M E. Use of sunlight in road tunnels：An approach to the improvement of light-pipes' efficacy through heliostats [J]. Tunnelling and Underground Space Technology. 2016 (60)：135-140.

[28] Gil-Martín L M，Peña-García A，Hernández-Montes M E，et al. Tension structures：A way towards sustainable lighting in road tunnels [J] Tunnelling and Underground Space Technology. 2012 (32)：127-131.

[29] Peña-García A，Escribano R，Gil-Martín L M，et al. Computational optimization of semi-transparent tension structures for the use of solar light in road tunnels [J]. Tunnelling and Underground Space Technology. 2012 (32)：127-131.

[30] Peña-García A. The SLT equation：A tool to predict and evaluate energy savings in road tunnels with sunlight systems [J]. Tunnelling and Underground Space Technology. 2017 (64)：43-50.

[31] 胡英奎，翁季，张青文，等．基于驾驶员瞳孔变化确定隧道入口段亮度的方法 [J]．灯与照明，2011，35 (4)：10-13.

[32] Kabayama H. Study on Adaptive Illumination for Sudden Change of brightness [J]. Journal of the Illuminating Engineering Institute of Japan，1963，47 (10)：4-12.

[33] 谢秀颖，孙晓红，王克河，等．实用照明设计 [M]．北京：机械工业出版社，2011.

[34] 黄彦．隧道照明过渡段人眼适应照明研究 [D]．重庆：重庆大学，2014.

[35] 杨锋，朱守林．终南山隧道非充分动态照明环境特性分析 [J]．科学技术与工程，2015，15 (30)：214-218.

[36] 张吉芳，张晓琴，蒿东献，等．机动车驾驶员暗适应功能的调查研究 [J]．中国工业医学杂志，1994 (2)：99-100.

[37] 杜志刚，黄发明，严新平，等．基于瞳孔面积变动的公路隧道明暗适应时间 [J]．公路交通科技，2013，30 (5)：98-102.

[38] 任福田，刘小明，孙立山，等．交通工程学 [M]．4 版．北京：人民交通出版社，2023.

[39] van Bommel W. Tunnel lighting practice worldwide [J]. Lighting Research and Technology，1981，13 (2)：80-86.

[40] Tesson M, Monié B. Road tunnel lighting design: Simplification [J]. Lighting Research and Technology, 1989, 21 (4): 171-179.

[41] 许景峰. 国内外公路隧道照明标准中各照明段长度对比研究 [J]. 灯与照明, 2010. 34 (4): 38-41.

[42] 许景峰, 胡英奎, 何荥. 国内外公路隧道照明标准中亮度水平对比研究 [J]. 照明工程学报, 2010. 21 (5): 26-32.

[43] 危蓉, 廖振松, 徐伟. 基于视觉特征和DCT变换的数字水印 [J]. 计算机工程, 2007 (4): 149-151.

[44] 傅翼, 杨波, 陈云庆. 公路隧道照明眩光影响仿真与分析 [J]. 现代隧道技术, 2014, 51 (5): 150-154.

[45] 郑晅, 李雪, 丁婷, 等. 公路隧道入口环境亮度安全临界阈值分析 [J]. 浙江大学学报（工学版）, 2015, 49 (2): 360-365.

[46] 胡江碧, 李然, 马勇. 高速公路隧道入口段照明安全阈值评价方法 [J]. 中国公路学报, 2014, 27 (3): 92-99.

[47] Liu R L, Wang K, Meng J J, et al. Adaptation to visual stimulation modifies the burst firing property of V1 neurons [J]. Zoological Research. 2013, 34 (E3): 101-108.

[48] 刘英婴, 林立勇, 许景峰. 隧道照明中光生物效应研究 [J]. 灯与照明, 2009, 33 (4): 13-16+43.

[49] 刘英婴, 张青文, 胡英奎. LED光源色温对隧道照明入口段和中间段的影响 [J]. 照明工程学报, 2013, 24 (2): 30-34.

[50] 黄海静, 陈纲. 不同光色教室照明环境下的视觉功效研究 [J]. 灯与照明, 2011, 35 (4): 14-18.

[51] 黄海静, 陈纲. 教室光环境下的照度与节能 [J]. 中南大学学报（自然科学版）, 2012, 43 (12): 4974-4977.

[52] 胡英奎, 陈仲林, 刘英婴. 道路照明常用光源在中间视觉条件下的光效 [J]. 重庆大学学报（自然科学版）, 2007 (1): 139-141+146.

[53] 杜志刚, 潘晓东, 郭雪斌. 高速公路隧道进出口视觉适应试验 [J]. 哈尔滨工业大学学报, 2007 (12): 1998-2001.

[54] 杨韬. 隧道照明反射增量系数研究 [D]. 重庆: 重庆大学, 2008.

[55] 邱凡, 马小军, 刘乃涛, 等. 隧道照明过渡段亮度动态需求探讨 [J]. 照明工程学报, 2010, 21 (6): 13-18.

[56] Güler Ö, Onaygil S. The effect of luminance uniformity on visibility level in road lighting [J]. Lighting Research and Technology. 2003, 35 (3): 199-213.

[57] 关雪峰, 赵海天. 电光源在雾气中的视觉可见度试验研究 [J]. 照明工程学报, 2013. 24 (6): 36-41.

[58] 韩帅, 唐宇, 李坤, 等. 模拟雾霾条件下光源的透过性试验研究 [J]. 照明工程学报, 2014, 25 (5): 111-115.

[59] 汤沣泽, 潘晓东, 邓其, 等. 隧道烟雾环境对行车安全影响研究 [J]. 公路工程, 2015, 40 (5): 112-114+128.

[60] Jiang Y, Li S, Guan, B, et al. Cost effectiveness of new roadway lighting systems [J]. Journal of Traffic and Transportation Engineering (English Edition). 2015, 02 (3): 158-166.

[61] Kostic M, Djokic L, Pojatar D, et al. Technical and economic analyses of road lighting solutions based on mesopic vision [J]. Building and Environment, 2009, 44 (1): 66-75.

[62] Chen W C, Huang Z, Guo L P, et al. Performance of introduction lamps and HPS lamps in road tunnel lighting [J]. Tunnelling and Underground Space Technology, 2008, 23 (2): 139-144.

[63] 韩直，方建勤，李伟鹏．公路隧道节能技术［M］．北京：人民交通出版社，2010．
[64] Commission Internationale de L'Eclairage. the Basis of Physical Photometry：CIE 018：2019［S/OL］. 3rd ed. ［2022-04-30］. https：//cie.co.at/publications/basis-physical-photometry-3rd-edition.
[65] 俞丽华．电气照明［M］．4 版．上海：同济大学出版社，2014．
[66] 住房和城乡建设部．建筑照明设计标准：GB 50013—2013［S］．北京：中国建筑工业出版社，2014．
[67] 郭伏，钱省三．人因工程学［M］．2 版．北京：机械工业出版社，2018．
[68] Commission Internationale de L'Eclairage. Tunnel Entrance Lighting：A Survey of Fundamentals for Determining the Luminance in the Threshold Zone：CIE 61：1984 (Division 4)［S/OL］. ［2022-05-04］. https：//cie.co.at/publications/tunnel-entrance-lighting-survey-fundamentals-determining-luminance-threshold-zone
[69] 杨柳．建筑物理［M］．5 版．北京：中国建筑工业出版社，2021．
[70] 潘国兵，刘圳，李玲爱．公路隧道节能照明研究现状与展望［J］．照明工程学报，2017，28（1）：102-106．
[71] 刘相华．高速公路隧道照明节能改造方法及其实例分析［J］．公路交通技术，2015（5）：12-16．
[72] 王玉田．高速公路隧道照明系统改造分析［J］．城市建设理论研究：电子版，2012（7）：1-4．
[73] 云鹏．建筑光环境模拟［M］．北京：中国建筑工业出版社，2010．
[74] 张婷．辐射-照度转化法确定隧道洞外景物亮度的研究［D］．重庆：重庆大学，2016．

后　记

　　本书能够正式出版，首先要特别感谢恩师翁季教授！感谢恩师将我带入公路隧道照明这所学术的殿堂，感谢恩师的鼓励、严格要求和督促，终使我完成了全部内容。谨此本书完成之际，深深叩谢恩师多年来的谆谆教诲与悉心培养。

　　感谢重庆大学陈仲林教授、杨春宇教授、唐鸣放教授、周铁军教授、严永红教授、褚冬竹教授、谢辉教授、何荥教授、许景峰副教授、张青文高级工程师、胡英奎副编审、刘英婴老师以及华南理工大学孟庆林教授、同济大学郝洛西教授、天津大学王立雄教授、重庆交通大学蔡贤云副教授对本书建设性的修改意见和指导帮助。

　　两位研究生郑小龙和姚俊豪在此次协作和整理文稿的过程中帮助很大，在此单独表示感谢。

　　祁乾龙、潘贝贝、张婷、张家亮、靳泓、张治、朱家骅、龚曲艺、黄昀轩、黄香琳、李婧悦、王娅菲、马金辉、吉恒纬、谭思琪、曾亚娴、高玉环、米杰、余秋阳等师弟师妹和学生们，自愿作为试验样本和我一起完成了本书的试验部分，在此一并感谢。

　　感谢父母、妻子和孩子们作为最坚强的后盾默默地支持着我，让我能够没有任何顾虑地完成本书的写作和修改工作。

杜峰

2024 年 3 月　于福州